# 그리스도의 비밀

김 사무엘

# 목 차

머리말

1. 천국 영생의 잔치에 부르신다
   마태복음 22:1-14 ・ 6

2. 그런즉 율법이 무엇이냐?
   갈라디아서 3:10-12, 19 ・ 32

3. 오호라 나는 곤고한 사람이로다
   로마서 7:21-25 ・ 60

4. 우리의 모든 저주를 대신 받으신 예수님
   사사기 6:36-40 ・ 88

5. 안수의 복음, 세례의 복음
   마가복음 8:22-26 ・ 122

6. 그리스도의 비밀
   골로새서 2: 1-15 ・ 150

7. 거짓 선지자를 삼가라
   말라기 2: 1-8 ・ 190

8. 하나님의 교회 안에 거하라
   고린도전서 1:1-3 ・ 222

# 머 리 말

우리에게 있어서 천국의 영생보다 더 귀한 보물은 없습니다. 그런데 예수님께서 **"천국은 마치 밭에 감추인 보화와 같다"**라고 말씀하셨듯이, 천국 영생의 보물은 거듭난 의인들의 마음속에 비밀스럽게 감춰져 있습니다. 누구나 알고 있는 사실은 더 이상 비밀이 아닙니다. 천국 영생에 들어가게 하는 비밀을 알고 있는 하나님의 종들은 희귀합니다.

예수님께서는 우리의 죄를 대속하시려고 십자가에 못 박혀서 피 흘려 돌아가셨습니다. 이 사실이 대부분의 기독교인들조차 모르는 비밀입니까? 아닙니다. 그것은 하나님을 믿지 않는 이들도 다 알고 있는 사실이며 복음의 공개된 부분입니다.

그런데 "성자(聖子) 하나님이신 예수님께서 왜 인간인 세례 요한에게 세례를 받으셨나?" 하는 부분은 대부분의 기독교인들에게도 비밀입니다. **"그 세례"**(the baptism, 행 10:37) 안에 우리를 모든 죄에서 구원하신 **"그리스도의 비밀"**(the mystery of Christ, 엡 3:4, 골 4:3)이 감춰져 있습니다. 사도들이 전했던 **원형의 복음**(the Original Gospel)은 **"예수님께서 받으신 세례의 비밀"**을 밝혀 주는 온전한 진리의 복음입니다.

예수님은 여자의 몸에서 난 자 중에서 가장 큰 자, 즉 인류의 대표자인 세례 요한에게 안수(按手)의 형식으로 세례를 받으셨습니다. **"그 세례"**(행 10:37)로 주님은 **"세상 죄를 지고 가는 하나님의 어린양"**(요 1:29)이 되셨습니다. 그리고 성경은 **"그 세례"**가 **"복음의 시작"(막 1:1)이라고 말씀합니다.

　아무쪼록 이 책의 모든 독자들이 **"예수님께서 세례 요한에게 받으신 세례의 비밀"**을 깨닫고 믿음으로써, **"죄 사함으로 말미암는 구원"**(눅 1:77)을 얻기 바랍니다.

2019년 4월 21일<br>
부활절 아침 제주에서,<br>
김 사무엘 목사

# 천국 영생의 잔치에 부르신다

"예수께서 다시 비유로 대답하여 가라사대

천국은 마치 자기 아들을 위하여 혼인 잔치를 베푼 어떤 임금과 같으니

그 종들을 보내어 그 청한 사람들을 혼인 잔치에 오라 하였더니 오기를 싫어하거늘

다시 다른 종들을 보내며 가로되 청한 사람들에게 이르기를 내가 오찬을 준비하되 나의 소와 살진 짐승을 잡고 모든 것을 갖추었으니 혼인 잔치에 오소서 하라 하였더니

저희가 돌아 보지도 않고 하나는 자기 밭으로, 하나는 자기 상업차로 가고 그 남은 자들은 종들을 잡아 능욕하고 죽이니

임금이 노하여 군대를 보내어 그 살인한 자들을 진멸하고 그 동네를 불사르고

이에 종들에게 이르되 혼인 잔치는 예비되었으나 청한 사람들은 합당치 아니하니

사거리 길에 가서 사람을 만나는 대로 혼인 잔치에 청하여 오너라 한대

종들이 길에 나가 악한 자나 선한 자나 만나는 대로 모두 데려오니 혼인자리에 손이 가득한지라

임금이 손을 보러 들어올째 거기서 예복을 입지 않은 한 사람을 보고

가로되 친구여 어찌하여 예복을 입지 않고 여기 들어왔느냐 하니 저가 유구무언이어늘

임금이 사환들에게 말하되 그 수족을 결박하여 바깥 어두움에 내어 던지라 거기서 슬피 울며 이를 갈음이 있으리라 하니라

청함을 받은 자는 많되 택함을 입은 자는 적으니라"(마태복음 22:1-14).

## 하나님께서 사람을 지으신 목적

우리의 인생살이는 수고와 슬픔의 연속입니다. 우리는 초등학교에 들어가고부터 성적 경쟁에 내몰려서 불안과 피곤함과 다툼의 세월을 보냈습니다. 우리가 학창 시절을 마치고 사회에 나와서는 취업 전쟁, 출근 전쟁, 승진 전쟁, 생업 전쟁 등등 전쟁터를 방불케 하는 아귀다툼을 하면서 살아갑니다.

저는 비교적 한직한 소도시에서 살고 있습니다. 그런데 어쩌다가 서울이나 인천 같은 대도시에 가 보면, 사람들이 새벽부터 밤늦게까지 피곤에 찌든 얼굴로 살아가고 있는 것을 봅니다. 출근 시간에 지하철역에 한번 가 보십시오. 그 이른 시간에도 얼마나 많은 이들이 피곤함에 절어 있는 채로 바삐 움직이고 있습니까? 그런 곳에서 살아야 한다면 저 같은 사람은 몇 달 못 가서 죽을 것만 같습니다. 우리는 "하나님께서는 왜 우리를 이렇게 고단하고 괴로운 세상에 태어나게 하셨을까? 왜 하나님께서는 우리가 평생 동안 수고와 슬픔을 겪게 하셨을까?" 하는 질문을 하지 않을 수 없습니다.

창조주 하나님께서는 이 우주와 그 안의 모든 만물을 지으셨습니다. 전능하신 하나님께서는 어떤 뜻을 두시고 그 모든 것들을 지

으셨습니다. 그렇다면 하나님께서 우리 사람을 지으신 목적은 무엇일까요? 오늘의 성경 말씀에 그 답이 있습니다.

하나님께서는 우리를 영원한 천국에 초대해서 하나님과 더불어 영원하고 복된 생명을 누리게 하려고 우리를 이 땅에 지으셨습니다. 하나님 아버지께서는 당신의 외아들인 예수 그리스도의 혼인 잔치를 완벽하게 준비해 놓으셨고, 우리가 앉을 자리도 넉넉하게 마련해 놓으셨습니다.

잔치 자리에 가면 평소에 먹어 보지 못했던 맛난 음식들이 즐비합니다. 다 먹고 나서 치울 걱정도 없습니다. 영원한 천국은 그토록 행복한 곳입니다. 하나님께서는 우리가 영원한 천국에서 하나님과 더불어 영원토록 행복하게 살게 하려고 우리를 이 땅에 태어나게 하셨습니다. 그러한 하나님의 뜻을 모르기 때문에 지금도 사람들은 슬픔과 절망과 불평 속에 허덕이며 살고 있습니다.

모든 피조물에는 **존재 이유**(存在 理由)가 있습니다. 여기 물컵이 있는데, 이 컵의 존재 이유는 물이나 음료수를 담아서 사람이 마실 수 있게 하는 일입니다. 이렇게 모든 피조물에는 다 **존재 이유**가 있습니다. 우리 사람에게도 하나님이 우리를 이 땅에 나게 하신 **존재 이유**가 있습니다. 만일 사람이 자기의 존재 이유를 모르고 살아간다면 그의 삶은 헛된 인생입니다. 그런 사람은 헛된 것들을 추구하며 혼돈 속에서 방황하다가 끝내 죽어서는 영원한 지옥에 떨어지게 됩니다.

반대로 "아하! 그렇구나! 하나님께서 나를 영생의 천국으로 인도하시려고 이 땅에 태어나게 하셨구나!"하고 자기의 존재 이유를 제대로 깨달은 사람은 하나님의 은혜를 입어서 죄 사함을 받고 천국의 영생을 얻게 됩니다. 그렇게 **"죄 사함으로 말미암는 구원"**(눅

1:77)을 받은 의인들은 삶의 목표가 뚜렷해집니다. 그래서 자기 생애의 남은 때를 가치 있게 살게 됩니다.

그러면 우리가 어떻게 자기의 **존재 이유**(存在 理由)를 깨달을 수 있습니까? 우리는 거듭나야 자기의 존재 이유를 깨닫게 됩니다. 우리는 물과 성령으로 거듭나야만, 영적인 눈이 뜨여서 하나님께서 우리를 지으신 목적을 제대로 깨닫게 됩니다.

굼벵이라는 벌레가 있습니다. 굼벵이는 땅속에서 살다가 그냥 굼벵이로 죽도록 창조된 피조물이 아닙니다. 굼벵이의 성체(成體)는 매미입니다. 굼벵이는 매미가 되기 위해서 태어납니다. 같은 생명체가 변화한 것인데 굼벵이와 매미는 전혀 다른 모습입니다.

굼벵이는 매미가 되기 위해서 5년 혹은 7년 동안 깜깜한 땅속에서 여러 해 동안 애벌레의 모습으로 삽니다. 굼벵이들은 때가 되면 땅 밖으로 나와서 탈바꿈을 하고 매미가 되면 날개를 펴고 창공을 날아다닙니다. 하나님께서는 이런 자연 현상을 통해서 **"거듭나는 신비"**(the mystery of being born-again)에 대하여 우리들에게 계시하십니다.

사람은 굼벵이처럼 땅에 속한 존재로 태어납니다. **"땅이 혼돈하고 공허하며 흑암이 깊음 위에 있고"**(창 1:2)라는 말씀대로, 흙으로 지어진 사람은 죄악(흑암) 가운데 태어나서 혼돈과 공허 속에 살아갑니다. 깜깜한 땅속에서 사는 굼벵이는 어디가 길인지를 잘 모릅니다.

그러다가 때가 되면 놀랍게도 매미로 거듭나서 지금껏 알지 못했던 빛의 세계를 맛보며 찬란한 창공을 날아다닙니다. 거듭나지 못한 사람도 굼벵이와 같이 **흑암(죄)** 속에서 태어나서 평생 동안 죄를 지으며 살아갑니다. 그러나 진리를 찾는 사람은 하나님의 은혜를 입고 거듭나서 진리의 빛으로 충만한 영적인 세계를 맛보며 천국의 영생을 누리게 됩니다.

## "17년 주기 매미"의 신비

미국의 동북부에는 "17년 주기 매미"라는 매미가 있습니다. 이 매미는 참으로 신기하고 놀라운 피조물입니다. 이놈들은 17년 동안이나 땅속에서 굼벵이로 살다가 17년 만에 일제히 땅 위로 올라와서 매미가 됩니다. 16년 동안은 이 지역에 17년 주기 매미가 한 마리도 보이지 않습니다. 그런데 17년째 되는 해의 5월이면 굼벵이들이 어김없이 땅속의 유충(幼蟲) 생활을 청산하고 다 함께 성충(成蟲)인 매미로 나타납니다.

만일 그 "17년 주기(周期) 매미" 중에서 한 쌍의 매미가 16년 만에 매미가 되어서 번식하기 시작했다면 그들의 발현 주기에 변형이 생겨서 다른 해에도 이 부류의 매미가 나타났어야 하는데, 이 매미는 하나님께서 그 종(種)의 매미를 만드신 이래로 정확히 17년 만에 한 번씩만 세상에 나타납니다. "17년 주기 매미"는 참으로 신비한 생명체 중의 하나입니다.

저는 이런 신비한 현상을 보면서 하나님께서 모든 피조물들에게 명령하신 말씀은 참으로 준엄하다는 사실을 깨닫습니다. 하나님께서는 말씀으로 우주와 그 안에 있는 모든 만물을 지으시고, 또한 당신의 말씀대로 순종하도록 그것들을 붙들고 계십니다(히 1:2-3). 하나님께서 그 종류의 매미를 만드시고, 그들에게 "너희는 17년 만에 딱 한 번씩만 땅속에서 나와서 사람들에게 거듭남에 대한 비밀을 깨닫게 해 주어라. 세상 끝날 때까지 너희는 그렇게 순종해라"

하고 명하셨는데, 그놈들은 세상 끝 날까지 하나님의 말씀에 순종하고 있습니다. 이 세상이 창조된 이래로 이 법칙은 한 번도 깨진 적이 없습니다.

그래서 과학자들조차도 이 매미를 너무 신비하게 생각하고 연구의 대상으로 삼고 있답니다. 몇 년 전에는 시카고 인근에만 약 70억 마리의 17년 주기 매미가 나타났다고 합니다. 그렇게 딱 17년마다 거의 같은 시기에 수십억 마리의 17년 주기 매미들이 지상으로 올라와서 장관을 이룬다고 하니 얼마나 신기한 일입니까?

우리는 그 이유를 분명히 압니다. 그것은 하나님께서 그들을 창조하시고 그렇게 살아가도록 명령하셨기 때문입니다. 우리는 하나님의 말씀이 얼마나 능력이 있는지를 알아야 합니다. 무신론자였던 어떤 과학자는 자연의 신비한 현상들을 관찰하며 연구하다가 결국은 하나님께서 살아 계시다는 사실을 인정하고 하나님을 믿게 되었다고 간증했습니다. 왜냐하면 과학으로는 도저히 설명할 수 없는 신비한 현상들이 이 자연계 안에는 무수히 일어나는데, 무신론자들조차 그런 신비한 현상들을 보면서 하나님의 존재를 인정하지 않을 수 없기 때문입니다.

"**창세로부터 그의 보이지 아니하는 것들 곧 그의 영원하신 능력과 신성이 그 만드신 만물에 분명히 보여 알게 되나니 그러므로 저희가 핑계치 못할찌니라**"(롬 1:20).

정직한 과학자들은 그러한 신비한 현상들을 발견하고는 인간의 논리와 과학적 지식의 한계 너머에 전능하신 하나님께서 살아 계시다는 사실을 인정하게 됩니다.

그런데 이 신기한 "**17년 주기 매미**"의 굼벵이 중에는 매미가 못되고 죽는 놈들도 굉장히 많습니다. 굼벵이는 매미가 되기 위해서 태어난 것처럼 사람은 거듭나서 하나님의 자녀가 되기 위해서 이 땅에 태어난 것입니다. 사람은 누구든지 거듭나야 합니다. 굼벵이가 탈바꿈을 해서 성충인 매미가 되듯이, 사람은 거듭나야 하나님께서 기뻐하시는 **완성된 사람**이 됩니다. 그것이 우리를 이 땅에 나게 하신 하나님의 뜻입니다. 모든 사람은 물과 성령으로 거듭나서 **"하나님의 자녀들의 영광"**(롬 8:21)에 이르러야 합니다.

"거듭난다"라는 역사가 무엇을 의미합니까? 사람은 누구나 마음에 죄가 장착(裝着)된 죄인으로 태어나서 평생 동안에 죄를 지을 수밖에 없는 존재입니다. 그래서 누구나 죄로 말미암아 하나님의 심판을 받고 지옥에 갈 수밖에 없는 운명이었습니다.

그런데 하나님께서는 우리를 불쌍히 여기셔서 당신의 외아들을 구원자로 우리에게 보내 주셨습니다. 예수님은 육신을 입고 오신 성자(聖子) 하나님인데, 그분께서는 우리의 모든 죄를 단번에 없애 주시는 "대속(代贖)의 구원 사역"을 이루어 주셨습니다.

예수님께서 **"물과 피로 임"**(요일 5:6)하셔서 우리의 모든 죄를 대속해 주신 구원의 사역을 믿는 사람은 하나님의 진리의 말씀과 성령님의 역사로 그 마음의 모든 죄가 깨끗이 씻어져서 **의인**이 됩니다. 죄인이 의인으로 거듭나는 역사는 굼벵이가 변해서 매미로 변하는 것과 똑같은 이치입니다. 이와 같이 죄인이 하나님의 진리의 복음을 믿음으로 은혜를 입어서 의인으로 변화되는 역사가 **거듭남**(being born-again)입니다.

## 하루살이 같은 인생

하루살이라는 벌레가 있습니다. 하루살이가 실제로 하루밖에 살지 못하는지는 모르겠습니다만, 그 이름이 영어로도 "하루살이"(dayfly)이니 일단 "하루살이의 수명은 하루"라고 가정해 봅시다. 그렇다면 하루살이에게는 "내일"이라는 개념이 없습니다. 하루살이는 저 하늘의 태양이 내일도 다시 떠오른다는 사실을 도저히 이해하지 못합니다.

어떤 잠자리가 하루살이하고 친구가 되어 하루를 즐겁게 지내고 저녁에 헤어지면서, "잘 가, 친구야! 내일 아침에 여기서 또 만나자!" 하고 인사를 했습니다.

그런데 하루살이는 "내일"이라는 개념이 전혀 없기 때문에 "내일 만나자"라는 잠자리의 말을 이해할 수가 없었습니다. 하루살이는 잠자리에게 "내일? 내일이 뭔데?" 하고 되물었습니다. 하루살이는 절대로 저기 서쪽 하늘에 지고 있는 해가 내일 아침에 다시 떠오를 것이라는 사실을 상상조차 할 수 없었기 때문입니다.

우리의 인생도 하루살이나 마찬가지입니다. 하루살이의 하루나 7-80년의 우리 인생을 영원한 시간의 축 위에 놓고 보면 다 찰나에 불과합니다. 그런데 하루살이들이 나름대로는 긴 하루의 삶을 살면서 "내일이라는 것이 있겠냐, 없겠냐?" 하고 자기들끼리 토론을 벌인들 무슨 결론이 나겠습니까? 자기들의 세대는 해가 지면서 다 같이 사라집니다. 그리고 다음 날 아침이 되면 새로 태어난 하루살이들이 또 하루의 삶을 살면서 하루 종일 내일이 있다느니 없다느니 하면서 토론을 하다가 그날 밤에는 결국 다 죽습니다.

하루살이들이 "**내일**"을 도저히 이해할 수 없다고 해서 내일이 없습니까? 하루살이들의 머리로는 '내일"이 이해가 되지 않고 자기들 눈으로 볼 수 없다고 "없는 것"입니까? 공기가 눈에 보입니까? 공기는 보이지 않습니다. 그래도 공기가 엄연히 존재하고, 공기 덕분에 우리는 생명을 유지하고 삽니다.

우리 인생들도 하루살이나 마찬가지입니다. "우리가 살다가 죽으면 끝이지 무슨 하나님이나 천국이 있겠느냐?" 하고 하나님을 부인하는 자들이 많습니다. 하루살이들이 내일이라는 개념을 전혀 모르듯이, 거듭나지 않은 사람들도 죽음으로 이 땅에서의 생애가 끝나면 천국이든 지옥이든 영생의 세계가 자기를 기다리고 있다는 사실을 전혀 이해하지 못합니다.

그러나 하루살이가 이해를 하든 하지 않든, "내일"이 분명히 있듯이, 우리 인생들에게는 **이생**이 끝나면 **영생**이 분명히 기다리고 있습니다. 하루살이에게 있어서 내일은 우리 인생들에게는 영생입니다. 주님은 하루살이와 같은 인생들에게 **"내일 일을 너희가 알지 못하는도다 너희 생명이 무엇이뇨 너희는 잠깐 보이다가 없어지는 안개니라"(약 4:14)**고 말씀하셨습니다. 영생의 세계에는 영원한 천국과 영원한 지옥이 모든 사람을 기다리고 있습니다.

## 우리를 천국 혼인 잔치에 초대하시는 하나님

오늘의 본문 말씀에는 **"천국"**이라는 단어가 나옵니다. 천국(天國), 곧 하나님 나라에는 슬픔도 늙음도 병도 죽음도 없습니다. 하나님과 함께 영원하고 행복한 삶을 누리는 곳이 천국입니다.

요한계시록에는 천국을 하나님께서 예비하신 **"새 예루살렘 성"** 이라고 기록되어 있습니다. **"(하나님께서) 모든 눈물을 그 눈에서 씻기시매 다시 사망이 없고 애통하는 것이나 곡하는 일이나 아픈 것이 다시 있지 아니하리니"**(계 21:4)라고 기록되어 있듯이, 천국은 평안과 기쁨이 넘치고, 슬픔과 죽음은 없는 곳입니다.

하나님께서는 모든 사람들을 위해서 영생의 천국을 예비해 놓으시고, 누구든지 천국에 들어와서 영원한 생명을 누리기를 원하십니다. 하나님께서는 모든 사람들이 당신의 아들 예수님을 위해서 베푸신 혼인 잔치에 참여하길 원하십니다. 하나님께서는 누구든지 원하기만 하면 천국의 혼인 잔치에 들어갈 수 있도록, 천국에 들어가는 길을 활짝 열어 놓으셨습니다.

그러나 활짝 열린 그 축복의 길을 깨닫지 못하고, 천국에 가는 길을 알려주어도 거부하는 어리석은 사람들이 많습니다. 하나님께서 모든 인생들을 불쌍히 여기셔서 원하기만 하면 천국의 영생을 누릴 수 있도록 아들의 혼인 잔치를 완벽하게 준비하시고 모든 사람을 **빠짐없이** 초청하셨습니다.

그런데 하나님의 자비와 호의를 거절하고 지옥의 영원한 형벌을 자초하는 자들은 마치 도살장에 끌려가서 외마디 비명을 지르고 멸망하는 짐승과 다를 것이 없습니다. 주님은 **"존귀에 처하나 깨닫지 못하는 사람은 멸망하는 짐승과 같도다"**(시 49:20)라고 말씀하십니다.

많은 이들이 "천국이 어데 있어? 네가 천국에 가 봤냐?" 하며 하나님의 말씀을 부인하고 믿지 않습니다. 그러나 하루살이가 내일이 있다는 사실을 부인한다고 해도, 내일의 태양은 변함없이 떠오르듯이, 하나님의 말씀을 믿지 않는 이들이 아무리 "영생의 천국은 없다"라고 주장해도, 천국과 지옥은 분명히 있습니다.

하나님께서 살아 계신지, 천국이 있는지의 여부는 오직 믿음의 눈으로만 볼 수 있습니다. **"집마다 지은 이가 있으니 만물을 지으신 이는 하나님이시니라"**(히 3:4)고 말씀하셨는데, 신비하고 광활한 우주와 만물을 눈으로 보면서도 하나님을 부인하는 자는, 아무도 지은 이가 없는데 마천루와 같은 큰 건물이 어느 날 저절로 불쑥 생겨났다고 우기는 자와 같이 어리석습니다.

오늘날 많은 사람들이 하나님의 말씀을 배척하고 진화론(進化論)을 믿습니다. 그러나 진화론은 과학적으로 확증된 이론(theory)이 아니라 하나의 가설(hypothesis)에 불과합니다. 따라서 진화론은 **"진화가설"**(進化假說)이라고 부르는 것이 합당합니다. "진화가설"은 과학적으로 입증된 이론이 아니라 하나의 추론(推論)입니다.

다윈(Charles R Darwin)은 이 가설을 주장하게 된 가장 강력한 논거(論據)로서, 각기 다른 종간(種間)의 **"기관(器管)의 유사성"**을 들고 있습니다. 예를 들어 모든 생물체에 눈이라고 하는 감각 기관이 있는데 그 감각 기관들이 유사하고, 또 포유동물들의 경우에는 골격 구조나 내장의 기관들이 매우 유사합니다. 그래서 그는 좀 더 유사한 종(種)끼리 연결해서 모든 종들의 계통도를 만들고 모든 생명체가 오랜 세월 동안 자연에 적응하면서 그가 만든 계통도를 따라 진화(進化)했을 것이라고 주장했습니다.

그러나 한번 관점을 바꿔 보십시오. 빈센트 반 고흐의 작품들은 다 유사성이 있습니다. 그래서 그가 아무리 다른 대상을 그렸어도, 우리는 "아! 이건 고흐의 그림이구나"라고 금방 알 수 있습니다. 그처럼 하나님 한 분이 모든 세계와 그 안의 피조물들을 창조하셨기 때문에 생명체들 간에는 일관된 유사성이 있을 수밖에 없습니다.

그러므로 각 생물 종간(種間)의 **"기관(器官)의 유사성"**은 진화의 증거라기보다 이 모든 생명체를 한 분이 만드셨다는 강력한 증거입니다. 하나님께서 모든 세계와 생명체들을 창조하셨기 때문에, 생명체들 사이에는 그렇게 **"기관(器官)의 유사성"**이 발견되는 것입니다.

노벨상을 받을 만한 높은 수준의 과학자들은 대부분 하나님을 믿는다고 합니다. 아이작 뉴턴(Isaac Newton) 같은 대과학자도 하나님을 신실하게 믿었던 사람입니다. 진정한 과학자는 "하나님이 이 우주를 창조하셨고, 진화론은 많은 비약과 논리적 모순을 지닌 하나의 가설(hypothesis)에 불과하다"라고 믿습니다. 선무당이 사람 잡는다고, 돌팔이 과학자들이나 하나님을 부정하고 **"진화가설"**(進化假說)을 옹호합니다.

## 태초에 하나님이 천지를 창조하셨습니다

하나님께서 홀로 우주와 그 안의 모든 생명들을 창조하셨습니다. 그리고 제일 마지막에 창조하신 피조물이 사람입니다. 하나님께서는 사람을 제일 존귀한 존재로 만드시려고 모든 것을 다 준비해 놓으시고, 마지막으로 당신의 형상을 따라 사람을 만드셨습니다.

성삼위(聖三位) 하나님께서는 **"우리의 형상을 따라 우리의 모양대로 우리가 사람을 만들고 그로 바다의 고기와 공중의 새와 육축과 온 땅과 땅에 기는 모든 것을 다스리게 하자"**(창 1:26)라고 결정하시고, 당신의 형상을 따라서 영적(靈的)인 존재로, 또한 영원한 존재로 사람을 만드셨습니다. 하나님께서는 우리 인간을 당신의 자녀로 삼고자 모든 피조물 가운데서 유일하게 하나님의 형상을 따라 사람을 창조하셨습니다. 그리고 우리가 그의 자녀가 되어 영생을 누릴 곳으로 천국을 예비해 주셨습니다.

그런데 영생의 천국에 들어가려면, 우리에게 죄가 없어야 합니다. 즉 사람은 죄 사함을 받아야만 하나님의 자녀가 되어 영생을 누릴 수 있습니다. 모든 죄인은 **물과 성령으로 거듭나야**만 죄 사함을 받고 의인이 됩니다. 하나님의 능력으로 굼벵이가 매미로 변화되듯이, 하나님의 진리의 복음을 믿으면 죄인의 마음에서 모든 죄가 흰 눈같이 씻어지고 단번에 의인(義人)이 됩니다.

그렇게 완전한 의인이 되지 않으면 아무도 천국에 들어가지 못합니다. 마음에 죄가 있으면 절대로 영생의 천국에 들어가지 못합니다. 거듭난 자만이 천국 혼인 잔치에 들어갑니다. 거듭나지 못한 죄인은 영원한 지옥에 떨어집니다. 그러므로 사람이 죄 사함을 받고 거듭난다는 것이 얼마나 소중한지를 우리는 알아야 합니다.

우리 인생은 기껏해야 100년을 살고 죽습니다. 여러분이 100년을 산다고 해도, 여러분의 수한(壽限)이 끝나기 전에 거듭나지 못하고 마음에 죄를 품고 죽는다면 여러분은 영원한 지옥 불에 들어갑니다.

**"죄의 삯은 사망이요"**(롬 6:23)라고 성경은 말씀합니다. 죄 사함을 받지 못한 죄인은 자기의 죄에 대한 심판을 받고 영원히 꺼지지 않는 지옥 불에 떨어집니다. 마음에 죄가 있으면 불과 유황으로 타는 못, 즉 지옥 불에 떨어져서 영원토록 자기의 태어난 날을 저주하며 고통을 받게 될 것입니다.

## 초대받은 이들

"그러면 나도 천국의 혼인 잔치에 들어갈 수 있을까? 나도 들어갈 만큼 자리는 넉넉할까?" 하고 걱정하지 마십시오. 그런 걱정은 아들의 혼인 잔치를 준비하신 하나님 아버지께서 하실 일입니다. 하나님께서는 당신의 아들을 위한 천국 혼인 잔치를 풍성하게 준비해 놓으시고 사람들을 부르셨습니다. 하나님은, "누구든지 다 내 아들의 혼인잔치에 와서 즐겨라" 하고 아무 조건 없이 모든 사람들을 초청하셨습니다.

잔치에 가는 것이 얼마나 신나는 일입니까? 평상시에는 맛보지도 못하던 음식들이 잔칫상 위에 즐비합니다. 이 세상의 잔칫집도 그렇게 흥겹거든 천국 혼인 잔치는 얼마나 더 풍성하고 기쁨이 넘치겠습니까? 천국 영생의 잔치는 우리가 상상도 할 수 없는 즐거움과 영광과 부요(富饒)가 넘칩니다.

이와 같이 하나님께서 누구든지 이 모든 축복을 거저 누릴 수 있도록 준비를 해놓으시고 우리들을 부르셨는데, 먼저 초대받은 사람들은 하나님의 초청에 응하지를 않았습니다. 하나는 소를 샀는데 그것을 시험해 보러 밭으로 가야 한다고 거절하고, 다른 자는 자기 사업 때문에 바빠서 못 가겠다고 핑계를 대면서 하나님의 초대를 거절했습니다.

어떤 자는 거절만 한 것이 아니라 하나님의 초청장을 들고 온 종들을 핍박하고 때리고 심지어 죽이기까지 했습니다. 하나님은 당신의 초대를 거절하고 당신의 종들을 핍박한 자들을 모두 진멸하십니다. 하나님께서 당신의 사랑과 은혜를 거절하고 대적한 자들을 그들이 원하는 대로 영원한 지옥 불로 보내시는 것이 합당합니다.

복음을 전하다 보면 하나님의 은혜와 축복을 받아들이지 않고 고집을 부리며 대적하는 사람들을 많이 만납니다. "선생님, 죄 사함을 받지 않고 마음에 죄가 있는 상태로 죽으면 지옥에 갑니다" 하고 말하면, "지옥에 가야 되면 가지요 뭐! 죽으면 그만이지 천국과 지옥이 어디 있소? 하나님을 믿느니 나는 내 주먹을 믿겠소" 하고 전도자의 말을 조롱하는 이들이 많습니다.

그런 자들에게 주님은 **"네 말로 의롭다 함을 받고 네 말로 정죄함을 받으리라"**(마 12:37)고 말씀하셨습니다. 그들이 원하는 대로 지옥에 보내 주겠다는 말씀입니다. 주님은 모든 사람을 다 천국 잔치에 초대하고, 누구든지 당신의 초대에 기쁨으로 반응하기만 하면 영원한 행복을 주십니다. 그러나 그 은혜와 사랑을 거부한 자들은 반드시 지옥 불에 던져 넣습니다. 천국에 들어가기를 결사적으로 거부하는 자들은 자기가 원하는 대로 지옥의 영벌(永罰)에 들어가게 됩니다.

## 자기 영혼을 사랑하라

하나님께서 천국 영생을 선물로 거저 주시겠다는데, 그것을 마다하는 자들은 자기 영혼을 사랑하지 않는 사람들입니다. "하루살이같이 허무한 인생이 다 지나가면 나라는 존재는 그냥 소멸하고 마는 것인가? 죽으면 정말 끝인가?" 하고 한번 깊이 생각해 보십시오. "사람은 죽으면 끝"이라면, 우리가 더 살아야 할 이유가 있습니까? 만일 보이는 세상이 전부라면, 내세(來世)가 정말 없다면, 우리는 힘든 인생을 빨리 정리하는 것이 더 현명할 것입니다.

이 땅에서 산다는 것이 수고와 슬픔뿐이지 않습니까? 성경도 **"우리의 년수가 칠십이요 강건하면 팔십이라도 그 년수의 자랑은 수고와 슬픔뿐이요 신속히 가니 우리가 날아가나이다"**(시 90:10)라고 말씀하십니다. 인생은 다해 봤자 7-80년인데, 우리의 삶은 수고와 슬픔으로 점철됩니다. 늙고 병들면 고통만 더하지 않습니까? 그래서 생활고나 질병으로 고통받는 이들 중에는 자기의 목숨을 스스로 끊는 이들도 많습니다.

그런데 우리의 육신이 죽는다고 모든 것이 끝나지 않습니다. 육신의 죽음 너머에는 영원한 세계, 즉 천국과 지옥이 우리를 기다리고 있습니다. 천국은 영원토록 희락과 안식을 누리는 곳이지만, 불과 유황으로 타는 못인 지옥은 영벌(永罰)의 고통을 받는 곳입니다.

하루살이에게 내일이라는 개념이 없듯이, 거듭나지 않은 사람들에게는 내세(來世)에 천국과 지옥이 있다는 사실이 믿어지지도 않고 상상도 잘 되지 않습니다. 그렇지만 하나님은 천국과 지옥이 있다라는 사실을 누구든지 깨달을 수 있도록 하늘과 땅을 만들어 놓으셨습니다. 성경의 제일 첫 줄에, **"태초에 하나님이 천지를 창조하시니라"**(창 1:1)고 말씀하셨는데, 이는 하나님께서 보이는 하늘과 이 땅뿐 아니라, 보이지 않는 영원한 세계에 천국과 지옥도 만들어 놓으셨다는 계시입니다.

지구의 지각(地角)을 조금만 파고 들어가면 용암(熔岩)이 들끓고 있습니다. 우리는 TV 뉴스를 통해서 어떤 지역의 활화산들이 터지고 시뻘건 용암이 용솟음쳐 흘러내리는 장면을 가끔 봅니다. 그렇게 펄펄 끓는 용암은 지옥이 있다는 사실을 우리들에게 상기시켜 줍니다. 지옥은 불과 유황으로 타는 못입니다.

한편 우리는 신비롭고 아름다운 창공과 밤이면 초롱초롱 별이 빛나는 우주를 바라보면서, 아름답고 영원하고 찬란한 천국이 있음을 깨닫습니다. 주님께서 그렇게 우주와 그 안의 모든 피조물들을 창조하셔서, 우리들이 하나님과 그분의 신성(神性)을 깨닫게 하셨습니다.

## 그러면 누가 천국 혼인 잔치에 들어갑니까?

첫째, 천국에는 영생을 귀하게 여기고 사모하는 사람들이 들어갑니다.

천국 혼인 잔치에 제일 먼저 초대받은 사람들은 그 잔치가 얼마나 좋고 귀한지 몰랐기 때문에, "난 소를 시험하러 밭에 가 봐야 한다. 나는 장사하러 가야 된다. 나는 결혼할 여자를 만나러 가야 된다"라고 하면서 임금님의 초청에 응하지 않았습니다.

당신은 무엇을 더 귀하게 여깁니까? 초청에 응하지 않은 사람들처럼 당신에게는 눈에 보이는 이 세상의 것들이 더 귀합니까? 잠깐 있다가 사라지는 것들은 아무것도 아닙니다. 영원한 것이 값지고 소중합니다. 영생을 얻게 하는 천국의 혼인 잔치를 귀중하게 여기는 사람만이 천국의 영생을 얻습니다.

에서(Esau)는 동생 야곱(Jacob)에게서 팥죽 한 그릇을 받고 자기의 장자권(長子權, birth right)을 판 사람입니다. 그는 영원한 천국의 축복을 잠깐 동안의 배부름과 맞바꾼 어리석은 자였습니다. 팥죽 한 그릇을 먹으면 몇 시간도 못 되어 뒤로 나가고 다시 배가 고픕니다. 지금도 거의 대부분의 사람들은 에서(Esau)처럼 잠시 동안 누리는 육신적인 만족을 위해서 영원한 것은 무시하고 살아갑니다.

둘째, 누구든지 자기의 생각을 버려야 천국 영생의 잔치에 들어갑니다.

사람은 내 생각이 옳다는 확신을 버려야만 하나님의 말씀을 따라갈 수 있습니다. 대부분의 사람들은 착하게 살아야 천국에 들어간다고 생각합니다. 그들은 "할 수만 있으면 죄를 짓지 말아야 하고, 혹시라도 죄를 지으면 좋은 일을 더 많이 하거나 회개 기도를 드려서 하나님께로부터 그 죄의 용서를 받아야만 천국에 들어간다"라고 믿습니다. 이것이 보통 사람들의 고정 관념이며 "육신의 생각"입니다.

죄를 짓지 않고 착하게 살면 천국에 갑니까? 오늘의 본문 말씀에는, **"종들이 길에 나가 악한 자나 선한 자나 만나는 대로 모두 데려오니"**(마 22:10)라고 기록되어 있습니다. 하나님께서는 반듯하고 착한 자만 잔치에 들여보내지 않았습니다. 악한 자도 잔치 자리에 들어갔습니다. 천국은 착한 자들만 들어가는 곳이 아니라, 악한 자도 들어가는 곳입니다. 아니 오히려 역설적이게도, 천국은 **자기가 악한 자라고 인정하는 사람들**이 들어갑니다. 이 부분에 대해서는 앞으로 좀 더 자세히 말씀을 드리겠습니다. 아무튼 선한 사람만 천국에 들어간다는 "자기의 고정 관념"을 버려야 합니다.

셋째, 천국은 오직 **하나님께서 입혀 주시는 의의 옷을** 입어야만 들어갈 수 있습니다.

많은 초청객들이 잔치에 참여했습니다. 임금님께서 잔치 자리에 들어온 손님들을 보러 오셨는데, 거기에서 예복을 입지 않은 한 사람을 보고, **"친구여, 어찌하여 예복을 입지 않고 여기 들어왔느**

냐"(마 22:12)라고 책망하셨습니다. 그가 아무 대답을 못하자, 임금님은 하인들에게 **"그 수족을 결박하여 바깥 어두움에 내어 던지라 거기서 슬피 울며 이를 갊이 있으리라"**라고 엄히 명령하셨습니다. 예복을 입지 않은 자는 바깥 어두운 데, 곧 지옥에 던져집니다. 천국의 혼인 잔치에는 하나님께서 예비해 주신 예복인 **의의 옷**을 입어야만 들어갑니다.

유대 민족의 전통 문화에서는 혼인 잔치에 들어가려면 주최측이 준비해 주는 예복을 입어야 합니다. 천국의 혼인 잔치에도 자기가 예복을 준비해 가는 것이 아닙니다. 임금님께서 준비하셔서 거저 주시는 예복을 입어야 합니다. 임금님이 내어 주는 예복을 입으려면 자기의 옷은 벗어 버리고 선물로 주시는 예복을 받아 입기만 하면 됩니다.

그러나 많은 사람이 자기의 옷을 절대 벗지 않고 천국 혼인 잔치에 들어가려고 합니다. 임금이 내어 준 예복보다 자기 옷이 더 낫다는 생각도 "자기의 생각"이며 착각입니다. 자기의 옷을 입은 채로는 절대로 천국 영생의 잔치에 들어가지 못합니다. 자기의 옷을 벗지 않으려고 고집을 부리는 자는 반드시 지옥으로 내어 쫓깁니다.

## 헌 옷과 같은 인간의 의(義)

자기의 옷은 인간의 의(義)를 의미합니다. 자기의 선행과 희생의 옷을 입고서는 결코 천국에 들어갈 수 없습니다. 인간의 의로는 하나님께서 인정하시는 완전한 의에는 절대로 도달할 수 없습니다. 인간은 아무리 선을 행하고, 죄를 짓지 않으려고 행동거지를 조심하고, 남을 위해서 자신을 희생할지라도, 그것들로는 자기의 죄를 없앨 수 없습니다. 그리고 죄가 있으면 지옥의 심판을 면할 수가 없습니다.

하나님은 거룩한 분이십니다. 하나님의 나라에는 죄가 전혀 없습니다. 그래서 죄인은 결코 하나님 나라에 들어갈 수 없습니다. 그런데 인간은 죄의 인자들을 마음에 잔뜩 장착하고 태어나서 평생 동안 죄를 쏟아 내는 존재입니다. 물론 우리 인간들도 의롭고 선하게 살기를 원합니다. 그러나 우리에게는 선하고 의롭게 살 수 있는 능력이 없습니다. 인간이라는 존재 자체가 근본 거짓되고 부패한 존재이기 때문입니다. 그러므로 자기의 의의 옷을 입고서는 결코 천국에 들어갈 수 없습니다.

## 오랜 죄악의 현상

"주께서 기쁘게 의를 행하는 자와 주의 길에서 주를 기억하는 자를 선대하시거늘 우리가 범죄하므로 주께서 진노하셨사오며 이 현상이 이미 오랬사오니 우리가 어찌 구원을 얻을 수 있으리이까 대저 우리는 다 부정한 자 같아서 우리의 의는 다 더러운 옷 같으며 우리는 다 쇠패함이 잎사귀 같으므로 우리의 죄악이 바람같이 우리를 몰아가나이다"(사 64: 5-6).

왜 인간은 죄를 범할 수밖에 없는 존재가 되었습니까? 그것은 우리 인간에게 있어서 **죄악의 현상이 오래되었기 때문**입니다. 우리의 조상인 아담과 하와가 하나님 앞에서 죄를 범했습니다. 우리 인류는 시조(始祖)부터 죄악으로 오염된 존재입니다. 하나님께서는 그들이 에덴동산에 거하면서 하나님의 말씀을 지킴으로 생명을 누리도록 하셨는데, 그들은 사단 마귀의 유혹을 받아들이고 하나님의 말씀을 어겼습니다. 하나님의 말씀을 어기고 버린 것이 바로 죄입니다.

이렇게 첫 사람이 범죄함으로써 사단 마귀의 죄의 독성이 첫 사람의 마음속에 들어갔고, 그 죄의 독성이 모든 인생들에게 대대손손 유전(遺傳) 되어 내려왔습니다. **"너희 조상의 유전한 망령된 행실"**(벧전 1:18)이라는 말씀처럼, 모든 사람은 태어날 때부터 모든 죄와 악의(惡意)가 마음에 장착(裝着) 되어서 태어납니다.

우리 인간은 태어날 때부터 마음에 탐욕이 장착(裝着) 되어 있습니다. 여러분의 마음에도 탐욕이 도사리고 있지 않습니까? 누가 가르쳐 주지 않았는데도 인간의 마음에는 탐욕이 가득합니다. 어린이들을 보세요. 두 살만 되면 탐욕이 작동하기 시작합니다. 두 살짜리 어린이들 사이에 맛있는 과자를 놓아 보십시오. 곧바로 엄청난 쟁탈전이 벌어집니다.

또 간음하는 마음, 살인하는 마음, 도적질하는 마음, 속이는 마음, 교만한 마음 등등 모든 죄악의 인자들이 마음에 장착된 상태로 우리는 태어났습니다. 인간의 마음속에 자리 잡은 **죄악의 현상이 아주 오래됐기 때문**에, 우리 인간은 도저히 거룩한 삶을 살 수 없고, 우리 스스로는 결코 의인이 될 수 없는 존재들입니다. 우리는 죄로 오염된 더러운 자들입니다.

## 보상 심리와 착각

사람들은 자기가 더럽고 악한 존재인 줄을 알기 때문에, 어떻게 하든지 선행으로 자기의 수치를 스스로 가려 보려고 노력합니다.

사람들이 선한 행동으로 자기의 죄악을 가리고 위안을 얻으려는 것은 일종의 **보상(補償) 심리**입니다.

자기가 진짜 근본부터 선한 존재라면 그렇게 애쓰지 않아도 그냥 선(善)한 행실이 흘러나옵니다. 그런데 우리 인생들은 조금만 방심하면 마음에서 온갖 악한 죄들이 마구 흘러나옵니다. 그런 수치와 더러운 것들을 자기의 희생과 선행으로 덮어서 가려 보려고 사람들은 안간힘을 씁니다.

그렇게 자기의 선행으로 위로와 보상을 받으려는 심리가 모든 사람에게 있습니다. 인간은 자기의 죄에 대한 심리적 반작용으로 선행을 추구합니다. 다른 이들을 수탈하고 악한 짓을 많이 해서 성공한 사람들이 나중에는 보란 듯이 선행을 더 많이 하려고 애를 씁니다. 사람들은 어느 정도 성공해서 조금 여유가 생기면 "노블레스 오블리수"(noblesse oblige)를 외치면서 소외된 사람들에게 봉사하고 기부하는 선행을 합니다.

그렇다면 죄에 대한 보상의 심리에서 비롯된 사람들의 선행을 하나님께서도 동일하게 선하고 의로운 것으로 인정하실까요? 사람들은 자기의 선행을 자랑하며 스스로를 "의"(義)로운 존재라고 생각하겠지만, 하나님은 인간의 의를 **"더러운 옷과 같다"**(사 64:6)라고 말씀하십니다.

인간의 의는 자기의 눈에는 온전해 보여도 주님이 보시기엔 아주 더러운 옷과 같습니다. 인간의 선행에는 많은 불순한 동기(動機)들이 섞여 있습니다. 사람이 아무리 수도(修道)와 선행과 희생과 봉사를 많이 해도, 하나님의 눈에는 그런 행위가 더러운 옷에 불과합니다.

더러운 옷과 같은 "자기의 의"를 벗어버리지 않고서는 절대로 천국에 들어가지 못합니다. 자기의 잘난 것, 의로운 것, 많은 선행과 공로, 죄를 짓지 않으려는 수도와 고행, 죄를 짓고 나서 드린 회개 기도와 금식 기도, 그 어떠한 인간의 노력이나 선한 행위를 내세워서는 결코 천국의 영생을 얻을 수 없습니다. 헌금을 많이 드린 것, 주일 성수를 잘한 것, 전도를 열심히 한 것, 술 담배 끊고 거룩한 생활을 한 것들로는 아무도 천국 영생에 들어갈 수 없습니다. 인간의 의는 자기 눈에나 깨끗하게 보일 뿐, 하나님의 눈에는 **"다 더러운 옷"**(사 64:6)에 불과합니다.

**천국의 영생을 얻으려면 오직 하나님께서 주시는 예복을 입어야만 합니다.**

주님께서 주시는 예복이 무엇입니까? 이 예복은 예수님께서 자기를 속죄의 제물로 드려서 완성해 주신 **하나님의 의(義)**입니다. 자기 의의 옷을 입고서는 결코 들어갈 수 없는 천국에, 즉 나의 의로운 행위로는 절대로 들어갈 수 없는 천국에 들어가는 유일한 방법은 예수 그리스도께서 입혀 주시는 의의 가죽옷을 입는 길밖에는 없습니다.

그 가죽옷은 하나님께서 당신의 외아들을 인류의 죄를 대속(代贖)할 어린양으로 보내 주셨고, 그 어린양을 희생시켜서 만들어 주신 **"하나님의 의"**의 옷입니다. 하나님께서 아담과 하와가 스스로 만들어 입었던 **무화과 나뭇잎 옷**을 벗기시고, 당신께서 손수 지으신 **의의 가죽옷**을 그들에게 입혀 주셨습니다.

하나님 아버지께서는 자기 아들 예수 그리스도를 어린양으로 이 세상에 보내 주셨고, 예수님은 당신의 몸을 제물로 삼아서 **"한 영원한 제사"**(히 10:12)를 드려 주심으로 우리에게 **하나님의 의**를 선물로 주셨습니다. **"물과 피로 임"**(요일 5:6)하신 예수 그리스도께서는 당신이 받으신 세례와 흘리신 십자가의 피로 우리의 죄를 온전히 없애 주시고 우리를 죄가 전혀 없는 완벽한 의인들로 만들어 주셨습니다.

성자(聖子) 하나님이신 예수님께서 자신의 몸으로 대속(代贖)의 속죄 제사를 드려 주셔서 완성하신 **하나님의 의**가 바로 우리를 천국 영생의 잔치에 들어가게 하는 **의의 예복**입니다. 그 예복을 믿음으로 받아서 입은 자는 누구든지 천국의 영생을 얻습니다. 천국의 혼인 잔치에는 반드시 주님께서 주시는 **의의 예복**을 입어야만 들어간다는 사실을 여러분은 명심하기 바랍니다.

## 영원(永遠)을 사모하십시오

우리는 천국 영생이 얼마나 귀한지를 알아야 합니다. 우리의 인생은 짧습니다. 인생은 일장춘몽(一場春夢)이라고 말합니다. 다해 봐야 봄날에 낮잠을 자다가 꾼 꿈과 같이 허망한 것이 우리의 인생입니다. 추운 겨울 아침에 길게 호흡을 내뿜으면 잠시 보이다가 없어지는 한 줌의 입김 같고, 해가 뜨면 곧 사라지는 아침 안개 같은 것이 우리 인생입니다.

그러나 그 짧은 인생 너머에는 영원한 세계가 엄존하며 우리를 기다리고 있습니다. 우리가 죽은 후에는 영원한 세계, 곧 천국과 지옥의 둘 중에 하나에 반드시 들어가게 되어 있습니다. 그러므로 여러분은 하루살이와 같이 헛되고 짧은 생애가 끝나기 전에, 진리의 말씀을 듣고 믿어서 영원한 생명을 얻어야 합니다.

하나님께서는 우리 인생들에게 **"영원을 사모하는 마음"**(전 3:11)을 주셨습니다. 여러분 모두가 영원을 사모하고 천국을 소망하는 영적인 마음을 품기 바랍니다. 이 책을 읽는 모든 이들이 **하나님의 의**를 옷 입게 하는 **그리스도의 비밀**을 깨닫게 되기를 간절히 바랍니다.

너희가 성경에서
영생을 얻는줄
생각하고 성경을
상고하거니와 이
성경이 곧 내게
대하여 증거하는
것이로다
요한복음 5:39

# 그런즉 율법이 무엇이냐?

"무릇 율법 행위에 속한 자들은 저주 아래 있나니 기록된 바 누구든지 율법 책에 기록된 대로 온갖 일을 항상 행하지 아니하는 자는 저주 아래 있는 자라 하였음이라

또 하나님 앞에서 아무나 율법으로 말미암아 의롭게 되지 못할 것이 분명하니 이는 의인이 믿음으로 살리라 하였음이니라

율법은 믿음에서 난 것이 아니라 이를 행하는 자는 그 가운데서 살리라 하였느니라

……

그런즉 율법은 무엇이냐 범법함을 인하여 더한 것이라 천사들로 말미암아 중보의 손을 빌어 베푸신 것인데 약속하신 자손이 오시기까지 있을 것이라"(갈라디아서 3:10-12, 19).

## 당신은 왜 하나님을 믿는가?

신앙생활을 하는 사람들이 제법 많습니다. "신앙생활을 한다"라는 표현은 "교회에 다닌다"라는 말과 같은 뜻으로 쓰입니다. 한때 우리나라 기독교인이 천만 명에 이른 적이 있었습니다. 지금은 교인 수가 감소(減少)하는 추세이고 교인들의 노령화 현상도 뚜렷하지만, 아직도 수많은 사람들이 "교회에 다니고" 있습니다.

그런데 그 많은 사람들이 그렇게 많은 시간과 돈과 열정을 드려서 교회에 다니면서도, "내가 왜 신앙생활을 하고 있는지"에 대해서는 깊이 생각하지 않습니다. 그저 교회에 "빠지지 않고 다니는

것"으로 자기가 바르게 신앙생활을 하고 있다고 생각하며, 그것으로 마음의 위로를 삼고 만족을 누리는 기독교인들이 많습니다. 영어권에도 그런 표현이 있어서, 그런 사람들을 **"교회에 다니는 사람들"**(Church-goers)이라고 부릅니다. 그런 이들의 신앙생활은 인간관계로 얽혀진 하나의 문화 또는 아주 오래된 습관에 불과합니다.

습관적으로 또는 인간관계 때문에 **"교회에 다니는 사람들"**에게, "당신은 왜 교회에 다니십니까? 당신은 왜 하나님을 믿습니까?"라고 질문을 하면, 그들은 순간적으로 당황합니다. 자기 자신도 왜 교회에 다니는지를 별로 생각을 해 보지 않았기 때문입니다. 뒤통수를 한 대 맞은 것 같은 갑작스러운 질문을 받고 나서, 그들은 잠시 생각을 해 보고서야 겨우 떠오른 답을 떠듬떠듬 말합니다.

"아! 그거요? 착하게 살려고 교회에 다니지요!"

"나는 마음에 평화를 얻으려고 교회에 다녀요. 교회에 가면 마음이 편안하거든요."

"하나님의 축복을 받으려고 교회에 다니지요."

"가족의 화목과 건강을 위해서 다니지요."

심지어는 아주 솔직하게, 교회에 다니면 인간관계가 넓어지고 처세에도 큰 도움이 된다고 말하는 사람도 있습니다.

어느 전방 사단에 기독교인 사단장이 부임했더니 그다음 주일에 사단장이 출석하는 군인 교회에 사단의 참모들이 모두 출석했다고 합니다. 특별히 사단장 부인에게 잘 보이려고 사단 참모들의 부인들도 앞을 다투어서 기독교인이 되었기 때문에 썰렁했던 군인 교회가 갑자기 장교들로 꽉 찼답니다.

그런데 그 사단장은 임기가 다해서 군사령부로 전보가 되었고, 이번에는 불교도(佛敎徒) 사단장이 왔답니다. 그랬더니 군인 교회는 순식간에 썰렁해졌고, 사단 한구석에 썰렁하게 비어 있었던 군인 불당(佛堂)은 갑자기 장교들과 그들의 부인들로 꽉 찼답니다. 참으로 씁쓸한 이야기입니다.

성경에도 **"경건을 이익의 재료로 생각하는 자들"**(딤전 6:5)에 대한 경계의 말씀이 있습니다. 여기서 **"경건"**은 신앙생활을 의미하는데, 이 시대에는 신앙생활을 자기의 이익의 수단으로 삼는 사람들이 참으로 많습니다. 약삭빠른 사람들은 신앙생활을 가장 효과적인 이익의 수단으로 활용합니다. 어떤 약삭빠른 교인이 다른 도시로 이사해서 장사를 하고자 한다면, 그 사람은 먼저 그 도시에서 제일 교인이 많은 교회를 찾아갑니다. 그리고 그 교회 담임 목사님을 찾아가서 정중히 인사를 올립니다.

"아이고, 목사님 수고가 많으십니다. 저는 지난 주에 OO 시에서 이 도시로 이사를 온 김 OO 집사입니다. 이번에 제가 시내에서 (명함 한 장 드리고) 안경 가게를 개업하게 되었는데, 바쁘시겠지만 목사님께서 오셔서 개업 예배를 인도해 주시면 고맙겠습니다. 헌물은 오늘 미리 하나님께 드립니다."

그 교인은 만 원권 지폐를 두툼하게 넣은 봉투 앞면에는 "개업 예배 감사헌금"이라고 쓰고, 뒷면에 "김 OO 집사"라고 써서 목사님의 손에 쥐여 드렸습니다. 약삭빠른 그 교인은 이렇게 하는 것이 지역 신문에 광고를 내거나, 전단지를 돌리거나, 플래카드를 달아서 광고하는 것보다 훨씬 비용이 적게 들면서도 효과는 매우 크다는 사실을 잘 압니다.

그 교회의 담임 목사님과 장로님들과 권사님들, 집사님들이 우르르 몰려와서 개업 예배를 드려 주었습니다. 그뿐입니까? 그다음 주일 예배의 광고 시간에 목사님이 한 번 더 공식적인 광고를 해 주었습니다.

"지난 주간에 아주 귀한 집사님 한 분이 우리 교회에 등록을 하셨습니다. ○○ 시에서 이사를 오신 김 ○○ 집사님인데, 앞으로 나오시죠! 김 ○○ 집사님께서는 지난 주에 시내 어디어디에 ○○ 안경점을 개업하셨습니다." 목사님이 알아서 광고를 다 해 줍니다. 약삭빠른 그 집사님은 손쉽게 단골 고객을 끌어모았습니다. 교인이 한 오천 명 되는 교회라고 하면 단골손님 수천 명을 단번에 확보한 것입니다.

이와 같이 **신앙생활(경건)을 이익의 재료로** 삼는 이들이 많습니다. 정치인들은 또 어떻습니까? 한때 대통령 당선이 유력시되던 정치인이 장로로 있던 서울 강남의 어떤 교회에 갑자기 수많은 유력 인사들이 출석했던 사례가 있었습니다. 그리고 실제로 그 교회 교인 중에서 장관에 임명된 사람이 여럿 있었습니다.

## 자기 영혼을 사랑하는 자

이렇게 신앙생활을 이익의 재료로 생각하는 사람들이 의외로 많습니다. 그러나 조금이라도 자기의 영혼을 사랑하는 사람들은 결코 그럴 수가 없습니다. 자기 영혼을 소중히 여기는 사람은 진리가 무엇인지를 찾고, 또 어떤 것이 올바른 신앙생활인지를 고민합니다.

사도 베드로는 **"예수를 너희가 보지 못하였으나 사랑하는도다 이제도 보지 못하나 믿고 말할 수 없는 영광스러운 즐거움으로 기뻐하니 믿음의 결국 곧 영혼의 구원을 받음이라"**(벧전 1:8-9)고 말씀하셨습니다.

이 말씀은, "신앙생활의 목적은 자기 영혼의 구원에 있다"라는 뜻입니다. 우리는 자기 영혼의 구원을 얻기 위해서 신앙생활을 합니다. 이것은 아주 평범한 진리인데, 사람들은 잘 모릅니다.

당신은 왜 신앙생활을 합니까? 당신은 왜 교회에 다닙니까? 출세하기 위해서 교회에 다닙니까? 좋은 결혼 상대를 만나기 위해서 교회에 다닙니까? 유력 인사들과 사귀기 위해서 교회에 다닙니까? 아닙니다. 우리는 자신의 **영혼이 죄 사함을 받아서 영원한 천국에 들어가기 위해서** 신앙생활을 합니다. 우리는 천국의 영생을 얻기 위해서 예수님을 믿고 신앙생활을 하는 것입니다.

## 구원은 어떻게 얻는가?

교회를 다닌다 하는 사람들 중에서 간혹 "나는 구원을 얻기 위해서 신앙생활을 합니다"라고 대답하는 사람도 있습니다. 그렇지만 그런 대답을 한 분에게, "아이고, 참으로 귀하십니다. 선생님은 구원을 얻기 위해서 신앙생활을 한다고 했는데, 그러면 사람이 어떻게 구원을 얻습니까?" 하고 한 번 더 물어봐야 합니다.

그러면 대부분의 기독교인들은 이 질문에 대해서 하나님의 말씀과는 거리가 먼 대답을 합니다. "죄를 짓지 말고 착하고 바르게 살아야지요." "율법을 잘 지켜야지요." 그들은 보통 그렇게 대답을 합니다.

많은 사람들이 "율법을 잘 지키고 착하게 살아야 구원을 얻는다"라는 고정 관념을 가지고 있습니다. 그러나 성경은 "너희는 율법의 행위로, 즉 율법을 지켜서 구원을 얻는 것이 아니다. 율법을 잘 지켜서 구원을 얻으려는 자는 오히려 저주를 받는다"라고 말씀합니다.

사람은 율법의 행위로 구원을 얻는 것이 아닙니다. 오히려 율법을 지켜서 구원을 받으려는 자는 하나님의 저주와 심판을 받는다고 성경은 말씀합니다.

**"무릇 율법 행위에 속한 자들은 저주 아래 있나니 기록된바 누구든지 율법 책에 기록된 대로 온갖 일을 항상 행하지 아니하는 자는 저주 아래 있는 자라 하였음이라 또 하나님 앞에서 아무나 율법으로 말미암아 의롭게 되지 못할 것이 분명하니 이는 의인이 믿음으로 살리라 하였음이니라"**(갈 3:10-11)고 주님은 말씀하셨습니다.

갈라디아는 터키의 중앙 고원 지대입니다. 이 지역의 이방인들이 사도 바울이 전한 예수 그리스도의 복음을 믿어서 구원을 받은 후에, 신앙생활을 잘하고 있었습니다. 그런데, 유대로부터 내려온 거짓 교사들이 율법주의의 누룩이 섞인 교훈을 전했습니다. 그들은 "예수님만 믿는다고 구원을 받는 것이 아니다. 구원을 받으려면 율법도 잘 지켜야 한다"라고 현혹했습니다. 그 결과 많은 갈라디아 교인들이 율법주의의 교훈을 따라갔습니다. 그래서 사도 바울은 그들의 잘못된 신앙을 바로잡으려고 그들을 엄하게 책망했습니다.

사도 바울은 "너희가 **성령을 받은 것은 율법의 행위로냐 듣고 믿음으로냐**"(갈 3:2)라고 갈라디아 교인들에게 물었는데, **"성령을 받는다"**라는 말씀은 **"죄 사함을 받는다"** 또는 **"구원을 받는다"**라는 말과 같은 뜻입니다. 우리가 진리의 복음을 믿음으로 죄 사함을 받으면 하나님께서 우리 마음에 성령을 선물로 주십니다.

성령(聖靈)은 거룩한 영이시며 하나님이십니다. 죄가 있는 사람의 마음에 거룩한 하나님이신 성령님께서 거하실 수 있겠습니까? 성령님은 죄인의 마음에 절대로 임하시지 않습니다. 성령님은 구원받은 성도(聖徒)의 마음에만 임하십니다. 거듭난 사람, 즉 죄 사함을 받은 의인(義人)들만 성령을 선물로 받습니다(행 2:38).

**"거듭난다"**라는 말은 마음에 죄가 가득했던 죄인이 구원의 말씀, 즉 **"물과 피의 복음"**을 듣고 믿어서 마음의 모든 죄가 깨끗이 씻긴 의인(義人)으로 변화되는 역사를 의미입니다.

우리는 하나님의 공의한 심판을 받고 지옥에 가야 할 죄인(罪人)들이었습니다. 그런데 하나님께서는 당신의 외아들인 예수 그리스도를 육신으로 이 땅에 보내 주셨습니다. **"물과 피로 임(요일 5:6)**하신 예수님께서 우리의 모든 죄를 단번에 완벽하게 없애 주셨습니다. 이 진리의 복음을 믿어서 **거듭난 의인**이 바로 **구원을 받은 사람**이고 **하나님의 자녀**이며 **성령을 선물로 받은 자**입니다.

## 죄가 있는 마음에는 성령님이 임하실 수 없습니다

요즘 기독교 안에는 자칭(自稱) **"성령이 충만한 하나님의 종들"**이 많습니다. 그들이 정말 성령님을 받았다면 얼마나 좋겠습니까? 저도 많은 사람들이 죄 사함을 받고 성령님을 선물로 받기를 간절히 바랍니다.

그러나 불행하게도 성령을 받았다고 자랑하는 이들 대부분은 성령을 받지 못한 이들입니다. 거룩한 성령님께서 결코 죄인의 마음에는 거하실 수 없습니다. 그들의 마음에 죄가 있어서 날마다 회개 기도를 드리며 자신을 가리켜 "주여 이 죄인을 용서해 주십시오"라고 자백한다는 사실이, 저들이 성령을 받지 못했다는 확실한 증거입니다.

여기 제 손에 들려 있는 잔에는 깨끗한 물이 담겨 있습니다. 그런데 이 잔의 속에 더러운 것들이 묻어 있었다고 칩시다. 그렇다면 그 더러운 것들을 씻어 내지 않고 이 잔에 맑은 물을 부을 수 있겠습니까? 마찬가지로 어떤 이의 마음에 죄가 있으면 성령님은 절대로 그 사람의 마음에 임하시지 않습니다. 하나님께서는 죄 사함 받은 거룩한 자에게만 성령님을 선물로 보내 주십니다. 성령님은 거룩한 영인데 거룩한 성령님은 절대로 죄와 함께 거하실 수 없기 때문입니다.

**"너희가 성령을 받은 것은 율법의 행위로냐 듣고 믿음으로냐"**(갈 3:2)라는 말씀은 "당신이 모든 죄의 사함을 받고 거듭난 의인이 되어서 성령을 받게 된 것이 율법을 잘 지켜서 된 것이냐?"라는 질문입니다.

당신은 율법을 잘 지켜서 구원을 받았습니까? 당신은 지금까지 율법을 온전히 지켰습니까? 전혀 지키지 못했죠? 율법을 다 지킬 수 있는 사람은 결코 없습니다.

최근에 저는 천주교 신자인 대학생과 성경 말씀으로 교제를 한 적이 있습니다. 천주교회가 가르치는 십계명은 성경의 십계명과 약간 다릅니다만, 천주교(天主敎)에서도 율법을 가르칩니다. 그 청년도 천당에 가려면 율법을 잘 지켜야 한다고 믿고 있었습니다. 자기가 만일 율법을 어겼으면 고해성사를 보고 다시는 죄를 짓지 않기로 하나님 앞에서 약속을 한답니다. 그러면 자기는 점점 더 죄를 짓지 않고 선하게 살 수 있다고 그는 말했습니다.

그래서 저는 그 대학생 청년에게 "학생은 율법을 다 지킬 수 있겠습니까? 율법을 어기는 것이 죄인데, 율법을 완벽하게 지켜서 마음에 흰 눈같이 죄가 전혀 없는 의인(義人)이 될 수 있겠습니까?"하고 물었습니다. 그러자 그 학생은 한참을 망설이다가 도망치듯 그 자리를 피해서 나가 버렸습니다.

우리가 율법을 다 지켜서, 그리고 거룩하게 살려고 노력을 해서는 결코 의인(義人)이 될 수 없습니다. 왜냐하면 율법을 다 지킬 수 있는 사람은 아무도 없기 때문입니다. 그리고 성경은 **"누구든지 온 율법을 지키다가 그 하나에 거치면 모두 범한 자가 되나니"**(약 2:10)라고 말씀합니다. 사람이 온 율법을 다 지키다가 하나의 계명을 어겼다면, 그것은 온 율법을 범한 것이나 마찬가지라는 말씀입니다.

그러므로 사람이 의인으로 거듭날 수 있는 길은 오직 **"물과 피로 임"**(요일 5:6)하신 예수님께서 우리 인류의 모든 죄를 완벽하게 **없애 주셨다는 복음을 "믿어서"** 죄 사함을 받는 길밖에는 없습니다.

하나님의 진리의 복음은 **"지금부터 약 2천 년 전에 하나님의 아들이신 예수님께서 육체를 입고 이 땅에 오셔서 요단강에서 안수의 형식으로 세례를 받으심으로 우리 인류의 모든 죄를 당신의 몸에 다 넘겨받으셨습니다. 예수님은 그 모든 인류의 죄를 당신의 육체에 짊어지고 십자가로 가셔서 십자가 위에 못 박혀서 죽음에 이르기까지 피를 흘려 주심으로써 우리의 모든 죄를 온전히 대속해 주셨습니다"**라고 선포합니다.

이 기쁜 소식이 바로 진리의 원형복음(原形福音)입니다. 또한 이 복음이 죄인을 거듭나게 하는 **물과 피의 복음**입니다. 이 진리의 복음을 듣고 믿음으로 우리는 모든 죄를 사함 받고 성령을 선물로 받습니다.

그러나 대부분의 기독교인들은 사람이 어떻게 **"죄 사함으로 말미암는 구원"**(눅 1:77)을 받는지, 사람이 어떻게 의인으로 거듭나서 성령님을 받는지를 모릅니다. 그들은 율법의 행위로, 즉 율법을 지켜서 구원을 받는 줄로 생각합니다.

낫 놓고 기역자도 모르는 문맹이 어린이들의 선생이 되어서 한글을 가르칠 수 있겠습니까? 거듭나지 못한 목사와 성경 교사들이 자기도 이해하지 못하는 성경을 제대로 가르칠 수 있겠습니까? **"소경이 소경을 인도하면 둘이 다 구덩이에 빠지리라"**(마 15:14)고 예수님께서 말씀하셨습니다.

그런 거짓 교사들은 자신이 어떻게 죄에서 구원을 받는지를 전혀 모르기 때문에 자기의 생각대로 성경을 가르칩니다. "성도 여러분, 착하게 사십시오." "희생과 봉사를 많이 하십시오." "하나님께 헌금을 많이 드리십시오." "회개 기도를 많이 하십시오." "새벽 제단을 빠지지 말고 쌓으십시오."

그러한 교훈들은 모두 다 "인간이 혼신의 노력과 정성을 드리면 하나님께서 그것을 가상히 보시고 구원을 베풀어 주시지 않을까?" 하는 인과응보(因果應報)의 논리를 가르치는 것에 불과합니다. 이런 주장은 **"가인의 제사"**와 같은 것입니다. **"땅의 소산으로 제물을 삼아 여호와께 드렸던"**(창 4:3) 가인처럼 자기의 노력과 선행을 들고나가면 하나님께서 기뻐 받으실 것 같습니까?

제 말씀은, 여러분이 선행이나 봉사나 희생을 할 필요가 없다는 뜻이 아닙니다. 그런 것들은 아름다운 행위입니다. 그러나 우리의 선행이나 희생의 대가로 구원을 받는 것이 절대 아닙니다. **"죄 사**

**함으로 말미암는 구원**"(눅 1:77)은 우리의 행위와는 관계없이 전적으로 하나님 편에서 **완성하셔서 우리에게 거저 주시는 선물**입니다. 누가 선물을 받으려고 값을 지불합니까? 조금이라도 값을 지불하면 그것은 이미 선물이 아닙니다. 우리가 선물을 받을 때에는 다만 그 선물을 감사하게 받으면 됩니다.

죄를 짓지 않고, 즉 율법을 다 지켜서 천국에 들어갈 사람은 절대로 없습니다. 그래서 하나님 편에서 우리의 죄를 대신 없애 주시려고 하나님 아버지의 외아들인 예수 그리스도를 인류의 구원자로 보내 주셨습니다.

예수님은 흠 없는 제물로 이 땅에 오셔서 인류의 대표자인 세례 요한에게 안수의 형식으로 세례를 받으심으로 인류의 모든 죄를 당신의 육체에 단번에 넘겨받았습니다. 그리고 그 모든 죄를 짊어지신 예수님께서는 십자가에 못 박혀서 피 흘리심으로 모든 인류의 죗값을 다 갚아서 실제로 없애 주셨습니다.

이 기쁜 소식이 바로 **"물과 피의 복음"**입니다. 이 진리의 복음을 듣고 믿는 사람은 하나님의 은혜로 단번에 모든 죄의 사함을 받고, 마음에 죄가 없는 의인으로 거듭나서 성령님을 선물로 받습니다.

그런데도 대부분의 기독교인들은 자기들이 율법을 잘 지켜야 구원을 받는 줄 알고 율법을 잘 지켜보려고 엄청난 노력을 기울입니다. 그렇게 애쓰는 것 자체가 잘못은 아닙니다. 율법은 선하고 의로우며 거룩합니다. 율법에는 하나님의 거룩한 뜻이 담겨 있습니다. 그래서 율법을 지키고자 하는 마음 자체는 올바른 것입니다.

"그렇다면 무엇이 잘못되었다는 말이냐?"라고 반문하는 사람이 있을 것입니다. 율법을 다 지켜서, 즉 자기의 선한 행위로 구원을 얻으려는 율법주의(律法主義)의 노선을 고집하는 것이 잘못입니다. 율법주의의 신앙 노선은 하나님의 뜻을 대적하는 악한 길입니다. **"율법주의자들"**은 하나님께서 구제불능의 우리들을 불쌍히 여기셔서 당신의 아들을 통해서 우리에게 선물로 주신 **"하나님의 의"**(義)를 거부하고, **자기의 의**로 구원을 받겠다고 고집을 부리는 자들입니다.

**"도적질하지 말라"** 또는 **"살인하지 말라"**라는 율법의 말씀 자체는 선하고 의롭고 거룩한 것입니다. 율법은 하나님께서 우리에게 주신 계명들인데, 계명들은 하나님께서 세워 주신 **의(義)의 절대적인 기준**입니다.

그런데 태어날 때부터 **"만물보다 거짓되고 심히 부패한 마음"**(렘 17:9)을 가지고 태어난 우리는 근본 율법을 온전히 지킬 수 없다는 사실이 문제입니다. 우리는 하나님 앞에서 정직해야 합니다. 정직한 사람이라면 자신이 율법을 지킬 수 없는 자임을 솔직히 시인합니다. 그런 사람이 **"심령이 가난한 자"**(마 5:3)입니다. **"심령이 가난한 자"**는 하나님께서 자신을 구원해 주시지 않는다면 자기는 절대로 천국에 들어갈 수 없는 죄인임을 알기에, 하나님께서 자기를 불쌍히 여겨 주시고 구원해 주시기를 간구합니다.

하나님은 그렇게 **심령이 가난한 자**들에게, "그래, 너는 죄를 지을 수밖에 없는 죄인이다. 그래서 내가 내 아들 예수를 육신으로 너희에게 보내서, 그가 받은 세례와 십자가의 피로 너희의 모든 죄를 다 없애 놓았다"라는 **물과 피의 복음**을 들려주십니다. 심령이 가난한 자는 진리의 복음을 듣고 하나님의 구원을 감사함으로 꼭 움켜잡고 믿어서 **"죄 사함으로 말미암는 구원"**(눅 1:77)을 받습니다.

그런데 안타깝게도 대다수의 기독교인들은 "나는 얼마든지 율법을 지킬 수 있다"라고 생각합니다. 그들은 조금만 더 노력하면 율법을 온전히 지킬 수 있다는 전제 아래 신앙생활을 합니다. 이런 전제(前提)는 사단 마귀가 지어낸 거짓말입니다. 전제가 잘못되었기에 그 전제 위에 세워진 교리 전체가 거짓입니다. 모래 위에 세운 집처럼, 잘못된 기초 위에 세운 믿음의 집은 바람만 세게 불어도 무너집니다. 인간은 절대로 율법을 지킬 수 없는 존재들입니다. 여러분은 "내가 조금만 더 노력하면 율법을 온전히 지켜서 성화에 이를 수 있다"라는 전제가 잘못임을 먼저 깨달아야 합니다.

## 저주 아래 있는 자들

성경은 **"무릇 율법 행위에 속한 자들은 저주 아래 있나니"**(갈 3:10)라고 말씀합니다. **"율법 행위에 속한 자들"**이란 "율법을 지켜서 구원을 얻으려고 노력하는 자들"을 지칭하는데, 그런 사람은 **"지옥에 간다"**라는 뜻입니다. 율법을 지켜서 구원을 얻고자 하는 사람은 결국 지옥에 갑니다. 얼마나 무서운 말씀입니까?

그런데도 많은 기독교인들이 **"율법 행위에 속해서"** 신앙생활을 합니다. 그들은 율법을 잘 지켜야 천국에 들어가는 줄 알기에, 그들은 어찌하든지 율법을 지키려고 부단히 노력을 합니다. 율법 행위에 속한 사람들은 혹시라도 율법을 어긴 것이 있으면 그 죄를 용서해 달라고 회개 기도를 드리고 다시는 그런 죄를 짓지 않으려고 노력합니다.

그런 마음 자세는 가상합니다만, 율법을 지켜서 구원을 얻고자 하는 **율법주의의 신앙 노선**은 저주를 받는 길입니다. 율법의 613

개 규례들을 다 지켜서 하나님 앞에 합격 판정을 받고 구원을 얻겠다고 작정한 사람들은 결국 지옥의 저주를 받게 됩니다. 왜 그렇습니까? 하나님의 말씀에, "무릇 율법 행위에 속한 자들은 저주 아래 있나니 기록된 바 누구든지 율법 책에 기록된 대로 온갖 일을 항상 행하지 아니하는 자는 저주 아래 있는 자라 하였음이라"(갈 3:10)고 기록되어 있기 때문입니다.

모세가 이스라엘 백성을 인도하여 요단강 부근에 이르렀을 때입니다. 그는 하나님께서 약속하신 가나안 땅을 바라보면서 백성들에게 하나님의 모든 명령과 규례들을, 즉 율법을 다시 한번 들려주었습니다. 그리고 그들에게 선포했습니다.

"네가 네 하나님 여호와의 말씀을 삼가 듣고 내가 오늘날 네게 명하는 그 모든 명령을 지켜 행하면 네 하나님 여호와께서 너를 세계 모든 민족 위에 뛰어나게 하실 것이라 네가 네 하나님 여호와의 말씀을 순종하면 이 모든 복이 네게 임하여 네게 미치리니 성읍에서도 복을 받고 들에서도 복을 받을 것이며 네 몸의 소생과 네 토지의 소산과 네 짐승의 새끼와 우양의 새끼가 복을 받을 것이며 네 광주리의 떡 반죽 그릇이 복을 받을 것이며 네가 들어와도 복을 받고 나가도 복을 받을 것이니라"(신 28:1-6).

모세는 **"만일 너희가 이 모든 율법을 다 지켜 행하면** 너희가 복을 받을 것이다"라고 선언한 것입니다. 이 축복의 말씀을 듣고 백성들은 아주 기뻐했습니다. "야! 율법을 지키면 복을 받는구나! 거 참 좋네! 나가도 복을 받고, 들어와도 복을 받는다네! 야! 그거 괜찮네!" 참으로 신바람이 나는 하나님의 약속이었습니다.

그런데 그다음의 말씀에서는 분위기가 완전히 다릅니다. "네가 만일 네 하나님 여호와의 말씀을 순종하지 아니하여 내가 오늘날

**네게 명하는 그 모든 명령과 규례를 지켜 행하지 아니하면 이 모든 저주가 네게 임하고 네게 미칠 것이니….네가 들어와도 저주를 받고 나가도 저주를 받으리라"**(신 28:15-19)고 모세는 백성들에게 저주를 선포했습니다.

만일 율법을 지키지 않으면, 앞서 선포했던 축복들이 이제는 모두 저주로 바뀐다는 말씀입니다. 백성들이 잔뜩 들떠 있었는데, 찬물을 확 끼얹는 말씀이었습니다.

하나님께서는 모세를 통해서 율법을 열거하며 선포하신 후에, 이것들을 **다 지켜 행하면 복이 있다**고 하셨고, **다 지켜 행하지 않으면 저주가 임한다**고 하셨습니다. 그러면 이 말씀이 여러분에게 축복입니까, 저주입니까? 이 말씀은 축복을 선포한 것입니까? 저주를 선포한 것입니까? 저주를 선포한 것입니다.

이 말씀에는 **"만일 너희가 (율법을) 지켜 행하면"** 하는 말씀과 **"만일 너희가 (율법을) 지켜 행하지 아니하면"**이라는 두 개의 조건문(條件文)이 나옵니다. 그러면 우리는 어느 조건에 해당되는 자들입니까? 정직하게 한번 말씀해 보십시오. 우리가 율법을 다 지켜 행할 수 있습니까? 없습니까? 우리는 이 말씀들 앞에서 저주의 대상이 될 수밖에 없습니다. 우리는 그 모든 율법을 다 지키지 못하는 자들이기에 우리는 결국 지옥의 저주를 받을 수밖에 없습니다.

삼단논법(三段論法)으로 얘기하면 이렇습니다.

(1)사람이 율법을 다 지켜 행하면 축복이지만, 다 지켜 행하지 못하면 저주를 받는다.

(2)그런데 율법을 다 지켜 행하는 사람은 아무도 없다.

(3)그러므로 율법을 지켜서 구원을 받으려는 사람은 다 저주 아래 있다.

그렇지 않습니까? 아주 간단한 논리입니다.

## 우리는 왜 율법을 지킬 수 없는가?

성경은 **"율법도 거룩하며 계명도 거룩하며 의로우며 선하도다"**(롬 7:12)라고 선포합니다. 하나님은 우리들에게 **"거룩함의 절대적인 기준"**으로 율법을 주셨습니다. 그래서 우리는 하나님의 율법을 통해서 "무엇이 선하고 무엇이 의로운 것인지"를 알게 됩니다.

그런데 율법이 요구하는 선(善)은 절대적인 것입니다. 예를 들어, **"간음하지 말라"** 하신 말씀은 선하고 지당한 말씀입니다. 간음은 아주 더러운 죄입니다. 그러니 간음을 하지 말아야겠지요!

그런데 주님은 **"여자를 보고 음욕을 품는 자마다 마음에 이미 간음하였느니라"**(마 5:28)고 말씀하셨습니다. 남자는 아름다운 여자를 보면 음란한 생각이 올라옵니다. 참으로 아름다운 여인이 자기의 눈앞에서 알몸을 드러내고 있다면, 우리는 마음에 음욕을 품지 않겠습니까?

하나님의 종 다윗은 자기의 충직한 부하 장수인 우리야의 아내가 대낮에 옥상에서 백옥 같은 알몸을 드러내고 목욕을 하는 장면을 목격했습니다. 선지자였고 하나님의 종인 그도 음욕이 발동해서 그 여자와 간음하지 않았습니까? 여자들은 안 그런 줄 압니까? 키크고 배에 식스팩(six-packs)이 멋지게 자리 잡은 근육질의 남자가 샤워하는 장면을 보았다고 하면, 여자들도 가슴이 벌렁벌렁합니다. 마음으로라도 간음하는 죄를 범하지 않는 사람은 아무도 없습니다.

## 사람의 마음에 장착된 12가지 죄들

사람은 태어날 때부터 죄 덩어리이기 때문에, 사람의 마음속에는 항상 죄악이 흘러나올 수밖에 없다고 성경은 말씀합니다.

"또 가라사대 사람에게서 나오는 그것이 사람을 더럽게 하느니라 속에서 곧 사람의 마음에서 나오는 것은 악한 생각 곧 음란과 도적질과 살인과 간음과 탐욕과 악독과 속임과 음탕과 흘기는 눈과 훼방과 교만과 광패니 이 모든 악한 것이 다 속에서 나와서 사람을 더럽게 하느니라"(막 7:20-23).

여기 제 손에 잔이 들려 있습니다. 지금 이 잔 안에 더러운 것들이 잔뜩 들어 있다고 가정합시다. 똥물보다도 더 더러운 것들이 사람의 마음 안에 들어 있는 죄입니다. 사람들은 가정 교육이나 학교 교육, 종교적인 훈련 등을 통해서 마음속에 들어 있는 더러운 죄들이 밖으로 흘러나오지 않도록 조심합니다. 사람은 윤리, 도덕, 교양, 인격이라는 몇 겹의 뚜껑을 만들어서 이 잔을 꼭꼭 닫고 있습니다.

고무 패킹이 붙어 있는 **락앤락**(Rock-and-rock)이라는 용기처럼, 냄새조차 새어 나오지 않도록 마음의 뚜껑을 야무지게 채워서 굳게 닫습니다. 뼈대가 있는 집안일수록, 고등 교육을 받은 사람일수록, 종교 생활을 많이 한 사람일수록, 사람들은 좋은 제품의 뚜껑을 몇 겹으로 만들어 자기 마음의 잔을 꼭꼭 덮습니다. 그래서 웬만하면 마음의 더러운 것들이 밖으로 흘러나오지 못하게 장치를 하고 삽니다. 좋은 뚜껑을 견고하게 해달은 상류 사회의 사람끼리 만나면 교양미가 철철 흘러넘칩니다.

"아이고, 이게 얼마 만입니까? 가내 두루 무고하시지요? 하하하"

"예, 회장님도 신수가 훤하십니다. 어떻게 날이 갈수록 젊어지십니까? 올해에는 사업도 번창하시고 날마다 좋은 일만 있기를 바랍니다."

교육을 많이 받은 사람일수록, 오랫동안 성화 훈련을 해온 사람일수록, 도덕과 인품을 강조하는 사람일수록 "더 좋은 뚜껑"을 만들어 단 것뿐이지, 그 뚜껑을 확 열어서 마음속을 들여다보면 그 속에 들어 있는 것들은 근본 모두 똑같습니다.

교양이 있는 사람이나 없는 사람이나, 교육을 많이 받은 사람이나 덜 받은 사람이나 마음의 뚜껑만 제거하고 나면, 그 속에 들어앉아 있는 것은 **"만물보다 거짓되고 심히 부패한 것"**(렘 17:9)들입니다. 우리 모두의 마음에는 음란이 들어 있고, 살인하는 마음이 들어 있고, 도둑질하는 마음이 들어 있고, 속임과 교만한 마음이 들어 있습니다. 앞에 인용한 마가복음 7장의 죄악들이 모든 사람의 마음속에 다 들어앉아 있습니다.

소위 인품(人品)이라는 것도 별것이 아닙니다. 그것은 교양과 윤리와 종교적 훈련의 도움을 받아서 각자가 만들어 씌운 "뚜껑"에 불과합니다. 마음속에 있는 온갖 더러운 죄악들이 밖으로 나오는 것을 억제해 주는 장치가 바로 인품과 교양이라는 "뚜껑"입니다. 그 "뚜껑" 덕분에 그 속에 있는 것들이 밖으로 쏟아져 나오는 정도의 차이가 있을 뿐입니다.

요즘 젊은이들이 많이 쓰는 말에 **"뚜껑이 열린다"**라는 표현이 있는데, 참으로 솔직한 말입니다. 사람이 마음속에 근본 가지고 태어난 것을 **죄**(sin)라고 하고 뚜껑이 열려서 이 더러운 것들이 밖으로 쏟아져 나온 것은 **범죄**(transgression) 또는 **허물**(trespasses)이라고 말합니다.

"또 가라사대 사람에게서 나오는 그것이 사람을 더럽게 하느니라 속에서 곧 사람의 마음에서 나오는 것은 악한 생각 곧 음란과 도적질과 살인과 간음과 탐욕과 악독과 속임과 음탕과 흘기는 눈과 훼방과 교만과 광패니 이 모든 악한 것이 다 속에서 나와서 사람을 더럽게 하느니라"(막 7:20-23).

우리의 마음속에 들어 있는 더러운 죄들을 한마디로 요약한다면, **"악한 생각"**입니다. 우리의 마음속에는 **악한 생각만** 가득 들어 있습니다. 우리의 마음 안에 선한 생각은 눈곱만큼도 들어 있지 않습니다.

천사표(標) 종교인들은 아마, "아니에요! 나는 내가 손해를 보면 손해를 봤지 절대로 남한테 피해를 입히지 않고 살아왔어요!"라고 주장하고 싶지요? 우리의 마음 안에 악한 것도 있지만 선한 것도 있다고 우기고 싶지요? 아닙니다! 꿈을 깨십시오. 우리의 마음 안에는 **"악한 생각"**밖에 없습니다.

하나님의 말씀은 진리입니다. 주님께서는 "너희의 마음에는 악한 생각만 들어 있다"라고 말씀하셨습니다. 하나님 말씀이 옳습니까? 내 생각이 옳습니까? 하나님 말씀이 진리입니다. 종합 비타민 알약 하나에는 비타민 A, B, C, D, E…… 등 여러 종류의 비타민이 다 들어 있듯이, 우리 마음에 들어 있는 더러운 것들을 한마디로 말하자면 **"악한 생각"**입니다. 열두 가지 악한 죄악들이 종합적으로 다 들어 있는 것이 사람의 마음입니다.

여러분의 마음에 **음란**이라는 죄가 들어 있습니까? 네, 들어 있습니다. 제 마음에도 음란이 들어앉아 있습니다. 하나님은 우리를 만드신 분입니다. 하나님은 우리가 어떤 존재인지를 정확하게 아시기에 "너희는 음란한 존재다"라고 말씀하십니다.

**도적질하는 마음**이 우리에게 있습니까, 없습니까? 도적질하는 마음이 우리의 마음에 있습니다. 골목길에서 가방을 하나 발견했는데, 그 가방을 주워서 열어 보았더니 오만 원짜리 돈다발이 꽉 차 있었다고 가정해 봅시다. 그 순간 우리의 가슴은 쿵쾅쿵쾅 뛰면서 지금 누가 나를 보고 있나 확인하려고 급히 주변을 둘러보지 않겠습니까? 그러면 마음으로는 이미 도적질을 한 것입니다. 도적질하는 마음이 우리에게 있습니다.

또 **살인하는 마음**은 어떻습니까? 우리 마음의 **"악한 생각"** 중에는 살인하는 마음도 있습니다. 우리에게 누군가를 죽이고 싶은 마음이 있습니다. 평상시에는 자기에게 그런 악한 마음이 있는 줄을 잘 모르지만, 누군가에게 해를 입으면 마음속에 숨어 있던 살인하는 마음이 올라옵니다. 그래서 살기를 띠고 상대방을 노려보기도 하고 주먹질을 하기도 합니다.

또 우리의 마음 안에는 **탐욕**이 있고, **악독**이 있고, **속임**이 있습니다. 우리에게는 **흘기는 눈** 즉, 남을 질시하는 악한 마음도 있습니다. 사람에게 시기심이 얼마나 많습니까? 우리나라 속담에 "사촌이 땅을 사면 배가 아프다"라는 말이 있습니다. 남이 잘되면 배가 아프지 않습니까? 우리 속에는 이런 죄악들이 다 들어앉아 있습니다.

제가 들고 있는 이 잔 속에 들어 있는 것이 똥물이라고 가정한다면 이 잔이 흔들릴 때마다 더러운 똥물이 밖으로 흘러나오겠지요? 마찬가지로 우리 마음속에 열두 가지 더러운 죄악들이 다 들어 있는데, 이것들이 어떤 좋지 않은 환경을 만나서 흔들리면, 밖으로 흘러나오게 되어 있습니다.

그러니 이런 악한 존재가 어떻게 율법을 온전히 지킬 수 있겠습니까? 속이 이렇게 더러운 것들로 가득하기 때문에 사람이 율법을 온전히 지킨다는 것은 절대로 불가능합니다. 우리는 근본적으로 악하고 연약하기 때문에 거룩한 율법을 온전히 지켜 행할 수 없습니다. 율법을 지켜서 하나님께로부터 "너는 의롭다. 너는 합격이다"라고 인정을 받을 자는 아무도 없습니다. 그러므로 율법주의 신앙 노선은 하나님의 심판과 저주를 자초하는 길입니다.

## 믿음으로 말미암는 의의 길

"또 하나님 앞에서 아무나 율법으로 말미암아 의롭게 되지 못할 것이 분명하니 이는 의인이 믿음으로 말미암아 살리라 하였음이니라"(갈 3:11).

율법을 지켜서는 아무도 의롭게 되지 못한다고 성경은 말씀합니다. **율법을 다 지켜서** 하나님께로부터 **의인으로 인정받을 사람**은 이 세상에 아무도 없습니다. 오직 복음을 듣고 믿음으로 죄 사함을 받아서 의인 되는 길밖에는 우리에게 다른 구원의 길이 없습니다.

우리가 하나님께로부터 **"의롭다 함"**을 얻고 천국의 영생에 들어가려면 이론적으로는 두 가지 길이 있습니다. **그 한 가지**는 하나님께서 주신 율법을 태어나서부터 죽을 때까지, 그 어느 한 규례도 어기지 않고 다 지켜 행하는 길입니다. 만일 그렇게만 할 수 있다면 그런 자는 의인이겠죠! 태어나서부터 숨을 거둘 때까지 생각으로나 말로나 행위로 율법을 한 점 한 획도 어기지 않고 완벽하게 다 지켰다고 하면, 그런 사람은 의인입니다.

그리고 **또 다른 한 가지**의 길은, 예수 그리스도께서 우리의 대속 제물로 오셔서 안수의 형식으로 받으신 세례와 십자가의 피로 이 세상의 모든 죄를 다 없애 놓으셨다는 사실을 믿음으로 죄 사함을 받고 의인이 되는 길입니다.

그런데 첫 번째 길, 즉 **율법을 다 지켜서 의인으로 판정받고 영생을 얻는** 그 길이 과연 우리에게 가능합니까? 그 길은 불가능한 길입니다. 그것은 오히려 저주의 길입니다. 그 노선을 택하고 고집하면 지옥의 판결을 받습니다. 그러나 안타깝게도 많은 사람들이 이 첫 번째 노선인 율법주의를 따라서 종교 생활을 합니다. 그렇게 가르치는 목회자들은 멸망과 저주의 길을 앞장서서 달려가고 있는 셈입니다.

거듭나지 못한 소경 목사들은, "여러분, 지난 한 주간 동안도 우리가 얼마나 많은 죄를 지었습니까? 그 죄들을 용서해 달라고 간절히 회개 기도를 하십시오. 그리고 마음을 새롭게 해서 율법을 잘 지키도록 노력하십시오. 새벽 제단을 쌓으십시오. 어찌했든지 더러운 것은 보지도 말고 만지지도 마십시오. 여러분은 거룩하게 살아서 성화(聖化)를 이루어야 합니다. 그래야 구원을 받습니다"라고 가르칩니다.

말은 맞는 것 같지만 자신의 선한 행위를 구원의 조건으로 삼는다면, 그것은 저주의 길입니다. 바르게 살라는 말 자체가 잘못된 것은 아닙니다. 그러나 "죄를 짓지 말고 착하게 살아서 구원을 얻으라"라는 말은 사단 마귀로부터 온 거짓말입니다. 많은 목회자들이 그렇게 자기 교인들에게 가르칩니다. 그리고 기독교인들은 그런 가르침이 옳은 줄 알고 소경인 목사들을 덮어놓고 따라갑니다.

대부분의 기독교인들은 "아! 예수를 믿는 우리는 율법을 다 지켜야 하는구나! 착하게 살아야 되는구나! 죄를 짓지 말아야만 하는구나! 술 담배를 끊어야 하는구나! 그래야 구원을 받는구나! 혹 죄를 짓거든 회개 기도를 해서 그 죄를 용서받아야 되는구나!"라고 믿습니다. 그러나 그런 교훈은 진리가 아닙니다. 율법을 잘 지켜서 구원을 받으라는 교훈은 하나님의 말씀과는 상반되는 거짓말입니다.

## 종교인과 신앙인의 차이: 행함이냐, 믿음이냐?

율법 자체는 거룩하고 선한 것입니다. 그래서 **종교인들은 율법대로 "행하면 살리라"** 라고 믿습니다. 반면에 믿음을 좇는 **신앙인들**은 하나님께서 우리에게 주신 **구원의 복음을 "믿으면 살리라"** 라고 확신합니다. 행함으로 영생을 얻고자 하는 노선과 믿음으로 영생을 얻고자 하는 노선은 전혀 다른 길입니다.

그런데 평생 동안 율법을 다 지켜서 구원을 얻으려는 것과 주님께서 우리의 죄를 다 없애 놓으셨다는 진리의 원형복음을 믿어서 구원을 얻으려는 것 중에서 어느 것이 더 쉽습니까? 또 어느 것이 가능하겠습니까?

**"물과 피로 임"**(요일 5:6)하신 예수님께서 완성해 놓으신 **"하나님의 의"** 를 믿음으로 죄 사함을 받고 의인 되는 길은 참으로 확실하고 쉽습니다. 마음으로 복음의 은혜를 믿는 것은 우리가 얼마든지 할 수 있습니다. 그러나 율법을 다 지켜 행하는 것은 불가능한 일입니다. 그러므로 율법을 지켜서는 아무도 하나님께서 인정하시는 의(義)에 도달할 수 없습니다.

## 죄를 깨닫게 하려고 주신 율법

그러면 하나님께서는 왜 지킬 수도 없고 그토록 저주스러운 율법을 우리에게 주셨습니까? 우리로 하여금 죽도록 고생을 시키시려고 지킬 수도 없는 율법을 우리에게 주셨습니까?

**"그러므로 율법의 행위로 그의 앞에 의롭다 하심을 얻을 육체가 없나니 율법으로는 죄를 깨달음이니라"**(롬 3:20). 하나님께서는 우리가 지옥에 갈 수밖에 없는 죄 덩어리임을 스스로 깨닫게 하시려고 우리에게 율법을 주셨습니다.

율법을 다 지켜서 하나님께로부터 의인이라고 인정받을 사람은 없습니다. 그러니 율법을 지켜서 천국에 들어오라고 하나님께서 우리에게 율법을 주신 것이 아닙니다. 율법이라는 거룩한 거울에 자신을 비춰보고 자기가 지옥에 가야 할 죄인임을 깨닫게 하시려고 하나님께서는 우리에게 율법을 주셨습니다.

하나님께서는 왜 우리가 죄인인 것을 깨닫게 하십니까? 건강한 사람은 의사를 찾지 않습니다. 사람은 병에 걸려서 고통을 느껴야 의사를 찾아갑니다. 그와 같이 우리가 지옥에 가야 할 위중한 죄의 병에 걸렸다는 사실을 깨달아야 영혼의 의사이신 예수님을 찾게 됩니다.

하나님은 율법으로 우리에게 무엇이 죄인지를 가르쳐 주시고 또 **"죄의 삯은 사망"**(롬 6:23)이라고 말씀하셔서, "아! 나는 지옥에 갈 수밖에 없는 죄인이로구나"라고 깨닫게 하십니다.

하나님께서 율법을 다 지켜 행하라고 우리에게 율법을 주신 것이 아닙니다. 하나님께서는 우리가 얼마나 심각한 죄인인지를 깨닫게 하기 위해서 율법을 주셨습니다. 그래서 우리 영혼의 의사이신 예수 그리스도에게 나아가서 그분의 자비를 입고 **"죄 사함으로 말미암는 구원"**(눅 1:77)을 받게 하기 위해서 하나님께서는 우리에게 율법을 주셨습니다.

**"그러나 성경이 모든 것을 죄 아래 가두었으니 이는 예수 그리스도를 믿음으로 말미암는 약속을 믿는 자들에게 주려 함이니라"**(갈 3:22).

하나님께서는 율법을 통해서 모든 인생들이 죄를 깨닫고 죄 아래 갇히게 하셨습니다. 사람이 율법으로 말미암는 죄의 짐 때문에 신음하게 하신 것은, 자기가 지옥에 가야 마땅한 비참하고 구제불능인 죄인이라는 사실을 깨닫고 영혼의 의사이신 예수 그리스도에게 나아가서 값없이 구원을 얻게 하기 위함입니다.

율법을 지켜서는 아무도 구원을 얻을 수 없습니다. 우리는 오직 예수 그리스도께 나아가서 우리의 죄를 온전히 대속(代贖)해 주신 진리의 복음의 말씀을 듣고 믿어서 구원을 받습니다. 우리는 율법을 어긴 모든 죄로 심판을 받고 지옥에 갈 자로 드러났다가, 예수 그리스도께서 육신을 입고 이 땅에 오셔서 **"물과 피"**로 우리의 모든 죄를 없애 놓으셨다는 구원의 복음을 듣고 믿어서 죄 사함을 받는 것입니다.

**"사람이 의롭게 되는 것은 율법의 행위에서 난 것이 아니요 오직 예수 그리스도를 믿음으로 말미암는 줄 아는 고로 우리도 그리스도 예수를 믿나니 이는 우리가 율법의 행위에서 아니고 그리스도를 믿음으로서 의롭다 함을 얻으려 함이라 율법의 행위로서는 의롭다 함을 얻을 육체가 없느니라"**(갈 2:16).

모든 죄인(罪人)은 마음에 죄가 전혀 없는 의인(義人)으로 거듭 나야만 구원을 받습니다. 의인들만 하나님 나라에 들어가고 영생을 얻습니다. 그런데 "**사람이 의롭게 되는 것은 율법의 행위에서 난 것이 아니요**"라고 말씀하셨습니다. 사람이 율법을 지켜서는 결코 의인이 될 수 없습니다.

하나님의 아들이신 예수 그리스도께서는 인간의 몸을 입고 흠 없는 제물로 이 땅에 오셨습니다. 예수님은 요단강에서 인류의 대표자인 세례 요한에게 안수의 형식으로 세례를 받으심으로 세상 모든 죄를 온전히 짊어지셨고, 십자가에 못 박혀서 피 흘려 죽으심으로 인류의 모든 죄를 다 갚아 놓으셨습니다.

자기의 의로운 행위나 노력이나 봉사나 희생 등으로는 어떤 사람도 의인이 될 수 없습니다. 율법의 행위로 의인이 될 수 있는 사람은 아무도 없습니다. 율법을 모두 지켜서 의롭다 함을 얻을 육체는 결코 없지만, 누구든지 예수 그리스도께서 우리의 모든 죄를 다 없애 놓으셨다는 진리의 복음을 믿으면 죄 사함을 받고 의인이 됩니다. 누구든지 **물과 피의 복음**으로 자기의 모든 죄를 속량하신 예수님을 믿으면 죄 사함을 받고 거듭나서 죄가 전혀 없는 의인이 됩니다.

## 예수님을 믿고도 죄인인 자들

그런데 지금도 많은 기독교인들은 예수 그리스도를 믿는다고 고백하면서도 그들의 마음에는 죄가 있습니다. 그들이 바로 "**기독 죄인들**"(Christian sinners)입니다. 예수님을 오래 믿고도 결국은 죄인으로 나타나는 것이 바른 신앙입니까? 아닙니다. "**만일 우리가 그리스도 안에서 의롭게 되려 하다가 죄인으로 나타나면 그리스도께서 죄를 짓게 하는 자냐 결코 그럴 수 없느니라"(갈 2:17)고 하신 말씀이 그런 뜻입니다.

우리가 예수님을 믿기 전에도 죄인이었는데, 나름대로 예수님을 오래 믿은 후에도 여전히 죄인으로 나타난다면, 예수님께서 우리에게 하신 일이 무엇입니까? 아무 유익도 주지 못하는 예수님을 왜 믿어야 합니까?

"**그리스도 안에서 의롭게 되려 하다가 죄인으로 나타나면**"이라는 말씀은, 예수님을 믿으면서도 스스로 죄인이라고 하는 사람을 지적하는 말씀인데, 이런 자들은 예수님을 죄를 짓게 하는 자이며 거짓말쟁이로 여기는 자들입니다. 그들은 예수님께서 "**물과 피로 임**"(요일 5:6)하셔서 행하신 완전한 구원의 역사를 무시하는 자들입니다. 그러므로 예수님을 믿으면서도 마음에 죄가 그대로 있는 사람은 **예수님을 별 볼일 없는 분**으로 알고 믿는 셈입니다.

지금도 많은 기독교인들이 "나는 구원받은 죄인입니다"라고 고백합니다. 그런 이들을 "**기독죄인들**"(Christian sinners)이라고 부릅니다. "**기독죄인들**"은 그렇게 시인하는 것이 하나님 앞에서 겸손한 자세라고 생각합니다.

그러나 그런 고백은 예수님을 심히 무시하고 모욕하는 죄입니다. "**기독죄인들**"(Christian sinners)은 진리의 복음이 무엇인지도 모르고서, 덮어놓고 예수님을 믿습니다. 그들은 사단 마귀가 뿌려 놓은 거짓 교리에 속아서, 그리고 사단 마귀의 종들인 거짓 선지자들에게 세뇌(洗腦) 되어서, 자기들의 믿음이 옳은 줄 압니다.

"**너희에게 성령을 주시고 너희 가운데서 능력을 행하시는 이의 일이 율법의 행위에서냐 듣고 믿음에서냐**"(갈 3:5)라고 주님은 우리에게 물으십니다. 우리가 의롭게 되는 것은 율법을 잘 지켜서 되는 것이 절대 아닙니다. 율법의 행위로 의에 이르러 구원을 받을 사람은 아무도 없습니다.

예수님이 우리 죄를 온전히 없애 놓으신 비밀을 담고 있는 **"성경대로의 복음"**(고전 15:3-4)을 믿으면, 누구든지 **하나님의 의(義)**를 옷 입고 죄가 전혀 없는 의인이 됩니다. 오직 예수님께서 인류의 대표자인 세례 요한에게 요단강 물에서 안수의 형식으로 세례를 받으심으로 우리의 죄를 모두 담당하시고 십자가에 죽으심으로 그 모든 죄를 다 없애 놓으셨다는 **"물과 피의 복음"**을 믿음으로 우리는 죄 사함을 받고 천국의 영생을 얻는 것입니다.

우리와 같은 죄인들을 불쌍히 여기셔서 독생자 예수 그리스도를 보내 주시고, 성자 예수님의 완전한 구원의 사역으로 우리 인류를 모든 죄에서 구원해 주신 하나님 아버지의 사랑과 은혜에 감사를 드립니다. 저는 **"물과 피로 임"**(요일 5:6)하신 예수 그리스도께서 저의 모든 죄를, 앞으로 지을 죄까지도, 다 없애 놓으셨다는 진리의 복음 말씀을 믿습니다.

우리를 죄가 전혀 없는 의인으로 거듭나게 해 주신 사랑의 하나님을 찬양합니다.

할렐루야!

# "오호라 나는 곤고한 사람이로다"

"그러므로 내가 한 법을 깨달았노니 곧 선을 행하기 원하는 나에게 악이 함께 있는 것이로다
내 속 사람으로는 하나님의 법을 즐거워하되
내 지체 속에서 한 다른 법이 내 마음의 법과 싸워 내 지체 속에 있는 죄의 법 아래로 나를 사로잡아 오는 것을 보는도다
오호라 나는 곤고한 사람이로다 이 사망의 몸에서 누가 나를 건져 내랴
우리 주 예수 그리스도로 말미암아 하나님께 감사하리로다 그런즉 내 자신이 마음으로는 하나님의 법을, 육신으로는 죄의 법을 섬기노라"(로마서 7:21-25).

## 율법이란 무엇인가?

"그런즉 우리가 무슨 말 하리요. 율법이 죄냐 그럴 수 없느니라 율법으로 말미암지 않고는 내가 죄를 알지 못하였으니 곧 율법이 탐내지 말라 아니하였더면 내가 탐심을 알지 못하였으리라"(롬 7:7).

"오호라 나는 곤고한 사람이로다"(롬 7:24)-율법 앞에 정직하게 서 보았던 사도 바울은 자기가 얼마나 비참한 존재인지를 깨닫고 이렇게 고백했습니다. 저는 오늘 이 말씀을 중심으로 다시 한번 **죄와 율법**에 대해서 상고하고자 합니다.

정직한 사람은 율법을 통해서 죄를 깨닫습니다. 율법을 제대로 모르는 사람들은 죄를 죄로 여기지도 않습니다. 그들은 죄를 그냥

본능(本能)이라고 여깁니다. 그들은 음란한 생각이나 행동을 하면서도, "그게 본능이지 무슨 죄냐?"라고 우깁니다.

하나님께서는 선악(善惡)에 대한 절대적인 기준으로 율법을 세워 주셨습니다. 하나님을 경외하는 사람은 율법으로 자기의 죄를 깨닫게 됩니다. 선악(善惡)의 절대적인 기준으로 세워 주신 율법 앞에 정직하게 서 본 사람은 **율법을 어긴 모든 것이 죄**라고 인정합니다. 만일 율법이 **"탐내지 말라"**라고 하지 않았다면, 우리는 탐심을 품고도 그것을 죄로 여기지 않을 것입니다. 탐심이 죄인 줄 인정하게 되는 것은, 율법이 탐심을 죄라고 지적했기 때문입니다.

율법을 모를 때에는 저도 제 자신을 제법 의롭고 선한 자라고 자부했습니다. 그런데 율법의 기준이 얼마나 절대적인가를 깨닫고 나서는, 제가 얼마나 더러운 존재인지를 인정하게 되었습니다. 이처럼 하나님께서는 율법을 우리에게 주셔서 우리들이 심히 죄인이라는 사실을 깨닫게 하셨습니다.

그런데 대부분의 기독교인들은 하나님께서 우리에게 율법을 주신 목적을 오해하고 있습니다. 그들은 "율법을 지켜 행하라고 하나님께서 우리에게 율법을 주셨다"라고 믿습니다. 그들은 거듭나지 못한 목사들에게 잘못 배워서 그런 오류에 빠진 것입니다. 사도 바울도 진리의 복음 안에서 예수 그리스도를 만나기 전에는 율법에 대해서 잘못된 지식을 가지고 있었고, 자기의 의로 충만했었습니다.

저도 율법에 대해서 잘못된 지식을 가지고 있었습니다. 저는 "율법을 철저하게 준행하는 것이 올바른 신앙"이라고 믿었습니다. 내 속에 있는 죄가 나를 그렇게 속인 것입니다. 제가 처음 성경을 읽으면서 율법의 말씀을 만났을 때에, 저는 "아! 율법은 참 거룩하고 선한 것이로구나! 이제부터 나는 하나님의 계명대로 살아야겠다"

하고 결심을 했습니다. 그리고 저는 율법대로 살아보려고 무진 애를 썼습니다.

그런데 저는 율법이 요구하는 선(善)의 기준이 얼마나 엄격한지를 성경을 통해서 점차로 알게 되었습니다. 율법을 철저하게 준행하려고 노력하면 할수록, 저는 그것이 얼마나 힘든 일인지 절감하게 되었습니다. 추상같이 엄위한 율법으로 인하여 제 마음속에 죄가 쌓여 가더니 나중에는 제 마음에 죄가 가득 찼습니다. 저는 하나님의 심판을 두려워하며 신음하게 되었습니다. 저도 바울처럼 **"오호라 나는 곤고한 사람이로다 이 사망의 몸에서 누가 나를 건져 내랴"**(롬 7:24)라고 탄식하는 지경에 이르렀습니다.

마음이 정직한 사람은 율법 앞에서 **"지독한 죄인"**으로 드러납니다. 그리고 율법 앞에서 심한 죄인으로 드러나야 구원을 받습니다. 이와 같이 우리가 "지옥에 가야 할 죄인"임을 스스로 깨닫게 하려고 하나님께서 우리에게 율법을 주신 것이지, 율법을 철저하게 지키고 스스로 거룩함을 이루어서 구원을 받으라고 율법을 주신 것이 결코 아닙니다.

## 자신이 위선자인 줄 깨달아야

율법이 얼마나 절대적인 거룩함을 요구하는지를 모르기 때문에, 기독교인들은 율법을 지켜 보려고 애를 써 봅니다. 그것은 그들이 자기의 꼬락서니를 몰라도 너무 모르기 때문에 품는 만용입니다. "무식하면 용감하다"라는 말처럼, 저도 율법에 대해서 제대로 알지 못했을 때에는 얼마나 용감했는지 모릅니다. "나는 얼마든지 선하게 살 수 있어! 나는 홍익인간(弘益人間)의 정신을 실천할 수 있어!

'네 이웃을 네 몸같이 사랑하라'라고 하셨으니, 나도 슈바이처 박사처럼 나 자신을 희생해서 많은 사람들을 돕고 그리스도의 향기를 발산하며 살아갈 거야!"

저는 조금만 더 노력하면 율법을 다 지킬 수 있으리라고 여겼습니다. 광명의 천사로 가장한 사단 마귀는 "너도 천사같이 거룩하게 살 수 있어!"라며 저를 속였습니다. 그래서 저는 최선을 다해서 율법을 지키려고 노력했습니다. 저는 사단 마귀에게 속아서 율법주의 노선을 따라서 신앙생활을 했습니다.

저는 윤동주 시인의 시구(詩句)처럼, 하늘을 우러러 한 점 부끄러움 없이 살고 싶었습니다. 그래서 율법대로 살아 보려고 무진 애를 썼습니다. 길을 가다가 거지를 보게 되면, "이웃을 네 몸과 같이 사랑하라고 하셨는데, 이 거지가 바로 내 이웃이 아닌가?" 하는 동정심으로 눈물을 글썽였습니다. 그래서 주머니에 있는 돈을 쥐여 주기도 하고, 또 어떤 거지는 집에 데려다가 목욕을 시키고 밥을 같이 먹기도 했습니다.

"늘 그렇게는 못하더라도 선을 행하는 것이 옳으며, 나는 얼마든지 그렇게 할 수 있다"라고 믿었습니다. 최선을 다해서 율법을 지키는 것이 하나님 앞에 가장 아름다운 일이고, 그래야만 하나님께로부터 은혜를 입고 구원을 받는 줄로 저는 믿었습니다. 하나님의 율법이 요구하는 선이 얼마나 절대적인 수준인지를 알기 전에는 제 나름대로 율법을 지키려고 애를 쓰면서, 다른 이들에 대해서는 속으로 "너희들도 나만큼만 해 봐라" 하는 교만한 자부심을 품고 있었습니다.

그런데 율법이 요구하는 절대적인 수준을 알고 나서는, 저의 자부심이 다 깨어졌습니다. 한번은 제가 자주 빵을 사 먹였던 거지 청년을 집으로 데려와서 목욕을 시켰습니다. 거지 중에 상거지였던 그 청년의 이름은 "일록"이었는데, 정신이 온전치 않았습니다.

저는 목욕탕 주인이 받아 주지 않을 것을 알기에, 일록이를 저희 집으로 데려왔습니다. 저희 아파트 욕실에서 일록이를 씻기는데, 그의 덩치가 얼마나 큰지 욕실 욕조에 넣을 수가 없었습니다. 저는 똥딱지가 앉은 일록이의 엉덩이를 닦아 주면서 여러 번 헛구역질을 했습니다. 제가 잘 입지 않는 옷들을 골라서 내복부터 다 갈아입혔습니다. 거기까지는 그래도 견딜 만했는데, 같이 밥을 먹으면서 문제가 생겼습니다.

저는 일록이와 밥상을 마주하고서 찌개를 퍼먹고 있었습니다. 일록이는 너무나 기분이 좋아서 밥을 한 그릇 다 비우고 벌써 두 그릇째 먹고 있었습니다. 저는 일록이가 그동안 따듯한 밥을 먹어 본 적이 있겠나 싶은 마음으로, "일록아, 많이 먹어라"라고 말하는 순간에, 씩 웃는 일록이의 이빨을 보게 되었습니다. 그 순간 저는 밥맛이 싹 떨어졌습니다. 누런 더께가 덕지덕지 앉아 있는 일록이의 이빨을 본 순간부터 같이 퍼먹던 찌개 냄비에 더 이상 제 숟가락을 넣을 수 없었습니다.

"많이 먹어라, 많이 먹어"라고 말은 하지만 그때부터 젓가락으로 다른 반찬만 조금씩 집어 먹었습니다. 솥에 있는 밥을 다 비우고 나서야 일록이는 마지못해 숟가락을 놓았습니다. 이제 시간도 늦어서 일록이를 내보내려는데, 일록이는 안 나가겠다고 결사적으로 버텼습니다. 온갖 사탕발림으로 달래서, 훌쩍거리는 일록이를 칼바람이 부는 복도로 떼밀어서 내보냈습니다. 그리고 다시 열고 들어오지 못하도록 아파트 문을 꼭 잠갔습니다. 일록이는 문 밖에 서서 한참을 울었습니다. 저는 그때에 제가 결코 **"내 이웃을 내 몸**

같이" 사랑할 수 없는 위선적이며 이기적인 존재인 줄을 깊이 깨닫게 되었습니다.

## 율법을 모를 때에는 내가 살았더니

율법이 얼마나 절대적인 선을 요구하는지를 깨닫기 전에는 저는 스스로 의로운 척하며 당당하게 살았습니다. 그때에 저는 율법을 제법 잘 지키는 자라는 자부심을 가지고 있었습니다. 그런데 **"전에 법을 깨닫지 못할 때에는 내가 살았더니 계명이 이르매 죄는 살아나고 나는 죽었도다"**(롬 7:9)라는 바울의 고백처럼, 하나님께서 요구하시는 선(善)의 수준이 얼마나 절대적인가를 깨닫고 보니, 저는 형편없는 죄인에 불과했습니다.

하나님의 율법에 **"간음하지 말라"**라고 말씀하셨습니다. 그리고 저는 "나는 절대로 간음은 안 한다. 간음하는 놈은 때려죽일 놈들이야! 하나님을 믿는 사람이 어떻게 간음을 하겠느냐?" 이렇게 생각했었습니다. 그런데 **"나는 너희에게 이르노니 여자를 보고 음욕을 품는 자마다 마음에 이미 간음하였느니라"**(마 5:28)는 예수님의 말씀 앞에 정직하게 서 보았더니, 저는 날마다 간음하는 자였습니다.

**"계명이 이르매 죄는 살아나고 나는 죽었도다"** 하신 말씀대로, 하나님의 율법이 요구하는 거룩함의 수준을 제대로 알고서 율법의 거울에 저 자신을 비춰 보았더니, 저는 하나님의 심판을 받고 지옥에 가야 마땅한 죄인으로 드러나게 되었습니다.

그러면 저만 그렇습니까? **"여자를 보고 음욕을 품는 자마다 이미 마음에 간음했느니라"**라는 하나님의 말씀 앞에 자기 자신을 비취 볼 때, 우리 모두는 다 날마다 간음하는 자가 아닙니까? **"형제를 미워한 자마다 살인한 자니라"**라는 말씀 앞에서 우리는 다 살인자가 아닙니까?

우리가 율법이 요구하는 거룩함의 수준을 제대로 깨닫지 못했을 때에는, 의로운 척하면서 당당하게 살았습니다. 지금도 외식하는 종교인들을 보면, 자기가 얼마나 거룩한 척, 자비로운 척을 합니까? 저도 스스로 의로운 자라고 자부하고 저 자신을 희생해서 많은 사람들에게 사랑을 베푸는 선한 자로 착각하고 살았었습니다. 그런데 율법은 우리의 마음속의 숨은 생각까지도 절대적으로 거룩해야 할 것을 요구했습니다. 그러한 율법의 요구 앞에서 저는 제가 얼마나 더럽고 악하고 연약한 자인지를 깊이 깨닫게 되었습니다.

## 율법을 주신 목적

하나님께서 우리에게 하나님의 거룩함의 기준으로 율법을 주셨습니다. 우리가 그 율법으로 양심의 죄를 깨닫고, 구원을 바라며 하나님께로 나오라고 율법을 주신 것입니다. **"그러므로 율법의 행위로 그의 앞에 의롭다 하심을 얻을 육체가 없나니 율법으로는 죄를 깨달음이니라"**(롬 3:20) 하셨고, 또 **"이는 계명으로 말미암아 죄로 심히 죄 되게 하려 하심이니라"**(롬 7:13)고 말씀하셨습니다.

율법이 없다면 우리들은 자기가 얼마나 끔찍한 죄인인지를 알 수 없습니다. 대부분의 사람들은 자기에게 죄가 조금 있다고 인정은 해도, 자기가 **지옥에 가야 할 죄인**이라고는 여기지 않습니다. 많은 사람들이 자기는 간음하지 않았고, 도둑질도 하지 않았고, 살

인도 한 적이 없으며 그래도 착하게 살려고 노력했기 때문에, 자기 같은 사람이 지옥에는 절대로 가지 않는다고 생각합니다.

"여자를 보고 음욕을 품는 자마다 마음에 이미 간음하였느니라" 라고 성경은 말씀하지만, 그들은 "음욕을 품는 것이 본능(本能)이지 무슨 죄냐? 그런 본능을 주셨길래 우리가 자식을 낳고 사는 것이 아니냐?"라고 반박을 합니다. 그러나 하나님의 율법을 어긴 것은 모두 죄입니다. 자기 생각에는 음욕을 품는 것을 단순히 "본능"으로 여긴다고 해도, 하나님의 말씀은 절대적인 법이고 진리입니다. 하나님께서 "마음으로라도 음욕을 품은 것은 간음의 죄다"라고 규정하셨으면, 그것은 죄입니다. 하나님의 말씀이 절대적이지, 하나님 앞에서 "내 생각"이 무슨 소용이 있습니까?

법을 어긴 것은 죄이며 그 죄에 대한 벌을 받는 것이 마땅합니다. 우리나라에도 정부가 정해 놓은 **실정법**(實定法)이 있어서 그것들을 위반하면 응분의 처벌을 받습니다.

사람이 만든 법도 그렇게 엄정(嚴正)한 구속력을 갖는데, 하물며 하나님의 법이야 얼마나 준엄하겠습니까? 하나님의 율법이 "그것은 죄다"라고 말씀하셨으면 그것은 죄입니다. 그리고 죄가 눈곱만큼만 있어도 지옥에 갑니다. 자기 생각에는 이해가 안 되고 마음에 들지 않더라도 하나님의 말씀은 진리이고 선한 것입니다.

## 율법은 선한 것

율법은 모두 613 개 조항이 있습니다. 그 613 개의 율법 조항 중에서 가장 중요한 10 개의 규례를 추려서 **"십계명"**(十誡命)이라고 합니다. 십계명은 우리 인간이 하나님께 대해서 마땅히 지켜야 할 네 가지 계명과, 사람들끼리 마땅히 서로 지켜야 할 여섯 가지 계명으로 구성되어 있습니다.

"하나님만이 참 신이다. 하나님 외에 다른 신은 없다. 그러니 하나님만을 참 신으로 섬겨라. 하나님이 아닌 어떤 우상이든지 그것들을 신으로 섬기거나 그 신상에 절하지 말라. 여호와 하나님의 이름을 망령되이 일컫지 말라. 그리고 안식일을 거룩하게 지켜라"라고 하나님께서 말씀하셨습니다.

그리고 사람들 사이에 지킬 도리로는, "부모를 공경하라. 간음하지 말라. 살인하지 말라. 도적질하지 말라. 거짓 증언하지 말라. 네 이웃의 재물을 탐내지 말라"라고 말씀하셨습니다.

하나님의 율법은 참으로 선하고 지당한 법입니다. 이 십계명의 말씀 중에 어느 하나라도 부당한 것이 없습니다. 모두 선하고 거룩하며 합당한 하나님의 법입니다. 간음하지 말라고 하신 것이 얼마나 합당합니까? "마음껏 간음을 해라" 한다면 그것이 선한 것입니까? "도적질을 해라, 부모를 쳐라, 거짓말을 많이 해라, 이웃의 재물을 맘대로 빼앗고 반항하면 죽여라"라고 한다면 그것이 옳습니까? 율법의 계명들은 다 지당하신 말씀입니다.

십계명을 다시 요약해서 두 큰 계명으로 정리하면, **"첫째는 네 마음을 다하고 목숨을 다하고 뜻을 다하고 힘을 다하여 주 너의 하나님을 사랑하라"** 하신 것이요 **"둘째는 네 이웃을 네 몸과 같이 사랑하라"**(막 12:30-31) 하신 말씀입니다. 이 두 계명은 선하고 의로운 율법의 요체(要諦)입니다. **"이로 보건대 율법도 거룩하며 계명도 거룩하며 의로우며 선하도다"**(롬 7:12)라고 하신 말씀대로, 율법은 참으로 선하고 의롭고 거룩한 규례들입니다.

## 숨은 죄를 드러나게 하는 율법

그러면 그토록 선한 율법이 우리에게 사망을 가져왔다는 말입니까? 율법 자체가 우리에게 저주라는 말입니까? 아닙니다. 율법으로 인하여 죄가 드러났기 때문에, 마치 율법이 사망(지옥)의 저주를 가져온 것처럼 여겨지는 것뿐입니다.

율법이 없으면 죄도 드러나지 않습니다. 그러나 죄가 드러나지 않는다고 해서 죄가 없는 것도, 죄에 대한 심판이 없는 것도 아닙니다. 하나님 앞에서 죄인은 반드시 심판을 받고 지옥에 가야 합니다. 그것이 하나님의 공의(公義)입니다.

모든 사람은 죄를 가지고 태어나서 평생 동안 죄를 짓다가 죽습니다. 그러니 모든 사람은 지옥에 갈 수밖에 없습니다. 첫 사람 아담이 하나님의 말씀을 어기고 죄를 범한 이후에, 아담의 후손인 우리들은 태어날 때부터 죄를 가지고 태어났습니다. 우리 인간은 근본적으로 죄 덩어리로 태어났기 때문에 아무도 거룩하고 선하며 의로운 율법을 온전히 지킬 수 없습니다. 우리도 마음으로는 하나님의 율법을 철저하게 지키고 싶지만, 우리의 육체 안에 생래적(生來的)으로 장착(裝着)된 죄로 인하여 우리는 끊임없이 죄를 지을 수밖에 없는 존재들입니다.

그래서 사도 바울도 자신의 비참한 실존(實存)을 깨닫고, **"오호라 나는 곤고한 사람이로다 이 사망의 몸에서 누가 나를 건져 내랴"**(롬 7:24) 하고 탄식했던 것입니다.

율법은 하나님께서 세우신 선(善)의 절대적인 기준입니다. 우리 모두는 선하고 의로운 율법을 지키고 싶어합니다. 그런데 우리의 마음속에 내장되어 있는 죄 때문에, 우리가 아무리 율법을 지키고 싶어도 율법을 온전히 지킬 수가 없습니다.

그래서 사도 바울은 "우리가 **율법은 신령한 줄 알거니와 나는 육신에 속하여 죄 아래 팔렸도다 나의 행하는 것을 내가 알지 못하노니 곧 원하는 이것은 행하지 아니하고 도리어 미워하는 그것을 함이라 만일 내가 원치 아니하는 그것을 하면 내가 이로 율법의 선한 것을 시인하노니 이제는 이것을 행하는 자가 내가 아니요 내속에 거하는 죄니라**"(롬 7:14-17)고 시인했던 것입니다.

## 희망 사항

*"하늘을 우러러*
*한 점 부끄러움이 없기를*
*잎새에 이는 바람에도*
*나는 괴로워했다"*

시인 윤동주님이 지은 "서시"(序詩)의 첫 부분입니다. 윤동주 시인의 고백처럼 정말 한 점 부끄러움 없이 살고 싶지 않은 사람이 누가 있겠습니까? 많은 사람들이 이 "서시"를 좋아하는데, 그것은 자기들도 바르고 깨끗하게 살기를 소원하는 마음이 있기 때문입니다. 우리는 모두 선하고 의롭고 거룩하게 살기를 바랍니다. 저도 가을 하늘처럼 청명하게 부끄럽지 않은 삶을 살다가 하나님께로 가고 싶습니다.

선하고 의롭게 살고 싶은 것은 우리 모두의 희망 사항입니다. 그렇지만 우리가 자신의 삶을 정직하게 돌아보면, 그것은 어림 반

푼어치도 없는 희망 사항에 불과합니다. 마음으로는 간절하게 선을 행하기를 원하지만, 우리는 결코 선한 율법을 온전히 지키지 못합니다. 우리가 마음으로는 분명히 선을 행하고 싶은데, 이상하게도 우리의 마음과 육체는 자꾸만 죄를 짓는 데로 달려가는 것을 발견하게 됩니다.

여기서 "이렇게 나의 희망 사항이 이루어지지 못하게 훼방하는 것이 무엇이냐?" 하고 사도 바울은 스스로에게 질문을 던졌습니다. 그리고 그것은 바로 **내 속에 거하는 죄**라고 바울은 결론을 지었습니다. 우리 인생은 죽을 때까지 전자동으로 죄를 짓는 자들입니다. 우리 육체는 "죄를 가지고 태어나서 죽을 때까지 전자동으로 죄를 짓게 되어 있습니다. 그것이 바로 **"죄의 법"**입니다.

바울은 "그런즉 내 자신이 마음으로는 하나님의 법을, 육신으로는 **죄의 법을 섬기노라**"(롬 7:25)고 결론을 지었습니다. 우리 모두는 **"죄의 법"** 아래 있다고 사도 바울은 선언합니다. 근본 죄를 가지고 태어난 우리는 어쩔 수 없이 **"죄의 법"**의 지배를 받기 때문에 날마다 **죄를 지을 수밖에 없는 존재**라는 말씀입니다.

그러면 우리의 마음에는 근본 어떤 죄들이 장착(裝着)되어 있습니까? 주님은 우리의 마음속에 다음과 같은 죄들이 장착되어 있다고 말씀하셨습니다:

"또 가라사대 사람에게서 나오는 그것이 사람을 더럽게 하느니라 속에서 곧 사람의 마음에서 나오는 것은 악한 생각 곧 음란과 도적질과 살인과 간음과 탐욕과 악독과 속임과 음탕과 흘기는 눈과 훼방과 교만과 광패니 이 모든 악한 것이 다 속에서 나와서 사람을 더럽게 하느니라"(막 7:20-23).

우리는 마음속에 간음과 음란과 음탕의 죄를 가지고 태어났습니다. 그래서 아름다운 여인을 보면 우리의 눈길이 저절로 쫓아갑니다. 음란한 사진이나 영상을 보게 되면, 마음에서 음란한 상상들이 올라옵니다. 그것은 우리의 마음속에 장착되어 있던 간음의 죄가 자극을 받아서 준동(蠢動)을 한 것입니다.

우리의 마음에 장착(裝着) 된 "살인의 죄"에 대해서 한번 생각해 봅시다. 우리의 마음속에는 살인하는 마음이 다 있습니다. 그래서 어떤 이가 자기에게 손해를 입히거나 괴롭게 하면 그 사람을 죽이고 싶은 마음이 우리에게서 일어나게 되어 있습니다.

직장 생활을 하는 사람의 경우에 자기가 승진을 하려면 다른 경쟁자들을 물리쳐야 하고 상사의 자리가 비어야 합니다. 그런데 자기 상사인 부장님이 교통사고로 갑자기 죽었다고 가정합시다. 그 부서의 과장들은 까만 양복에 까만 넥타이를 매고 비통한 표정으로 문상을 갑니다. 돌아가신 분의 부인을 만나 문상을 하면서 애도를 표하고 침통한 표정을 짓지만, 속으로는 벌써부터 "이제 우리 가운데 누가 부장이 될 것인가?" 하는 생각만 하고 있을 것입니다. 과장들은 모두 "이번이 찬스다, 기회는 왔다, 어떻게 줄을 서고 어떤 임원에게 아부를 해야 내가 부장이 될 수 있겠나?" 하는 생각에 마음이 분주할 것입니다. 정직하게 말하자면, 과장들은 속으로 자기 부장님이 "잘 죽었다"라고 생각한다는 말입니다. 여러분이 그런 환경에 처해 있다면 여러분도 그럴 수 있겠습니까? 없겠습니까? 저라도 얼마든지 그런 생각을 할 것입니다.

사람은 전적으로 악한 존재입니다. 그러나 구체적인 예를 들면서 지적해 주지 않으면, 사람들은 자기가 얼마나 이기적이며 악한 존재인지를 잘 모릅니다. 나와 당신의 마음속에는 살인하는 마음이

"오호라 나는 곤고한 사람이로다"   73

있습니다. 특별히 자기에게 해를 입히지도 않았는데, 그 사람이 없어지면 자기에게 큰 이익이 돌아올 수 있는 경우, 그 사람이 없어지기를 바라는 마음이 있습니다. 그것도 "살인하는 마음"입니다. 그러니 자기에게 해를 입히는 자는 죽이고 싶어 하는 마음은 우리의 마음속에 더욱 분명히 있습니다. 누가 우리에게 큰 손해를 입히거나 자기를 괴롭히면 우리의 마음속에 숨어 있던 살인하는 마음이 바로 발동하게 되어 있습니다.

## 악하고 이기적인 인간의 본성

사람은 근본적으로 악하며 이기적인 존재입니다. 저는 강원도 동해안의 속초시에서 살았던 적이 있습니다. 미시령 터널이 뚫리기 전에는 속초에서 서울 방향으로 가려면 아주 험한 미시령 산길을 넘어가야 했습니다. 그 험한 산길을 겨우 넘어가면, 인제와 신남 사이의 꼬불꼬불한 강변길을 운전해야 했는데, 그 길은 아주 위험했습니다. 바로 옆이 수십 길 낭떠러지이고 굴곡이 심해서 험난하기 그지없었습니다.

그런데 제일 험난하고 사고가 많이 발생하는 지점에는 반드시 견인차가 숨어서 기다리고 있었습니다. 견인차 운전 기사들은 사고다발(事故多發) 지역에 차를 세워 놓고 밤을 지새웁니다. 차 안에서 밤을 지새우는 견인차 기사들이 마음으로 간절하게 바라는 것이 무엇일까요? "신이시여, 오늘은 절대로 교통사고가 나지 않기를 바랍니다. 누가 죽거나 다치면 그 가족이 얼마나 마음이 아프겠습니까? 정말 나는 돈을 못 벌어도 좋으니 이 땅에 교통사고가 없도록 도와주십시오" 하고 기도하며 밤을 지새는 사람은 한 사람도 없을 것입니다.

견인차 기사들은 대형 교통사고가 나서 크게 한 건 올리기를 간절히 바라며 밤을 지새울 것입니다. 그러면 견인차 기사들이 특별히 악한 사람이기 때문에 그렇게 했을까요? 아닙니다. 저도 어찌하다가 견인차를 한 대 사서 그 차로 밥벌이를 해야 하는 처지였다면, 저도 사고가 많이 나는 길목에 차를 세워 놓고 밤을 지새우면서 대형사고가 나기를 목이 빠지게 기다렸을 것입니다.

중국의 한비자(韓非子)의 책에는 이런 이야기가 있습니다.

"장의사는 관(棺)을 짜면서 많은 사람이 죽기를 바라고 가마(輦)를 만드는 사람은 가마를 만들면서 많은 사람이 부귀해지기를 바란다. 관을 짜는 자는 악(惡)하고 가마 만드는 사람은 선하기 때문인가? 아니다. 사람이 죽지 않으면 관이 팔리지 않고, 사람들이 부귀해지지 않으면 가마가 팔리지 않기 때문이다."

그렇습니다. 장의사는 역병이 돌거나 대형 사고가 터져서 관이 많이 팔리기를 원합니다. 관을 만들어 파는 사람은 관을 짜면서 "오늘은 대형 사고가 좀 안 터지나?" 하면서 망치질을 합니다. 그러나 반대로 가마를 만드는 사람은 사람들이 돈을 많이 벌거나 높은 관직에 올라서 자기의 가마가 많이 팔리기를 바라며 망치질을 합니다. 모두가 자기의 이익을 추구하는 것이 인간입니다. 인간의 본성(本性)은 근본적으로 악하며 그 **악의 내용은 이기심입니다**.

"**만일 내가 원치 아니하는 그것을 하면 이를 행하는 자가 내가 아니요 내 속에 거하는 죄니라**"(롬 7:20).

하나님께서는 우리 마음속에 이런 죄들이 다 장착되어 있다고 말씀하십니다. 죄는 우리 안에 실존적(實存的)으로 존재합니다. 그러니 우리 속에 이런 악한 것들이 잔뜩 들어앉아 있는데, 어떻게 우리에게서 선한 것이 나올 수 있겠습니까?

간장 병을 기울이면 간장이 나옵니다. 죄악을 가득 품고 태어난 우리 속에서도 나오는 것은 더러운 죄밖에 없습니다. 제가 지금 잔을 하나 들고 있는데, 이 잔 속에 똥물이 가득 들어 있다고 가정합시다. 그렇다면 이 잔으로부터 어떤 깨끗한 것이 나올 수 있겠습니까? 이 똥물을 오랫동안 가라앉혀서 위에 뜬 노란 물만 따랐다고, 그것이 마실 수 있는 깨끗한 물이겠습니까?

게다가 우리 마음의 모든 죄악 중에는 **"속임이라는 죄"**도 있습니다. 속임이라는 죄는 우리의 마음속에서 나오는 모든 죄악들을 위선(僞善)이라는 포장지로 코팅해서 밖으로 내보냅니다. 당의정(糖衣錠)이라는 알약이 있습니다. 쓰디쓴 약을 먹기 좋도록 설탕으로 코팅을 해서 먹기 좋게 만든 약이 바로 당의정(糖衣錠)입니다. 자기와 다른 사람들을 교묘히 속이는 우리의 모습은 흡사 당의정과 같습니다.

## 자기의 악한 모습을 정직하게 인정하여야

계명은 참으로 지당하신 말씀이고, 율법은 하나님의 선(善)의 절대적인 기준입니다. 우리는 선한 율법을 다 지켜서 행하고 싶습니다만, 내 마음속에서 나오는 것은 죄악밖에는 없습니다. 하나님의 율법 앞에서 "저는 참으로 악한 자입니다. 저는 지옥에 갈 수밖에 없는 죄 덩어리입니다" 하고 정직하게 시인하는 심령은 복이 있습니다. 그런 사람이 바로 **"심령이 가난한 자"**(마 5:3)입니다.

자기의 악한 실존을 깨달은 사람은 사울(거듭나기 전의 바울)처럼, **"오호라, 나는 곤고한 사람이로다 이 사망의 몸에서 누가 나를 건져 내랴"**(롬 7:24) 하고 탄식하게 됩니다. "정말 나는 율법을 지킬 수 없는 자로구나! 내가 바르고 선하게 살아야 하나님 앞에 당당히 설 수 있을 텐데, 선을 행하기를 원하는 마음은 내게 있지만 선을 행할 능력은 전혀 없는 자로구나" 하고 탄식하는 사람이 하나님 앞에서 자신의 참모습을 정직하게 인정하는 **"심령이 가난한 자"**입니다.

그런데 대부분의 기독교인들은 율법 앞에서, "나는 지금까지 율법을 잘 지켰다. 모름지기 사람은 율법을 지키고 바르게 살아야 한다. 그리고 만일 우리가 어쩌다가 죄를 지으면 그것은 회개 기도로 깨끗이 씻어 내고, 다시는 죄를 짓지 않도록 노력하는 길밖에는 없다"라고 생각합니다. 그들은 율법을 우리에게 주신 하나님의 참뜻을 깨닫지 못하고, 율법이 **얼마나 절대적인 선의 수준**을 요구하는지를 알지 못합니다. "하룻강아지 범 무서운 줄 모른다"라는 속담처럼, 거듭나지 못한 기독교인들은 율법을 만만하게 보고, "나는 율법을 다 지킬 수 있노라"며 주님의 뜻에 도전합니다.

그들은 예수님 앞에 나온 어떤 부자 청년과도 같습니다. 그 부자 청년은, **"이 모든 것을 내가 지키었사오니 아직도 무엇이 부족하니이까"**(마 19:20)라고 의기양양하게 자기의 의를 자랑했습니다. 율법의 모든 계명을 다 지켰다는 그의 말은 새빨간 거짓말입니다.

주님께서는 율법이 요구하는 선의 수준이 얼마나 절대적인지를 제시하셔서, 그의 대답이 거짓인 줄을 스스로 깨닫게 하셨습니다. **"네가 온전하고자 할찐대 가서 네 소유를 팔아 가난한 자들에게 주라"**(마 19:21). **"네 이웃을 네 몸같이 사랑하라"**라는 율법의 요구를 준행하려면, 그는 자기의 소유를 다 팔아서 가난한 자들에게 나누어 주었어야 했습니다.

예수님의 돌직구 같은 말씀을 듣고서, 모든 율법을 지켰다고 자부하던 그는 근심하며 떠나갔습니다. 자기는 의로우며 선한 자라고 자부했던 그 부자(富者)는 그저 **자기 의(義)의 부자**였습니다. 그리고 예수님께서는 그러한 부류들, 즉 **자기 의의 부자**가 천국에 들어가는 것은 낙타가 바늘귀로 들어가는 것보다 어렵다고 말씀하셨습니다. 자기가 다른 사람들보다 선하고 의롭다고 생각하는 사람, 즉 심령이 부유한 사람은 자기의 의를 들고 하나님께 나아가 인정을 받으려 하기 때문에, 전적으로 **하나님의 의**를 의지할 필요를 느끼지 않습니다.

## 참된 회개

"나는 너희의 하나님이 되려고 너희를 애굽 땅에서 인도하여 낸 여호와라 내가 거룩하니 너희도 거룩할찌어다"(레 11:45).

율법은 우리에게 절대적으로 거룩할 것을 요구합니다. 그러므로 율법의 절대적인 요구를 알고 나서, 그 율법으로 자기를 비춰 볼 때, "아! 나는 지극히 더러운 죄인이구나! 나는 지옥에 가야 마땅한 자로구나"라고 시인하는 사람은 하나님을 향하여 **"참된 회개"**를 하게 됩니다.

**"참된 회개"**란 자기가 지옥에 가야 할 자임을 인정하고, 하나님께 돌아와서 하나님의 긍휼을 바라는 것입니다. 많은 기독교인들이 "하나님, 제가 오늘 아침에 이런 죄를 지었고 낮 동안에는 저런 죄를 짓고 저녁에도 이러 저런 죄를 지었습니다. 하나님, 이번 한 번만 용서해 주시면 다시는 그런 죄를 짓지 않겠습니다"라고 맹세하며 날마다 하나님께 용서를 빕니다. 성경은 이러한 행위를 **"참된 회개"**라고 말씀하지 않습니다.

성경은 **"회개"**에 대해서, **"죄 사함을 얻게 하는 회개"**라고 말씀합니다. 세례 요한도 당시의 이스라엘 백성에게 **"죄 사함을 얻게 하는 회개의 세례"**를 베풀었습니다. **"참된 회개"**는 하나님의 거룩한 율법 앞에서, **"오호라 나는 곤고한 사람이로다"**라고 자백하며, 하나님께 구원의 은총을 입혀 달라고 간구하는 것입니다.

하나님께서는 마음에 죄가 있는 사람을 반드시 지옥에 보내십니다. 그리고 하나님의 율법을 어긴 모든 것이 다 죄입니다. 우리는 죄가 호리(毫釐)만큼만 있어도, 결단코 지옥의 형벌에서 벗어날 수 없습니다.

**"누구든지 온 율법을 지키다가 그 하나에 거치면 모두 범한 자가 되나니"**(약 2:10)라고 말씀하셨습니다. 우리가 율법의 한 계명이라도 어기고 범했으면, 우리는 율법 전체를 범한 것입니다. 예를 들면, 서울에서 부산까지 운전을 하고 가는데 교통 법규를 아주 잘 지키고 조심조심 운전을 하고 가다가 부산의 목적지에서 1km를 남겨 놓고 교통사고를 냈다고 가정해 봅시다. 결론적으로 그 운전자는 교통사고를 낸 것입니다.

우리가 살아가면서 어느 한 계명을 딱 한 번이라도 어겼으면, 우리는 율법 전체를 어긴 것입니다. 그렇기 때문에 우리 모두는 범법한 자들이고 죄인들입니다. 하나님 앞에서는 "조금 죄인"이든 "큰 죄인"이든, 마음에 죄가 있는 자는 다 지옥에 가야 마땅한 죄인입니다. 마음에 죄가 있으면 하나님은 그 죄인을 반드시 심판해서 지옥에 보냅니다. 이것이 하나님의 공의(公義)입니다. 예수님을 믿든지 아니 믿든지, 마음에 죄가 있으면 **"둘째 사망"**인 지옥의 판결을 받습니다.

그런데 우리는 율법을 무수히 범한 자들이 아닙니까? 우리의 육체는 죽을 때까지 **죄의 법**을 따라갑니다. 우리의 육체 안에는 **죄의 법**이 우리를 지배하고 있어서, 날마다 우리를 죄 아래로 끌고 다니면서 죄를 짓게 합니다. 죄를 지을 수밖에 없는 것이 우리 육체의 근본적인 속성입니다. 그래서 **"그런즉 내 자신이 마음으로는 하나님의 법을, 육신으로는 죄의 법을 섬기노라"**(롬 7:25) 하고 사도 바울도 고백했던 것입니다.

우리의 몸뚱이는 늘 **"죄의 법"**을 섬깁니다. 진리의 복음을 믿어서 죄 사함을 받은 의인이라도, 육체로는 여전히 죄의 법을 따라갑니다. 여러분이 죄 사함을 받고 거듭났다고, "할리우드의 노랑나비"라는 이 아무개의 누드 사진첩을 봐도 아무렇지 않습니까? 여러분이 죄 사함을 받고 나서는 황금을 보기를 길바닥에 굴러다니는 돌같이 여기게 되었습니까? 여러분이 죄 사함을 받고 나서는 아무도 미워하거나 시기하는 마음이 전혀 일어나지도 않습니까?

아닙니다. **"물과 피의 복음"**을 믿어서 죄 사함을 받고 의인으로 거듭났어도, 우리의 육체는 여전히 죄의 법 아래 있습니다. 정말 우리 자신의 실존(實存)을 정직하게 바라보면 우리는 절망적일 수밖에 없는 **"곤고한(비참한, wretched) 사람"**입니다.

그래서 바울은, **"오호라 나는 곤고한 사람이로다 이 사망의 몸에서 누가 나를 건져 내랴"**(롬 7:24) 하고 절규했던 것입니다. "나는 지옥 불을 피할 수 없는 구제불능의 죄 덩어리로구나! 나 스스로는 절대로 거룩함을 이룰 수 없구나! 이 절망적인 상태에서 나를 구원해서 천국 영생을 얻게 할 자가 누구란 말인가?"라고 그는 탄식했던 것입니다.

## 결코 정죄함이 없는 구원의 은혜

자기 자신은 지옥에 가야 마땅한 자라고 인정하고, 하나님께서 자신을 불쌍히 여기셔서 구원해 달라고 하나님께 간청하는 것이 **"참된 회개"**입니다. "**오호라 나는 곤고한 사람이로다 이 사망의 몸에서 누가 나를 건져 내랴**" 하고 탄식하며 **"참된 회개"**에 이른 자들에게, 하나님은 진리의 복음으로 죄 사함의 은총을 입혀 주십니다.

바울은 "**우리 주 예수 그리스도로 말미암아 하나님께 감사하리로다**"(롬 7:25)라며 하나님께 감사를 드렸습니다. 죄의 법에 얽매어 살아갈 수밖에 없는 우리들에게 전적인 하나님의 구원이 베풀어졌다는 말씀입니다. 곤고한 자, 즉 죄로 말미암아 지옥에 갈 수밖에 없는 우리들이 예수님으로 말미암아 온전히 죄 사함을 받고 의롭다 함을 얻게 되었습니다.

"**그러므로 이제 예수 그리스도 안에 있는 자에게는 결코 정죄함이 없나니 이는 그리스도 예수 안에 있는 생명의 성령의 법이 죄와 사망의 법에서 너를 해방하였음이라**"(롬 8:1-2).

하나님 아버지의 외아들인 예수님이 우리와 같은 육신을 입고 이 땅에 오셨습니다. 성자(聖子) 예수님은 인류의 대표자인 세례 요한에게 세례를 받으심으로, 세상의 모든 죄를 당신의 육체에 단번에 넘겨받으셨습니다. "**이와 같이 하여**"(마 3:15), 즉 안수(按手)

의 방법으로 세례를 받으셔서 주님은 **"세상 죄를 지고 가는 하나님의 어린양"**(요 1:29)이 되셨습니다.

예수님은 우리의 모든 죄를 짊어지고 십자가에 못 박히셨고, 흘리신 당신의 보혈(寶血)로 우리 인류의 모든 죄의 대가를 온전히 지불해 주셨습니다. 그래서 십자가 위에서 숨을 거두시기 직전에 주님께서는 **"다 이루었다"**(요 19:30)라고 크게 외치신 것입니다.

우리는 죽을 때까지 죄를 지을 수밖에 없고, 그 죄로 인하여 지옥에 갈 수밖에 없는 존재들입니다. 이것이 우리 모든 인생들의 실존(實存)이고, 스스로는 아무도 벗어날 수 없는 **"죄와 사망의 법"**에 묶여 있었습니다.

그런데 하나님께서 우리의 비참한 상태를 불쌍히 여기시고 우리에게 큰 사랑을 베풀어 주셔서 우리를 **"죄와 사망의 법"**에서 온전히 벗어나게 해 주셨습니다. 하나님 아버지께서는 지옥에 갈 수밖에 없는 저와 여러분을 그 모든 죄의 속박과 저주에서 값없이 해방시켜 주시려고, 예수 그리스도를 통해서 **"생명의 성령의 법"**을 세워 주셨습니다.

누구든지 예수님께서 완성해 놓으신 **"하나님의 의"**를 믿으면, 값없이 모든 죄와 허물의 사함을 받고 구원을 얻을 수 있도록 **"생명의 성령의 법"**을 세워 주셨습니다. 이제 누구든지 진리의 복음을 믿기만 하면, 하나님의 구원의 방주 안에 들어가게 하셨습니다. 하나님께서 세워 주신 **"생명의 성령의 법"**은 예수님의 구원의 사역을 **믿음으로 죄 사함을 받는 은혜의 법**입니다.

우리를 모든 죄에서 구원하러 오셨던 예수님은 성자(聖子) 하나님입니다. 하나님께서 당신의 피조물인 인간을 이처럼 불쌍히 여기시고 사랑하셔서, **"죄와 사망의 법"** 아래 놓여 있던 우리를 구원하시려고, 친히 육신을 입고 이 땅에 오셨습니다.

예수님은 서른 살이 되자, 요단강에서 인류의 대표자인 세례 요한에게 세례를 받으심으로 우리 인류의 모든 죄를 당신의 육체에 온전히 담당하셨습니다. 예수님은 세례 요한에게 세례를 베풀라고 청하시면서, **"이제 허락하라 우리가 이와 같이 하여 모든 의를 이루는 것이 합당하니라"**(마 3:15)고 말씀하셨습니다. 여기에서 **"우리가 이와 같이 하여"**란, 인류의 대표자이고 대제사장 아론의 후손인 세례 요한이 예수님의 머리에 안수(按手)의 형식으로 베푼 세례를 의미합니다.

구약의 대속죄일에 대제사장 아론이 이스라엘 백성 전체를 대표해서 희생 염소(scapegoat)의 머리에 안수함으로써, 백성들의 일 년 치 죄를 단번에 그 염소에게 넘긴 역사가 계시하는 사건이(레 16:20-22) 바로 **예수님이 요한에게 안수의 형식으로 받은 세례입니다.**

하나님의 어린양으로 오신 예수님께서 여자의 몸에서 난 자 중에 제일 큰 자인 세례 요한에게 안수의 방식으로 세례를 받으셨습니다. 안수(按手)는 제물에게 죄를 전가(轉稼, 옮겨 심음)하는 공의한 법입니다. 예수님께서 받으신 **"그 세례"**(the Baptism, 행 10:37)로 인류의 모든 죄가 예수님의 육체로 온전히 넘어갔습니다. 그래서 예수님께서는 **"세상 죄를 지고 가는 하나님의 어린양"**(요 1:29)이 되셨습니다.

예수님은 그 모든 죄를 짊어진 채로 십자가에 못 박혀서, **"다 이루었다"**(요 19:30) 하고 외치신 후 돌아가셨습니다. 성자(聖子) 하나님께서는 십자가 위에서 흘리신 피로 인류의 모든 죄를 온전히 속량하셨습니다. 이 진리의 말씀이 바로 **물과 피의 복음**이며 예수님께서 제자들에게 주셨던 **원형(原形)의 복음**입니다.

우리가 **"물과 피의 복음"**을 믿을 때에, 우리는 모든 죄의 사함을 받고 결코 정죄함이 없는 의인으로 거듭나게 됩니다. 마치 열두 해 동안이나 혈루병을 앓고 있었던 여인이 예수님의 옷을 믿음으로 붙잡았던 순간에 혈루 근원이 온전히 말랐던 것처럼, 하나님의 복음의 말씀을 믿는 순간에 우리는 즉시로 모든 죄를 사함 받고 온전히 거룩하게 됩니다.

우리 모든 인생들은 평생에 미친 마음을 품고 죄만 짓고 살다가, 죽은 후에는 지옥 불에 떨어질 수밖에 없었던 자들이었습니다. 우리는 곤고(비참)한 자들이었고 하나님의 심판을 피할 수 없는 운명이었는데, 하나님께서 우리에게 당신의 외아들을 대속(代贖)의 제물로 내어 주셨습니다. 우리는 하나님의 구원의 사랑을 믿음으로 죄에서 온전히 구원을 받았습니다. **"너희 죄가 주홍 같을찌라도 눈과 같이 희어질 것이요 진홍 같이 붉을찌라도 양털 같이 되리라"**(사 1:18) 하신 예언의 말씀이 믿는 우리에게 온전히 이루어졌습니다.

**"그러므로 사람이 의롭다 하심을 얻는 것은 율법의 행위에 있지 않고 믿음으로 되는 줄 우리가 인정하노라"**(롬 3:28).

주님은 **"물과 피로 임"**(요일 5:6)하셔서 우리의 죄를 완벽하게 없애 주셨고, 그 진리의 말씀을 믿는 자마다 값없이 의롭다 하심을 얻게 하셨습니다. 이것이 진리의 복음을 믿음으로 의인이 되어 영생을 얻게 하신 **"생명의 성령의 법"**입니다.

## 그리스도의 비밀

　예수님께서 요단강에 오셔서 인류의 대표자인 세례 요한에게 안수(按手)의 형식으로 세례를 받으셨을 때에, 인류의 모든 죄가 온전히 예수님께로 넘어갔습니다. 그렇다면 이제 우리에게 죄가 있습니까? 없습니다.

　굼벵이가 매미로 탈바꿈하는 것을 보면 얼마나 신기합니까? 그와 같이, 구제불능의 죄인이 하나님의 진리의 복음을 믿음으로 의인으로 변화되는 역사는 참으로 놀랍고 기이한 일입니다. **"물과 피로 임"**(요일 5:6)하신 예수님께서 우리를 모든 죄에서 구원하신 역사가 참으로 기이한 일이 아닙니까? 그래서 사도 바울은 **물(세례)과 피의 복음**을 **"그리스도의 비밀"**(the mystery of Christ, 엡 3:4, 골 4:3)이라고 지칭했던 것입니다.

　우리는 도저히 천국에 들어갈 수 없는 죄 덩어리들입니다. 우리는 선하게 살기를 원하지만 결코 선하게 살 수가 없고, 날마다 죄를 짓기를 밥 먹듯 하는 자들입니다. 우리는 죄의 법을 섬길 수밖에 없는 자들이며, 평생에 죄만 짓고 살다가 그 죗값으로 지옥에 가야 마땅한 자들이었습니다. 그러한 자기의 실존을 깨달은 자는 하나님께 나아가서 구원의 은총을 베풀어 달라고 간청하게 됩니다.

　저도 율법을 주신 참뜻을 제대로 깨닫지 못했을 때에는 저의 의가 충만해서 의기양양하게 살았습니다. 그런데 율법이 요구하는 절대적인 의(義)의 수준을 깨닫고 나서는 저의 의가 깨어지고 마음이 낮아졌습니다. 예수님을 처음 믿고서는 저도 죄가 드러나면, "아이구, 내가 자꾸 왜 이러나, 이러면 안 되는데…" 하다가, 율법이 요구하는 거룩함의 절대적인 수준을 깨닫고 나서야 제가 근본 그럴 수밖에 없는 죄인인 줄을 인정하게 되었습니다.

그래서 저는 하나님 앞에서 심히 죄인이 되었더니, 하나님께서는 저에게 단번에 죄 사함을 받게 하는 진리의 원형복음(原形福音)을 들려주셨습니다. 하나님께서는 결코 정죄함이 없는 **"생명의 성령의 법"**을 만나게 해 주셨습니다. 저와 같이 이 진리의 복음을 믿음으로 말미암아 죄 사함 받고 거듭난 의인들은 이제 마음에 결코 죄가 없습니다.

**"그러므로 이제 그리스도 예수 안에 있는 자에게는 결코 정죄함이 없나니"**(롬 8:1).

얼마나 놀라운 축복의 말씀입니까? 이제 예수 그리스도 안에 있는 사람, 즉 믿음으로 거듭난 사람은 결코 죄가 없다고 하나님께서 선포하셨습니다.

그런데 기독교라는 종교의 세계 안에는 예수님을 믿는다면서도 여전히 마음에 죄가 있는 기독교인들이 절대적으로 많습니다. 그러한 기독죄인들(Christian sinners)은 아직 거듭나지 못한 사람들이며 지옥의 심판을 받을 자들입니다.

하나님을 믿는 사람들 중에는 세 부류가 있습니다.

첫째 부류는 **율법도 제대로 모르는 기독교인들**입니다. 이들은 자기가 제법 의로우며 율법도 잘 지키는 자라고 스스로 자부하는 사람들인데, 현대판 바리새인 같은 기독교인들이 이런 범주에 속합니다. 이런 사람들은 하나님 나라에서 가장 멀리 있는 종교인들입니다.

둘째 부류는 **자기가 심히 죄인이라고 인정하는 기독교인들**입니다. 요한이 전파했던 **"회개의 세례"**를 받은 사람들이 이 부류에 속합니다. 자기가 심히 죄인인 사실은 깨달았는데, 아직 **생명의 성령의 법**을 만나지 못한 기독교인들이 이 부류에 속합니다. 이런 분들은 생명의 말씀을 받을 마음밭이 준비되어 있는 사람들입니다. 바울이 2차 선교 여행 중에 에베소에서 만난 이들(행 19:1-7)이 여기에 속합니다. 이런 부류의 기독교인들은 **"물과 피의 복음"**을 듣기만 하면 믿음으로 죄 사함을 받고 거듭나서 성령을 선물로 받습니다.

셋째 부류의 기독교인들은 자기가 심히 죄인인 것을 인정하고 하나님의 구원을 갈망하다가 **"물과 피의 복음"**을 만나서 온전히 믿음으로 **거듭난 의인들**입니다. 이들은 **"생명의 성령의 법"** 안에 거하는 자들이며 성령을 선물로 받은 하나님의 자녀들입니다. 그들만이 천국의 영생에 들어갑니다.

당신은 어느 부류에 속한 기독교인입니까? 당신은 하나님 앞에서 **"결코 정죄함이 없는"** 의인의 축복을 받기를 원하십니까?

그렇다면 계속해서 이 말씀의 잔치에 귀를 기울이시기를 바랍니다. 그러면 당신도 **"그리스도의 비밀"**을 깨닫고 믿음으로 **"물과 성령으로 거듭나는 축복"**을 얻게 될 것입니다.

죄의 삯은
사망이요
하나님의 은사는
그리스도 예수
우리 주 안에 있는
영생이니라
로마서 **6:23**

## 우리의 모든 저주를
## 대신 받으신 예수님

"기드온이 하나님께 여짜오되 주께서 이미 말씀하심 같이 내 손으로 이스라엘을 구원하려 하시거든

보소서 내가 양털 한 뭉치를 타작마당에 두리니 이슬이 양털에만 있고 사면 땅은 마르면 주께서 이미 말씀하심 같이 내 손으로 이스라엘을 구원하실 줄 내가 알겠나이다 하였더니

그대로 된지라 이튿날 기드온이 일찌기 일어나서 양털을 취하여 이슬을 짜니 물이 그릇에 가득하더라

기드온이 또 하나님께 여짜오되 주여 내게 진노하지 마옵소서 내가 이번만 말하리이다 구하옵나니 나로 다시 한번 양털로 시험하게 하소서 양털만 마르고 사면 땅에는 다 이슬이 있게 하옵소서 하였더니

이 밤에 하나님이 그대로 행하시니 곧 양털만 마르고 사면 땅에는 다 이슬이 있었더라"(사사기 6:36-40).

이스라엘 민족은 애굽에서 430년간의 종살이를 하다가 모세의 인도로 애굽에서 탈출했습니다. 그러나 그들이 하나님의 약속을 믿지 않았기에, 약속의 땅인 가나안에 곧바로 들어가지 못했습니다. 애굽에서 탈출한 이스라엘 백성들 중에서 20세 이상의 장정들은 40년 동안 광야에서 헤매다가 다 죽었습니다. 광야에서 태어난 새로운 세대가 모세의 후계자인 여호수아의 인도로 약속의 땅에 들어갔습니다.

그런데 그들 마저도 약속의 땅 가나안에 들어가서도 하나님과 그의 말씀을 저버리고, 그 땅의 이방 족속들을 따라서 우상 신(偶像神)들을 섬겼습니다. 하나님께서는 이스라엘 족속이 하나님을 저버리고 망령되게 행할 때마다 주변의 이방 족속들을 일으켜서 이스라엘을 치셨습니다. 그로 인해서 이스라엘 백성은 전란(戰亂)과 궁핍과 수탈과 곤욕을 수없이 겪었습니다.

그렇게 어려움에 처하게 되면 이스라엘 백성들은 돌이켜서 "하나님, 잘못했습니다. 우리가 이방 족속의 잡신을 섬기고 하나님의 말씀을 좇지 않았습니다. 하나님, 우리를 환란과 곤고함에서 구원해 주십시오"하고 하나님께 용서를 빌었습니다. 그러면 하나님께서는 그들을 불쌍히 여기시고 이스라엘 백성들을 인도할 사사(士師)를 세워 주셔서 이스라엘 백성이 이방 족속의 압제에서 벗어나게 하셨습니다.

## 사사 기드온

이 시기를 사사(士師) 시대라고 부릅니다. 사사(士師)란 "재판관"(Judge)이라는 뜻입니다. 사사 시대에는 이스라엘 민족에게 왕이 없었습니다. 하나님이 그들의 왕이셨습니다.

사사 시대에 기드온(Gideon)이라고 하는 사사가 있었는데, 기드온은 하나님의 부르심을 입고 미디안 족속의 압제에서 이스라엘 백성들을 구원해 낸 하나님의 종이었습니다. 기드온은 평범한 집안 출신이었고 본래 겁쟁이였습니다. 그런 기드온을 하나님께서 부르셔서 당신의 종으로 삼으시고 그를 통해서 하나님의 능력을 드러내셨습니다.

기드온은 하나님의 말씀을 좇아서 바알의 단(壇)을 헐었습니다. 그는 여호와의 단을 쌓고 아세라 목상을 찍어서 그 나무로 번제를 드렸습니다. 그로 말미암아 분노한 미디안 족속은 아말렉 족속과 모든 동방 사람들까지 동원해서 큰 군대를 이끌고 이스라엘 민족에게 쳐들어왔습니다.

미디안은 큰 나라이고 아말렉 족속들은 기골이 장대한 거인들이었습니다. 그러니 세력으로만 보면 이스라엘 민족은 절대적으로 열세였습니다. 그런 어마어마한 연합군이 쳐들어와서 진을 치고 있으니, 겁쟁이 기드온은 잔뜩 겁에 질려 있었습니다. 의기소침해진 기드온은 하나님께서 자기를 통해서 이스라엘을 구원하실 것이라고 약속하신 말씀의 증거를 보여달라고 하나님께 간청했습니다.

"보소서 내가 양털 한 뭉치를 타작마당에 두리니 이슬이 양털에만 있고 사면 땅은 마르면 주께서 이미 말씀하심 같이 내 손으로 이스라엘을 구원하실 줄 내가 알겠나이다"(삿 6:37).

기드온은 자연계에서 일어날 수 없는 기이한 현상을 요청했습니다. 이슬은 해가 지면서 급속히 차가워진 땅이나 돌이나 풀잎 같은 곳에만 내립니다. 결로(結露-이슬 맺힘)는 저녁이 되면서 갑자기 차가워진 물체의 표면과 아직도 더운 공기가 만나면, 포화수증기가 물방울로 변해서 사물에 맺히는 현상입니다.

그런데 양털은 빨리 차가워지지 않기 때문에, 양털 뭉치 위에는 이슬이 쉽게 내리지 않습니다. 과학적으로는 설명이 되지 않는 기이한 현상을 우리는 이적(異蹟)이라고 말합니다. 기드온은 "사면의 땅은 마르고 양털 한 뭉치에만 이슬이 내리게 해 달라"라는 이적(異蹟)을 하나님께 요청한 것입니다.

"이런 이적을 보여 주시면, 저는 하나님께서 우리와 함께 하신다는 확신을 가지고 용기를 내서 미디안 족속과 그들의 연합군을 쳐부수러 나가겠습니다." 기드온은 확신과 용기를 얻기 위해서 하나님께 그렇게 기도를 드리고, 타작마당에 양털 한 뭉치를 놓고서 잠을 잤습니다.

다음 날 아침에 기드온은 그 양털 뭉치를 취해 보았습니다. 그런데 늘 이슬이 촉촉히 내렸던 타작마당은 보송보송하게 말라 있었고, 오히려 이슬이 내리지 않았어야 할 양털 뭉치에는 물이 듬뿍 배어 있었습니다. 그 양털 뭉치를 짜 보았더니 물이 대접에 가득히 차올랐습니다.

참 기이한 일이 아닙니까? 그것은 살아 계신 하나님께서 기드온과 함께 하신다는 징표였습니다. 그래서 기도온은 마음에 어느 정도 힘을 얻었습니다. 그렇지만 기드온은 아직도 믿음 위에 굳게 서지 못했습니다. 이렇게 된 것이 우연한 일은 아닐까 하는 의구심이 들었습니다.

"하나님, 한 번만 더 증거를 보여 주십시오. 이 밤에 제가 다시 이 양털 한 뭉치를 마당에 놓겠습니다. 이번에는 양털 뭉치에는 이슬이 없게 하고 온 지면에만 이슬이 있게 해 주십시오." 기드온은 그렇게 간구하고 또 하룻밤을 지냈습니다. 그랬더니 다음 날 아침에 온 지면에는 이슬이 축축하게 내려서 다 젖었는데, 양털 뭉치는 물기가 하나도 없이 보송보송했습니다.

그런 증거를 보고서, 기드온은 마음에 큰 확신과 용기를 얻고 일어나 전장에 나가서 미디안 족속을 쳐부수고 큰 승리를 거두었습니다.

## 복음의 계시

　성경은 **구원의 책**입니다. 하나님께서는 영원한 지옥의 멸망에서 우리를 구원해 주시려고 당신께서 베푸신 구원의 비밀을 여러 모양과 여러 사건으로 계시해 주셨습니다. 성경에는 구원의 계시가 무수히 숨겨져 있습니다. 기드온에게 보여 주신 이 기이한 이적(異蹟)도 그중의 하나입니다.

　"늙은 떡갈나무에 노란 리본을 달아 주세요"(Tie A Yellow Ribbon Round The Old Oak Tree)라는 미국의 팝송이 있습니다. 먼 타향으로 떠나갔다가 감옥살이를 하는 바람에 오랫동안 소식이 끊겼던 한 남자가 자기의 옛 연인을 만나게 되었던 실화를 바탕으로 만든 노래입니다.

　돈을 벌려고 애인을 두고 고향을 떠난 주인공 남자는 어찌하다가 돈을 벌기는커녕 타향에서 감옥살이를 하게 되었습니다. 형기를 마친 그는 자기의 옛 연인에게, "3년의 감옥 생활 끝에 이제 석방되어서 당신을 만나러 고향에 간다"라고 시작되는 한 통의 편지를 보냈습니다.

　그리고 그 편지의 끝에는 "혹시 그대가 아직도 나를 사랑한다면 우리 마을 역 입구에 있는 늙은 떡갈나무에 노란 리본을 하나만 매달아 주세요. 만일 그 나무에 노란 리본이 달리지 않는다면, 나는 당신이 나를 잊은 줄로 알고 고향역을 그대로 지나서 멀리 떠나가겠오" 하는 내용이 씌어 있었습니다.

　한편, 그 여인은 삼 년간 밤낮으로 그 남자의 소식을 기다리고 있었습니다. 그러니 편지를 받은 여인이 얼마나 기뻤겠습니까? 그녀는 자기 연인이 혹시나 노란 리본을 보지 못하고 역을 지나칠까 봐 노심초사했습니다. 그래서 그 여인은 떡갈나무 노목의 나뭇가지마다 노란 리본을 잔뜩 달아 놓았습니다.

기차가 역내로 들어서자 그 남자는 온통 노란 리본으로 뒤덮인 떡갈나무를 발견하고 뛸 듯이 기뻐했습니다. 기차 안에서 이미 그 남자의 스토리를 들었던 승객들도 축하의 환호성을 질렀습니다.

이와 같이 주님도 우리가 혹시 **"주님께서 우리를 모든 죄에서 구원해 놓았다는 사실"**을 성경에서 보지 못하고 그냥 지나쳐서 영원한 지옥으로 떨어질까 노심초사하셔서, 성경의 갈피갈피마다 복음의 진리를 무수히 계시해 놓으셨습니다. 오늘의 성경 말씀에 기록된 이적도 하나님의 구원을 계시하고 있습니다.

기드온은 자기들이 승리한다는 증거로 두 가지 이적을 보여 달라고 하나님께 간청했습니다. 첫 번째 요청은 **"온 땅에는 이슬이 없고 양털 한 뭉치에만 이슬이 있게"** 해 달라는 요청이었습니다. 두 번째 요청은 그와 반대로 **"온 땅에는 이슬이 내리고 양털 뭉치에는 이슬이 전혀 내리지 않게"** 해 달라는 요청이었습니다. 그리고 하나님께서는 그의 요구대로 모두 응답해 주셨습니다.

기드온이 하나님께 드렸던 이 두 가지 요청의 영적 의미는 무엇일까요?

오늘의 본문 말씀에서, 양털 뭉치는 주님을, 온 땅은 우리 자신을, 그리고 이슬은 하나님의 심판을 의미합니다. 첫 번째 이적은, 자연 현상대로라면 당연히 온 땅 위에 내렸어야 할 이슬이 양털 한 뭉치 위에만 온전히 내린 것입니다.

이는 우리의 죄로 인하여 우리에게 내릴 모든 심판을 주님께서 홀로 다 받아 주셨다는 구원의 계시입니다. 하나님 아버지께서는 당신의 외아들인 예수 그리스도를 우리와 같은 육신으로 이 땅에 보내셨습니다. 흠 없는 어린양으로 오신 예수님께서는 인류의 대표자인 세례 요한에게 안수의 형식으로 세례를 받으심으로, 세상의 모든 죄를 단번에 담당하시고 우리를 대신해서 피 흘려 돌아가셨습니다. "물과 피로 임"(요일 5:6)하신 예수님은 우리 인류를 값없이 구원해 주셨습니다.

## 하나님의 공의한 구원

하나님은 죄악을 용납하지 않고 반드시 심판하시는 거룩하고 공의(公義)한 분입니다. **"죄의 삯은 사망"(롬 6:23)**입니다. 죄인은 반드시 하나님의 **공의한 심판**을 받아야 합니다. 하나님 앞에 죄가 호리(毫釐)만큼만 있어도 결단코 지옥의 심판을 면할 수 없습니다(마 5:26).

그런데 우리는 범죄한 아담의 후손으로 태어났기 때문에 근본적으로 죄 덩어리이며, 평생 동안 죄를 지을 수밖에 없는 존재들입니다. 우리에게서 나오는 것은 거짓되고 부패한 죄악뿐입니다.

그렇다면, 이 땅의 모든 인생들은 하나님의 심판을 받고 지옥에 가야 할 존재들이 아닙니까? 모든 인류 중에서 죄를 짓지 않는 사람이 어디에 있으며, 하나님의 심판을 피할 수 있는 자가 어디 있겠습니까?

첫 사람 아담에게서부터 죄가 유전(遺傳) 되어 내려와서 우리에게까지 이르렀으니, "우리의 죄악의 현상은 아주 오래되었다"(사 64:5)라고 성경은 말씀합니다. 우리는 **"만물보다 거짓되고 부패한 마음"**(렘 17:9)을 가지고 태어났습니다. 그래서 우리는 평생 동안 미친 마음을 품고 죄를 범하며 살아갑니다. 이것이 우리의 실존(實存)입니다.

자연 현상으로는 온 타작마당에 빠진 곳이 없이 이슬이 흠뻑 내려야 마땅한 것처럼, 하나님께서 공의로 심판하신다면 모든 사람은 다 지옥에 가야 마땅합니다. "하나님, 나는 억울합니다. 나는 하늘을 우러러 한 점 부끄러움이 없이 살아왔습니다. 그런데 왜 내가 지옥에 가야 합니까?" 하고 항변할 자가 어디 있겠습니까? **"유대인이나 헬라인이나 다 죄 아래 있다"**(롬 3:9)라고 선언한 말씀대로, 저와 여러분은 분명히 지옥에 가야 할 자들입니다.

그런데 마땅히 온 땅을 빠짐없이 적셔야 할 심판의 이슬이 한 뭉치 양털에만 온전히 내렸습니다. 하나님 아버지께서는 우리를 **"이처럼 사랑"**(요 3:16) 하셔서 우리가 마땅히 받아야 할 모든 진노와 심판을 예수님께서 대신해서 받게 하셨습니다.

**"죄의 삯은 사망"**(롬 6:23)입니다. 하나님은 죄인을 반드시 심판하십니다. 우리에게 죄가 없으면 심판도 없고 사망도 없습니다. 하나님 아버지께서는 인류의 모든 죄와 허물을 당신의 외아들 예수님께 다 넘겨서 예수님께서 세상 죄를 짊어지게 하셨고, 예수님을 십자가에 못 박아서 우리 대신에 예수님을 심판하셨습니다.

예수님은 본래 심판을 받을 이유가 전혀 없는 거룩한 성자(聖子) 하나님입니다. 죄를 알지도 못하시고 짓지도 않으신 하나님의 아들이 육신을 입고 이 땅에 오셨습니다. 그분이 바로 예수님입니다. 자연적인 현상으로 하면 양털 뭉치에는 이슬이 내릴 수 없습니다. 밤이면 온 땅에 이슬이 내리는 것처럼, 심판은 오직 죄 많은 우리 인생들에게 내려야 마땅합니다. 그런데 이슬은 양털 한 뭉치에만 내렸습니다. 하나님께서 베푸신 첫 번째 이적은 우리를 사랑하시는 하나님의 대속(代贖)의 구원을 계시한 사건입니다.

## 하나님은 우리의 죄대로 갚지 않으신다

"우리의 죄를 따라 처치하지 아니하시며 우리의 죄악을 따라 갚지 아니하셨으니 이는 하늘이 땅에서 높음 같이 그를 경외하는 자에게 그 인자하심이 크심이로다 동이 서에서 먼 것 같이 우리 죄과를 우리에게서 멀리 옮기셨으며 아비가 자식을 불쌍히 여김 같이 여호와께서 자기를 경외하는 자를 불쌍히 여기시나니 이는 저가 우리의 체질을 아시며 우리가 진토임을 기억하심이로다"(시 103:10-14).

하나님께서 우리의 죄를 따라 우리를 심판하고 처단하신다면 우리는 다 지옥에 가야 마땅한 자들인데, 하나님께서는 **"우리의 죄를 따라 처치하지 아니하시며 우리의 죄악을 따라 갚지 아니하셨"**(시 103:10)습니다.

왜 그렇게 하셨을까요? 하나님께서 **"우리의 체질을 아시며 우리가 진토임을 기억"**(시편 103:14) 하셨기 때문입니다. 우리에게 얼마나 죄가 많습니까? 우리는 마음으로, 말로, 행동으로 얼마나 죄를 많이 짓는 자들입니까? 지금까지 지은 죄는 어찌할 수 없다고 치고, 그러면 여러분이 앞으로는 죄를 짓지 않고 살아갈 수 있습니까? 그것은 절대로 불가능한 환상입니다. 우리는 죄를 짓지 않고 거룩하게 살고 싶은 소원은 있지만, 그럴 가능성은 절대로 없는 죄악된 존재들입니다. 왜냐하면 우리는 체질 자체가 진토(塵土)와 같이 연약하고 더럽기 때문입니다.

우리 인간은 근본 죄를 지을 수밖에 없는 연약하고 타락한 육신을 입고 태어났습니다. 우리는 흙(진토)으로 만들어진 연약한 존재들입니다. 죄를 얼마든지 짓지 않을 수 있는데, 어쩌다가 내가 나쁜 환경에 빠졌거나 절제를 조금 못해서, 또는 친구를 잘못 사귀어서 죄를 짓는 것이 절대로 아닙니다.

사고를 치고 유치장에 들어간 아들을 둔 어머니들은 한결같이, "우리 애는 착한데 친구 놈들을 잘못 사귀어서 그렇게 됐다"라고 자기의 자식을 두둔합니다. 그러나 그렇지 않습니다. 우리 아이의 체질도 죄악을 저지르는 체질이고, 아들의 친구들도 근본적으로 **"행악의 종자(種子)"(사 1:4)**들입니다. 하나님은 우리를 지으신 분이시기에 우리의 체질(體質)이 어떠한지를 속속들이 아십니다.

우리의 체질은 어떻습니까? 주님은, **"만물보다 심히 거짓되고 부패한 것이 사람의 마음이라 누가 능히 이를 알리요마는"**(렘 17:9)이라고 말씀하셨습니다. 우리의 마음은 근본적으로 만물보다 더 더럽고 거짓됩니다. 똥도 만물 중의 하나이니, 저와 여러분의 마음은 똥보다 더 더럽다는 말씀입니다.

여러분도 그렇다고 인정합니까? 다만 사람들은 자기가 그렇게 더러운 자라는 사실을 모르기 때문에, 자기는 깨끗하고 의로운 줄 착각하며 스스로 자기도 속고 남도 속이면서 살아가고 있을 뿐입니다. 우리가 하나님의 은혜를 입어서 죄 사함을 받고 영생을 얻으려면, 그러한 착각에서 벗어나야 합니다. 그리고 자신이 얼마나 더럽고 거짓된 자인지를 정직하게 인정해야 합니다. 우리가 구원을 받으려면 반드시 이 사실을 인정하고 기억해야 합니다.

주님은 **"건강한 자에게는 의원이 쓸데없고 병든 자에게라야 쓸데 있느니라 내가 의인을 부르러 온 것이 아니요 죄인을 부르러 왔노라"(막 2:17)고 말씀하셨습니다. 하나님의 율법 말씀 앞에서 자신이 지옥에 가야 마땅한 죄인이라고 인정해야만, 우리 영혼을 치료하시는 의사이신 예수님의 돌보심을 받고 죄의 병을 고칠 수 있습니다.

"하나님, 저는 음란하고 거짓되며 이기심으로 똘똘 뭉친 행악(行惡)의 종자입니다. 저는 허영심이 많고 육신의 욕망에 이끌려 다니는 위선자입니다." 이렇게 자기의 죄악됨을 인정하고 자기가 진토와 같이 더럽고 연약한 자라고 시인하는 자가 하나님의 복음의 씨앗을 받을 준비가 되어 있는 **"좋은 밭"**입니다.

## 구약의 제사법에 나타난 대속(代贖)의 구원

하나님께서 어떤 방법으로 우리를 의롭게 하셨습니까? 하나님께서 우리의 죄과를 따라 심판하신다면 우리는 다 지옥 가야 마땅한 자들이기에, 하나님께서는 우리의 죄를 따라 심판하지 않으시고 우리를 대신해서 흠 없는 희생 제물이 대속(代贖)의 심판을 받게 하셨습니다.

"동이 서에서 먼 것 같이 우리 죄과를 우리에게서 멀리 옮기셨으며"(시 103:12)라고 말씀하셨습니다. 하나님께서는 인류의 모든 죄과(罪過)를 예수님께 단번에 넘긴 후에, 예수님께서 우리의 모든 죄와 허물을 짊어지고 멀리 십자가로 가셔서 우리를 대신해서 심판을 받게 하셨습니다.

"그 행위를 모세에게, 그 행사를 이스라엘 자손에게 알리셨도다"(시 103:7)라는 말씀대로, 하나님께서는 이러한 하나님의 구원의 방법을 모세에게 주신 율법에 기록된 대속(代贖)의 제사법에 나타내셨습니다.

"그 예물이 소의 번제이면 흠 없는 수컷으로 회막 문에서 여호와 앞에 열납하시도록 드릴찌니라 그가 번제물의 머리에 안수할찌니 그리하면 열납되어 그를 위하여 속죄가 될 것이라 그는 여호와 앞에서 그 수송아지를 잡을 것이요 아론의 자손 제사장들은 그 피를 가져다가 회막 문 앞 단 사면에 뿌릴 것이며"(레 1:3-5).

죄의 삯은 사망인데, 죄인이 흠 없는 제물의 머리에 안수해서 그의 모든 죄를 제물에게 넘기고 그 제물을 죽임으로써, 하나님은 죄에 대한 공의한 심판을 베푸시고 우리에게는 하나님의 긍휼한 사랑이 다 이루어지도록 하셨습니다. 이것이 하나님께서 우리에게 세워 주신 대속(代贖)의 제사법입니다.

하나님께서 기뻐 받으시는 속죄의 제사는 반드시 다음의 세 가지 요건이 충족되어야 했습니다.

첫째로 **흠 없는 희생 제물**이 있어야 했고,

둘째로 죄가 있는 사람이 그 속죄 희생 제물(양이나 염소 등)의 머리에 **안수**를 해서 자기의 **죄를 그 제물에게 넘겨야** 했고,

셋째로 그 제물을 여호와 앞에서 잡아서 그 **피(생명)로써 죄의 값을 지불**해야만 했습니다.

여기서 우리가 주목해야 할 부분은, **"그가 번제물의 머리에 안수할찌니 그리하면 열납되어 그를 위하여 속죄가 될 것이라"**(레 1:4) 하신 말씀입니다. 죄인은 반드시 제물의 머리에 **"안수"**를 해서 자기의 죄를 그 제물에게 넘겨야, 하나님께서 그 대속의 제물을 기뻐 받으시고 자신은 죄 사함을 받았습니다.

죄인이 희생 제물의 머리에 안수를 하면 그 사람의 죄가 제물에게로 넘어가도록 하나님께서 정하셨습니다. 그래서 안수는 **"죄가 넘어간다"** 또는 **"죄가 전가(轉稼, 옮겨 심음) 된다"** 라는 뜻입니다. 제물의 머리에 안수를 하면 사람의 죄가 희생 제물에게 넘어가서 심어집니다. 이와 같이 **안수**란 **"사람의 죄를 제물에게 넘기는 공의한 하나님의 법"** 입니다.

## 하루치 죄의 속죄 제사

"만일 평민의 하나가 여호와의 금령 중 하나라도 부지중에 범하여 허물이 있었다가 그 범한 죄에 깨우침을 받거든 그는 흠 없는 암염소를 끌고 와서 그 범한 죄를 인하여 그것을 예물로 삼아 그 속죄제 희생의 머리에 안수하고 그 희생을 번제소에서 잡을 것이요

제사장은 손가락으로 그 피를 찍어 번제단 뿔에 바르고 그 피 전부를 단 밑에 쏟고 그 모든 기름을 화목제 희생의 기름을 취한 것 같이 취하여 단 위에 불살라 여호와께 향기롭게 할지니 제사장이 그를 위하여 속죄한즉 그가 사함을 얻으리라"(레 4:27-31).

평민이 죄를 범했을 때에, 죄를 범한 사람은 먼저 흠 없는 제물(암염소)을 회막으로 끌고 옵니다. 그는 제사장 앞에서 그 염소의 머리에 안수해서 자기의 모든 죄를 그 양에게 넘깁니다. 그는 양의 목을 따서 받은 피를 제사장에게 넘깁니다.

제사장은 그 짐승의 피를 번제단 뿔에 바르고 번제단 밑의 땅에도 뿌립니다. 그리고 그 제물의 기름을 번제단 위에서 불사릅니다. 이처럼 희생의 제물은 안수를 통해서 어떤 죄인의 죄를 담당했

기 때문에, 그 사람을 대신해서 죄의 값을 치르기 위해 피를 흘리고 죽어야 했습니다. 이렇게 대속의 제사를 드림으로 이스라엘 백성들의 하루치 죄가 사해졌습니다.

그런데 이런 **하루치 속죄 제사**는 문자 그대로 그날그날의 죄를 사함 받는 제사일 뿐, 만일 다시 죄를 지으면 그 죄는 그대로 그 사람의 마음에 남아 있었습니다. 그리고 죄를 짓고도 속죄 제사를 못 드리는 경우가 더 많았습니다. 이스라엘 백성들이 죄를 지을 때마다 제사를 드렸다면, 제사드릴 양들이 남아 있었겠습니까? 그래서 자기 생각에 큰 죄를 범하고 마음이 심히 괴로울 때에나 흠 없는 양을 한 마리 끌고 가서 속죄 제사를 드렸고, 나머지 죄들은 대충 넘어갔습니다.

그러니 미처 속죄 제사를 드리지 못한 죄들은 이스라엘 백성들의 마음에 쌓여만 갔습니다. 그리고 그 죄들이 그들의 마음을 무겁게 짓눌렀습니다. 그래서 하나님께서는 일 년에 한 차례씩, 지난 일 년 동안 쌓인 무거운 죄들을 단번에 사함 받을 수 있는 **대속죄일의 제사 규례**를 세워 주셨습니다.

## 1년 치 속죄 제사—대속죄일(大贖罪日)의 제사

레위기 16장은 대속죄일의 속죄 제사에 대해서 자세히 기록하고 있습니다. 하루치 속죄 제사는 일반 제사장들이 주관하지만, 대속죄일의 제사는 대제사장 아론이 홀로 주관하여 드렸습니다.

이날에 아론은 화려한 대제사장의 제복을 갖추어 입고, 먼저 수송아지 한 마리로 자기와 자기 가족들을 위하여 속죄의 제사를 드렸습니다. 아론도 사람인지라 그도 죄를 짓기 때문에 백성들을 위한 제사를 드리기 전에 자신이 먼저 죄 사함을 받고 정결함으로 하나님께 나아가야 했습니다. 그리고 나서 아론은 미리 준비한 두 마리 염소로 백성들의 1년 치 죄를 단번에 사함 받는 속죄 제사를 드렸습니다.

"아론은 자기를 위한 속죄제의 수송아지를 드리되 자기와 권속을 위하여 속죄하고 또 그 두 염소를 취하여 회막문 여호와 앞에 두고 두 염소를 위하여 제비뽑되 한 제비는 여호와를 위하고 한 제비는 아사셀을 위하여 할찌며 아론은 여호와를 위하여 제비 뽑은 염소를 속죄제로 드리고 아사셀을 위하여 제비 뽑은 염소는 산 대로 여호와 앞에 두었다가 그것으로 속죄하고 아사셀을 위하여 광야로 보낼찌니라"(레 16:6-10).

아론은 미리 준비한 두 마리의 흠 없는 염소를 끌어다가 제비를 뽑았습니다. 아론은 먼저 뽑힌 염소의 **머리에 안수**한 후에 그 염소를 잡아서 그 **피**로 제사를 드렸습니다. 아론은 수송아지의 피를 가지고 지성소 안에 들어가서 속죄소와 그 동편에 피를 뿌렸던 것과 같은 방식으로 첫째 염소의 피로도 속죄의 예식을 행했습니다. 또 아론은 그 남은 피를 가지고 성소 밖으로 나와서 번제단 뿔에 그 피를 바르고 번제단 아래 땅에 그 남은 피를 뿌렸습니다.

대제사장 아론은 홀로 성막 안에서 드렸던 제사의 모든 절차를 마친 후에, 대속죄일 제사를 마무리하는 제례를 드리기 위해서 성막의 뜰 문을 열어젖히고서 성막 밖으로 나왔습니다. 아론은 두 번째 염소인 아사셀 염소를 끌고 이스라엘 백성들이 보는 앞으로 나온 것입니다. 그리고 아론은 이스라엘 백성이 다 보는 가운데 아사셀 염소의 머리에 손을 얹고 기도했습니다.

"그 지성소와 회막과 단을 위하여 속죄하기를 마친 후에 산염소를 드리되 아론은 두 손으로 산 염소의 머리에 안수하여 이스라엘 자손의 모든 불의와 그 범한 모든 죄를 고하고 그 죄를 염소의 머리에 두어 미리 정한 사람에게 맡겨 광야로 보낼지니 염소가 그들의 모든 불의를 지고 무인지경에 이르거든 그는 그 염소를 광야에 놓을찌니라"(레 16:20-22).

지금 이스라엘 백성들은 지난 1년 동안 쌓인 죄를 가슴에 품고 성막 앞에 모였습니다. 그 모든 백성들 앞에서, 이스라엘 백성의 대표자인 아론은 하나님이 세운 법대로 **백성들의 1년 치 죄를 단번에** 그 염소에게 넘기려고 아사셀 염소의 머리에 안수(按手)를 베풀었습니다. **안수는 제물에게 죄를 넘기는 하나님의 공의한 법입니다.**

만일 수백만의 이스라엘 백성들이 차례로 그 염소의 머리에 안수를 했다면 시간이 얼마나 많이 걸렸겠습니까? 그래서 백성의 대표자인 아론이 속죄 제물인 염소의 머리에 **대표로 안수함으로써** 백성들의 모든 죄가 단번에 그 염소에게 넘어가도록, 하나님은 구원의 법을 세워 주셨습니다.

매년 제7월 제10일에, 대제사장 아론이 이스라엘 백성의 **대표로** 속죄제의 제물로 뽑힌 아사셀 염소의 머리에 **손을 얹을 때에**, 모든 이스라엘 백성의 1년 치 죄가 **단번에** 그 염소에게 넘어가도록 하나님께서 정하셨습니다. 이것은 하나님께서 세워 주신 **대표 원리입니다.**

"아론은 두 손으로 산 염소의 머리 위에 안수하여 이스라엘 모든 자손의 불의와 그 범한 모든 죄를 고하고 그 죄를 염소의 머리에 두어"(레 16:21).

아론이 이스라엘 백성의 대표로 염소의 머리에 안수하며 백성 전체의 죄를 고하자, 모든 백성들의 1년 치 죄가 염소의 머리로 넘어갔다고 하나님의 말씀은 기록하고 있습니다. 아론이 염소의 머리에 안수를 했던 손을 떼는 순간에, 숨을 죽이고 보고 있던 이스라엘 백성의 입에서는 안도의 탄성이 흘러나왔을 것입니다. "휴! 이제는 내가 지난 일 년 동안 지은 모든 죄가 저 염소에게 다 넘어갔다! 에이, 시원하다!"

이스라엘 백성 전체의 일 년 치 죄를 넘겨받은 아사셀 염소는 미리 정한 사람에게 맡겨져서 광야로 끌려갔습니다. 이스라엘 백성은 성막 주변에 모여 서서, 멀리 끌려가는 염소를 바라보았습니다. 그렇게 아사셀 염소는 백성들의 1년 치 죄를 짊어지고 **"동이 서에서 먼 것 같이"** 백성들로부터 분리되어 광야 깊은 곳에 버려졌습니다. 그 아사셀 염소는 황량한 사막을 헤매다가 탈진해서 쓰러져 죽었습니다. 이스라엘 백성의 죗값을 대신 치르기 위해 그 염소가 죽임을 당한 것입니다.

이와 같이 아론이라는 대표자의 안수로 백성의 모든 죄를 단번에 넘겨받은 아사셀 염소가 그 모든 죄를 짊어지고 대신 죽임을 당함으로써 이스라엘 백성들은 더 이상 심판을 받을 것이 없도록 하나님께서 긍휼을 베푸셨습니다. 이것이 **"동이 서에서 먼 것 같이 우리 죄과를 우리에게서 멀리 옮기셨으며"**(시 103:12)라고 하신 말씀대로, 하나님의 구원의 법을 계시한 대속죄일(大贖罪日)의 **제사법**입니다.

## 영원한 속죄의 제사

이스라엘 백성들은 매년 제7월 제10일에 이렇게 대속죄일의 제사를 드렸습니다. 그렇게 제사를 드려서 일 년 치 죄를 사함 받은 백성들은 홀가분한 마음으로 발걸음도 가볍게 집으로 돌아갔습니다. 하지만 그들은 돌아가는 노중(路中)에서 죄를 짓고, 그날 저녁에도 죄를 짓고 그 다음날에도 다시 죄를 지었습니다. 그것이 인간입니다.

우리 인간은 죽을 때까지 죄를 짓는 존재입니다. 우리의 체질은 진토이고, 우리는 근본 행악(行惡)의 종자(種子)들입니다. 그러니까 대속죄일의 제사를 드리고 잠시 기분이 좋았지만 다시 죄인이 되고 말았던 이스라엘 백성처럼, 우리는 죄와 사망으로부터 벗어날 수 없는 존재들입니다.

이처럼 율법에 속한 제사는 온전한 것이 아니었습니다. 율법에 기록된 제사들은 다만 예수님께서 드려 주신 참되고 영원한 속죄 제사의 예고편이었다고 성경은 말씀합니다.

**"율법은 장차 오는 좋은 일의 그림자요 참 형상이 아니므로 해마다 늘 드리는 바 같은 제사로는 나아오는 자들을 언제든지 온전케 할 수 없느니라"**(히 10:1).

율법에 기록된 **"해마다 늘 드리는 바 같은 제사"**란 레위기 16장에 기록된 대속죄일(大贖罪日)의 제사입니다. 그런데 이 제사는 제사를 드리러 나오는 사람들의 죄를 **"언제든지"** 즉 **영원토록** 없애 주지는 못했습니다. 그 대속제일의 제사는 지난 일 년 동안 지은 죄를 사함 받는 제한적인 제사에 불과했고, 그들에게 영원한 죄 사함을 베풀어 주는 완전한 제사가 아니었습니다. 대속죄일(大贖罪

日)의 제사는 **장차 오는 영원하고 완전한 제사**의 예고편에 불과했습니다.

## 속죄 제사의 비교

|  | 하루치 제사 | 대속죄일의 제사 | 예수님의 영원한 제사 |
| --- | --- | --- | --- |
| 희생제물 | 흠 없는 염소(양) | 수송아지와 숫염소 | 예수님의 육체(몸) |
| 죄를 넘기는 방법 | 죄인이 안수함 | 대제사장이 안수함 | 인류의 대표자인 세례 요한의 세례(안수) |
| 죄 사함의 효력 | 개인의 하루치 속죄 | 백성 전체의 일 년 치 속죄 | 전 인류의 영원한 속죄 |
| 제사의 주관자 | 제사장 | 대제사장 | 예수 그리스도 (하늘의 대제사장) |
| 본질성 | 장차 올 좋은 일의 그림자(예고편) | | 실체(좋은 일 자체) |
| 하나님의 섭리 | 성막에서 드렸던 첫째 제사 (폐해짐) | | 변역한 둘째(영원한) 제사 |
| 제사가 완성된 곳 | 땅의 성막(성전) | | 하늘 성소 |

구약의 속죄 제사에는 하루치 제사와 대속죄일의 제사가 있는데, 그런 제사들은 완전한 것이 아니었습니다. 즉, 그런 제사를 드렸다고 해서 제사를 드린 자가 영원토록 완전한 의인이 되지 못했습니다. 단지 이 제사들은 **"장차 오는 좋은 일,"** 즉 **"한 영원한 제사"**(히 10:12)의 그림자(예고편)에 불과했습니다.

장차 오는 좋은 일, 곧 **영원한 속죄의 제사**란 하나님의 외아들인 예수님께서 이 땅에 육체를 입고 오셔서 자기 몸을 제물로 삼아 드려 주신 완전한 대속의 제사입니다. 흠 없는 어린양으로 오신 예수님이 받으신 세례로 전 인류의 모든 죄를 단번에 넘겨받아서 짊어지고, 십자가로 가셔서 다 갚아 주신 제사가 바로 **"장차 오는 좋은 일"**(히 10:1)입니다.

**"장차 오는 좋은 일"**의 그림자인 구약의 속죄 제사는 반드시 세 가지 요건이 충족되어야 **"합격 제사"**가 될 수 있었습니다.

첫째, **흠 없는 제물**이 있어야 했고,

둘째, 죄인이 흠 없는 제물의 머리에 **안수를 해서 죄인의 죄를 넘겨야** 했고,

셋째, 사람의 죄를 넘김 받은 **제물이 반드시 피 흘려 죽어야** 했습니다.

이것이 **공의한 하나님의 구원**의 방법이었습니다. 이 세 가지 요건 중에서 하나라도 빼버리면, 하나님께서 기뻐 받으시는 **"속죄의 제사"**가 될 수 없었습니다.

하나님 아버지께서 당신의 외아들을 인류의 모든 죄를 단번에 지고 갈 흠 없는 **"어린양"**으로 이 땅에 보내 주셨습니다. 영원한 신성(神性)의 성자(聖子) 하나님인 예수님은 본래 육체가 없는 거룩한 영이셨는데, 우리 인류의 죄를 대신 갚아 주기 위해서, 지금부터 약 2천 년 전에 사람의 몸을 입고 이 땅에 오셨습니다.

그분은 **"보라 처녀가 잉태하여 아들을 낳을 것이요 그 이름을 임마누엘이라 하리라"**(사 7:14) 하신 성경의 예언 말씀대로, 처녀 마리아의 몸에 성령의 능력으로 잉태가 되셨습니다. **"임마누엘"**이란 **"하나님이 우리와 함께 계시다"**(마 1:23)라는 뜻입니다. 하나님께서 우리 인류를 죄에서 구원하시려고 친히 육신을 입고 우리 가운데로 오셨습니다.

**"예수"**란 이름은 **"자기 백성을 저희 죄에서 구원할 자"**(마 1:21)라는 뜻입니다. 예수님은 우리 모든 인류의 구원자입니다. 그래서

우리는 예수님을 **"구세주"**(救世主), 즉 **"이 세상의 모든 사람을 죄에서 구원하신 주님"**이라고 부르는 것입니다.

예수님은 하나님의 외아들인 성자(聖子) 하나님입니다. 아무것도 부족할 것이 없는 성자 하나님께서 왜 피조물인 우리와 같은 육체를 입고 이 땅에 태어나셨을까요? 그것은 예수님이 친히 우리 인류를 모든 죄에서 구원하는 희생의 제물이 되기 위해서였습니다.

성자 하나님께서 그냥 영(靈)으로 이 땅에 오셨다면, 그분이 눈에 보이지도 않는데 우리의 죄를 어떻게 그분에게 넘기겠습니까? 안수로 우리의 죄를 넘겨받기 위해서는 예수님께서 반드시 육체를 입고 이 땅에 오셔야 했습니다. 성자(聖子) 하나님께서 "흠 없는 제물"이 되시려고 친히 육체를 입고 이 땅에 오셨는데, 그분이 바로 예수 그리스도입니다.

예수님은 제사장이 기름부음을 받는 나이인 서른 살이 되자, 전 인류를 구원하는 첫 사역으로 세례 요한에게 요단강에서 세례를 받으셨습니다. 육체를 입고 오신 하나님께서 인류의 대표자에게 안수의 형식으로 세례를 받으셨습니다. **"그 세례"**(the Baptism, 행 10:37)로 인류의 모든 죄가 예수님에게 단번에 넘어갔습니다.

**"이 때에 예수께서 갈릴리로서 요단강에 이르러 요한에게 세례를 받으려 하신대 요한이 말려 가로되 내가 당신에게 세례를 받아야 할 터인데 당신이 내게로 오시나이까**

**예수께서 대답하여 가라사대 <u>이제 허락하라 우리가 이와 같이 하여 모든 의를 이루는 것이 합당하니라</u> 하신대 이에 요한이 허락하는지라**

**예수께서 세례를 받으시고 곧 물에서 올라 오실쌔 하늘이 열리고 하나님의 성령이 비둘기 같이 내려 자기 위에 임하심을 보시더**

니 하늘로서 소리가 있어 말씀하시되 이는 내 사랑하는 아들이요 내 기뻐하는 자라 하시니라"(마 3:13-17).

예수님께 안수의 형식으로 세례를 베푼 세례 요한은 이스라엘의 첫 번째 대제사장인 아론의 직계 후손입니다. 그의 아버지 사가랴는 아론의 손자인 아비야 반열(班列)의 제사장이었고, 그의 어머니인 엘리사벳도 아론의 후손이었습니다(눅 1:5). 이와 같이 세례 요한은 아사셀 염소의 머리에 안수를 해서 이스라엘 백성의 일 년 치 죄를 단번에 넘겼던 **대제사장 아론의 직분을 이어받은** 사람입니다.

또한 예수님께서 이 세례 요한을 일컬어 **"여자가 낳은 자 중에 세례 요한보다 큰이가 일어남이 없도다"**(마 11:11)라고 말씀하셨으니, 세례 요한은 모든 인류의 대표자입니다. 인류의 대표자이고 대제사장 아론의 후손인 세례 요한은 세상 죄를 **"하나님의 어린양"**에게 넘기는 대업(大業)을 위해서 보내심을 받은 하나님의 종입니다.

세례 요한은 이스라엘 백성들에게 회개를 촉구하며, 악한 길에서 진정으로 돌이킨 백성들에게 **"회개의 표"**로 요단강에서 세례를 주고 있었습니다. 그때에 예수님께서 세례 요한 앞에 나오셔서 "나에게 세례를 베풀어라" 하고 요한에게 머리를 숙였습니다.

세례 요한은 이분이 누구신지 곧 알아보고는 두렵고 당황한 나머지, "주님, 제가 당신한테 세례를 받아야 할 터인데 어찌하여 제게로 오십니까?" 하고 대답했습니다. 그러자 주님은 **"이제 허락하라 우리가 이와 같이 하여 모든 의를 이루는 것이 합당하니라"**(마 3:15) 하고 준엄하게 명령하셨습니다. **"이제 허락하라"**라는 말씀은 "너(세례 요한)는 나(예수님)에게 세례를 베풀어라"라는 뜻입니다.

그리고 **"이와 같이 하여"**라는 말씀은 **"안수의 방법으로"**라는 의미입니다.

## "이와 같이 하여" 즉 "안수의 방법으로"

ⓒCopyright Uijedang Press

　대속죄일(大贖罪日, the Day of Atonememt)에는 대제사장 아론은 아사셀 염소의 머리에 안수해서 이스라엘 백성들의 일 년 치 죄를 단번에 그 염소에게 넘겼습니다. 아론의 후손이고 인류의 대표자인 세례 요한은 인류의 죄를 대속할 희생양(the Scapegoat)으로 오신 예수님의 머리에 손을 얹어서, 즉 **"이와 같이 하여,"** 예수님의 육체에 세상의 모든 죄를 단번에 넘겼습니다.

안수는 "죄를 제물에게 넘기는 하나님의 공의한 법"입니다. 인류의 대표자인 세례 요한은 예수님에게 안수의 형식으로 세례를 베풀어서, 이 세상에 **모든 의**를 **합당**(공의)하게 이루었습니다. 그러므로 **"이제 허락하라 <u>우리가 이와 같이 하여</u> 모든 의를 이루는 것이 합당하니라"**(마 3:15)는 말씀은, 인간의 대표자인 세례 요한이 예수님의 머리에 안수를 베풀 때에 인류 전체의 죄가 예수님에게 다 넘어갔다는 위대한 선포입니다.

**"이와 같이 하여"**(세례 요한이 예수님에게 베푼 안수로) 세상 죄가 예수님께로 다 넘어갔습니다. 예수님께서 받으신 **"그 세례"**(the Baptism, 행 10:37)로 **하나님의 의가 공의(합당)하게** 이루어졌습니다. 그러면 아직도 이 세상에 죄가 남아 있습니까? 아닙니다. 이 세상에는 죄가 전혀 없습니다! 예수님의 세례로 이 세상에 모든 의(義)가 이루어졌습니다.

"모든 의"라는 말씀은 헬라어 성경에, "πασαν δικαιοσύνην" (pasan dikaiosynēn)이라고 표기되어 있는데, "πασαν" (pasan)은 모든(all)이라는 뜻이고 "δικαιοσύνην" (dikaiosynēn)는 "합법적이고 완벽해서 아무 결함이 없는 의로운 상태"를 의미합니다. 이 문구는 영어 성경이나 우리의 개역한글판 성경에도 그대로 "all righteousness" 또는 "모든 의"라고 번역되어 있습니다.

이렇게 **예수님께서 안수의 형식으로 받으신 세례**로 모든 인류에게 **"모든 의"**를 공의(公義)하게 이루어 주셨습니다. **예수님께서 안수의 형식으로 받으신 세례**는 성자(聖子) 하나님께서 구제불능의 우리들을 모든 죄에서 온전하게 구원하시는 데에 절대적으로 필요한 사역이었습니다.

**예수님께서 받으신 세례**는 하나님께서 온 지면에 이슬처럼 내릴 모든 진노를 양털 한 뭉치에만 내리게 하셨던 **이적의 실체**(實體)입니다. 죄 덩어리인 우리들에게 임할 하나님의 심판을 예수님에게만 쏟아붓기 위해서, 하나님 아버지께서는 먼저 인류의 대표자인 세례 요한을 세우시고, 그가 예수님에게 안수의 형식으로 세례를 베풀게 하셨습니다.

"**그 세례**"로 심판의 이유이자 대상인 인류의 모든 죄는 예수님께로 온전히 넘어갔습니다. 예수님께서 요단강에서 인간의 대표자 세례 요한에게 세례를 받으실 때에, 저와 여러분의 모든 죄와 허물을 포함해서 인류의 모든 죄가 예수님께 온전히 넘어갔습니다. 우리는 **이와 같은 방법**이 아니면 도저히 구원받을 수 없는 자들입니다. 하나님께서는 우리가 진토와 같이 더럽고 연약하며 죽을 때까지 죄를 지을 수밖에 없는 자들임을 아셨기 때문에, 하나님 편에서 일방적으로 **완전한 구원**을 우리에게 베풀어 주셨습니다.

하나님께서는 "너희들은 절대로 죄를 짓지 말고 내게로 나오너라. 혹시라도 너희들이 죄를 지으면 그때마다 회개 기도를 해라. 그러면 그때그때 너희 죄를 용서해 주겠다"라고 약속하시지 않았습니다. 그러한 회개 기도의 교리는 사단 마귀가 지어낸 거짓말이며 그 자체가 저주입니다.

가령 당신이 죄를 짓고 나서 회개 기도를 하면, 그때마다 범한 죄의 사함을 받는다고 칩시다. 그러면 당신은 당신이 범한 모든 죄를 **빠짐없이** 다 자백하고 낱낱이 용서를 빌 수 있습니까? 자기의 죄를 다 기억할 수 있는 자가 어디 있습니까? 그렇다면 회개 기도를 드리지 못하고 잊어버린 죄는 자기의 마음에 그냥 남아 있는 것이 아닙니까? 그러면 죄에서 벗어날 자가 없고 다 심판을 받을 수밖에 없는 것이 아닙니까?

그러므로 "회개 기도를 하면 죄 사함을 받는다"라는 말은 새빨간 거짓말입니다. 그런 날조된 교리를 좇아가는 기독교인들의 마음에는 절대적으로 죄가 있습니다. 회개 기도로는 결코 죄 사함을 받을 수 없기 때문입니다. 그런 거짓 교리를 믿고 좇기 때문에 오늘날의 기독교는 기독죄인들(Christian sinners)로 채워질 수밖에 없습니다.

또한 우리는 죽을 때까지 죄를 짓는 존재들입니다. 율법의 행위로는 절대로 거룩함에 이를 수 없는 연약한 자들이 흙으로 지어진 우리 인간입니다. 그렇기 때문에 우리의 행위와는 아무 상관없이 **오직 믿음으로 구원받을 수 있도록** 하나님께서 은혜를 베풀어 주셨습니다. 하나님의 외아들인 예수님께서 육체를 입고 이 땅에 오셔서 자기 몸을 제물로 드려서 완성하신 영원하고도 완벽한 구원을 우리 모두에게 베풀어 주셨습니다. 이것이 하나님의 구원입니다.

예수님께서 인류의 대표자인 세례 요한에게 안수의 형식으로 세례를 받으셨습니다. 그때에 인류의 모든 죄가 예수님의 몸으로 다 넘어가서 심어졌습니다. 이제 당신은 이 사실을 믿습니까? 성경에 기록된 사실(fact)을 확인하고 확신하는 것이 하나님께서 기뻐하시는 믿음입니다.

성경은 **"이와 같이 하여 모든 의를 이루셨다"**(마 3:15)라고 분명히 기록하고 있습니다. 당신의 모든 죄도 세상 죄에 속하지 않습니까? 당신이 지금까지 지은 죄, 죄인 줄도 모르고 죄를 범해서 이미 까맣게 잊어버린 죄, 앞으로 죽을 때까지 당신이 지을 미래의 죄도, 예수님의 머리에 안수한 세례 요한의 팔을 통해서 예수님께로 다 넘어갔습니다. 자, 그러면 이제 당신의 죄가 당신의 마음에 남아 있습니까? **전혀 없습니다!**

"**이튿날** 요한이 예수께서 자기에게 나오심을 보고 가로되 보라 세상 죄를 지고 가는 하나님의 어린 양이로다"(요 1:29).

예수님께서 세례 요한에게 세례를 받으신 그 다음날에, 예수님께서는 세례 요한의 앞을 지나가셨습니다. 그러자 세례 요한은 예수님을 가리키며 자기의 제자들에게, "**보라! 바로 저분이 세상 죄를 지고 가는 하나님의 어린양이시다**"라고 외쳤습니다.

"어제 저분이 나에게 안수의 형식으로 세례를 받으신 것을 너희도 보지 않았더냐? 그때에 나와 너희들의 모든 죄가 저분 위로 넘어갔다! 그때에 성령님이 비둘기처럼 저분 위에 내렸고 하늘로부터 하나님 아버지의 음성이 들리지 않았더냐? 내가 늘 너희에게 말한 대로 저분이 바로 세상 죄를 지러 오신 하나님의 어린 양이시다!"라고 증거했습니다.

그리고 세례 요한은 "이제 나는 점점 작아져야 하고 저분은 점점 커져야 한다"라며 자기의 제자들을 모두 예수님께로 보냈습니다. 요한은 자기를 보내신 하나님의 뜻을 다 이루어 드렸기 때문에, 이제 자기의 사역을 접게 됩니다.

"**세상 죄**"란 아담에서부터 세상 끝까지의 모든 인류의 죄를 의미합니다. 이 세상의 모든 죄를 단번에 예수님께 세례로 넘겨서, 예수님이 짊어지고 십자가로 가셨습니다. 예수님께서 왜 십자가로 가셔야 했습니까? "**죄의 삯은 사망**"(롬 6:23)이기 때문입니다. 예수님께서 받으신 세례로 전 인류의 죄가 예수님께로 넘어가서 심어졌기 때문에, 예수님은 우리를 대신해서 세상 죄의 심판을 받고 죽임을 당하셔야 했습니다. 이제는 온 땅, 곧 모든 타작마당에 내릴 진노의 심판을 어린양으로 오신 예수님이 다 받아야 되었기에 주님은 십자가로 가신 것입니다.

## 십자가의 공의한 심판을 받으신 주님

예수님은 받으신 세례로 우리의 모든 죄를 짊어지고 죽음의 형틀인 십자가로 가셨습니다. 그리고 **"그가 찔림은 우리의 허물을 인함이요 그가 상함은 우리의 죄악을 인함이라"**(사 53:5)고 하신 예언의 말씀대로, 예수님은 우리의 죄를 대속(代贖)하기 위해서 십자가에 못 박혀서 여섯 시간 동안 피를 흘리시고 고난을 당하셨습니다.

**"예수께서 신 포도주를 받으신 후 가라사대 '다 이루었다' 하시고 머리를 숙이시고 영혼이 돌아가시니라"**(요 19:30).

예수님은 마지막 피 한 방울까지 다 쏟으셔서 인류의 모든 죗값을 완벽하게 치른 것을 확인하시고, **"다 이루었다"**라고 크게 외치신 후에 운명하셨습니다. 예수님께서는 십자가에 못 박혀서 당신의 보혈을 다 쏟으심으로, 당신이 육신을 입고 이 땅에 오셔서 이루고자 하셨던 인류 구원의 역사를 **"다 이루었다"**라고 선포하신 것입니다. 주님은 흠 없는 희생의 제물로 오셔서 당신의 몸으로 **"한 영원한 제사"**(히 10:12)를 드려 주심으로써 아버지의 뜻을 온전히 이루셨습니다.

예수님께서 **"다 이루었다"**라고 외치신 순간에, 예루살렘 성전의 지성소(至聖所) 앞에 드리웠던 휘장이 위에서 아래까지 큰 폭으로 쫙 찢어졌습니다(막 15:38). 이제는 누구든지 하나님 앞에 믿음으로 담대히 나갈 수 있도록 예수님께서는 **"새롭고 산 길"**을 우리 인류에게 열어 주셨습니다. 그래서 성경은, **"그 길은 우리를 위하여 휘장 가운데로 열어 놓으신 <u>새롭고 산 길이요 휘장은 곧 저의 육체니라</u>"**(히 10:20)고 말씀합니다.

구약의 신명기에, **"나무에 달린 자마다 저주를 받은 자"**(신 21:23)라고 말씀하셨습니다. 우리 주님께서는 나무에 달리셔서 우리가 받아야 할 모든 저주와 심판을 대신 받아 주셨습니다. 예수님은 받으신 세례로 저와 여러분의 죄를 온전히 넘겨받았기 때문에, 그 죄에 대한 저주도 당신께서 다 받아 주신 것입니다. 이것이 예수님께서 십자가에 달리신 이유입니다. 온 타작마당에 내려야 할 그 저주의 이슬을 이 양털 한 뭉치가 다 받아 주었습니다. 그래서 온 타작마당은 보송보송하게 만들어 주셨습니다.

## 세상을 이기는 믿음

이것이 하나님께서 우리를 구원하신 복음의 원형(原形)이며 온전한 진리의 복음입니다. 이 진리의 복음을 믿으면 죄 사함을 받고 거듭나기 때문에, 우리는 **"물과 피의 복음"**을 **원형복음(原形福音)**이라고 부릅니다. 원형의 복음은 하나님의 능력입니다.

기드온은 하나님께서 자기를 온전히 구원해 주신 것을 다시 한번 확인하고 용기를 얻어서 싸움에 나갔습니다. 그리고 큰 승리를 거뒀습니다. **"물과 피의 복음"**을 믿는 자들도 세상을 이깁니다. 하나님께서 우리를 모든 죄에서 구원하신 사역은 "십자가의 피"로만 완성된 것이 아닙니다. **"물과 피로 임하신"**(요일 5:6) 예수님은 흠 없는 제물로 이 땅에 오셔서 세례와 십자가로 우리를 모든 죄에서 완벽하게 구원하셨습니다.

영원 전부터 하나님 아버지와 함께 계셨던 성자(聖子) 하나님께서 **성령**의 능력으로 마리아의 몸에서 육신을 입고 "**흠 없는 제물**"로 이 땅에 오셨습니다. 그리고 예수님은 **세례의 물과 십자가의 피**로 우리를 모든 죄에서 온전히 구원하셨습니다. **성령과 물과 피**, 이 셋이 합하여 우리의 구원을 완성했다고 성경은 분명하게 선포합니다.

"대저 하나님께로서 난 자마다 세상을 이기느니라 세상을 이긴 이김은 이것이니 우리의 믿음이니라 예수께서 하나님의 아들이심을 믿는 자가 아니면 세상을 이기는 자가 누구뇨 <u>이는 물과 피로 임하신 자니 곧 예수 그리스도시라 물로만 아니요 물과 피로 임하셨고 증거하는 이는 성령이시니 성령은 진리니라 증거하는 이가 셋이니 **성령과 물과 피라 또한 이 셋이 합하여 하나**이니라</u>"(요일 5:4-8).

하나님께서 기뻐 받으시는 **온전한 속죄 제사**는 1)흠 없는 제물, 2)안수, 3)피 흘림의 세 가지 요건이 충족되어야 했듯이, 예수님께서는 "**성령과 물과 피**"로 이 땅에 임하셨습니다.

성령님은 "예수님은 거룩한 하나님"이라고 증거합니다. 예수님은 하나님의 아들이고 하나님이시기에 우리 모든 인류를 위한 **흠 없는 제물**이 될 수 있었습니다. 성령님은 "흠 없는 제물이 되기 위해서 육신을 입고 오신 성자 하나님이 바로 예수님"이라고 증거하십니다.

"**물**"은 요단강에서 **받으신 예수님의 세례**를 지칭합니다. 예수님은 세례 요한이라는 인류의 대표자에게 요단강 물에서 안수의 형식으로 세례를 받으심으로 우리 인류의 모든 죄를 단번에 담당하셨습니다. 그리고 **"피"**는 예수님께서 세례로 넘겨받으신 인류의 모든 죄의 대가를 십자가의 피로 다 갚아 주셨다"라고 증거합니다.

**"성령과 물과 피"**의 세 가지 증거를 다 포함하고 있는 복음이 진리의 **원형복음**이며, 누구든지 진리의 원형복음을 믿으면 사단 마귀의 거짓말을 이기고 **죄 사함**을 얻게 됩니다.

하나님께서는 **"성령과 물과 피가 합하여 하나인 복음"**으로 다시는 타작마당에 이슬이 내리지 않도록 해 주셨습니다. 이는 예수님께서 육신을 입고 이 땅에 오셔서 자기 몸을 제물로 삼아 **영원한 속죄의 제사**를 드려 주셨기 때문입니다.

**"이 뜻을 좇아 <u>예수 그리스도의 몸을 단번에 드리심</u>으로 말미암아 <u>우리가 거룩함을 얻었노라</u>"**(히 10:10).

주님이 당신의 몸을 단번에 드려 완성하신 **"물과 피의 복음"** 안에는 반드시 **예수님의 세례**와 **십자가의 피**가 있습니다. "예수님께서 세례를 받으심으로 내 죄가 주님께로 온전히 넘어갔고, 주님은 십자가에서 피를 흘려서 내 모든 죄를 다 갚아 주셨다"라는 믿음으로 우리가 **죄 사함**을 받고 단번에 **영원토록 거룩하게** 되었습니다.

**"물은 예수 그리스도의 부활하심으로 말미암아 이제 <u>너희를 구원하는 표니 곧 세례라</u> 육체의 더러운 것을 제하여 버림이 아니요 오직 선한 양심이 하나님을 향하여 찾아가는 것이라"**(벧전 3:21).

성경은 또한 예수님의 세례를 믿는 믿음이 바로 **"우리를 구원하는 표"**라고 말씀합니다. 예수님께서 니고데모에게 **"사람이 물과**

성령으로 나지 아니하면 하나님 나라에 들어갈 수 없느니라"(요 3:5)고 말씀하신 그 **"물"**이 바로 **예수님이 받은 세례**입니다.

여러분에게 예수님의 세례를 믿는 믿음이 없으면, 여러분은 결코 **"죄 사함으로 말미암는 구원"**(눅 1:77)을 받을 수 없습니다. 여러분이 지금까지 십자가의 피만 믿었는데, 여러분의 마음에 죄가 남아 있었다는 사실을 여러분도 잘 알지 않습니까? **"십자가의 피"** 만 믿어서는, 자신의 모든 죄가 예수님에게 넘어간 증거의 말씀이 없기 때문에, 자기 마음의 죄가 그대로 있을 수밖에 없습니다.

**"증거하는 이가 셋이니 성령과 물과 피라 또한 이 셋이 합하여 하나이니라"**(요일 5:8)고 말씀하셨습니다. 예수님께서 받으신 세례로 내 죄가 예수님에게 넘어갔다는 진리가 빠진 복음은 **"하나"**(온전한 구원)를 이룰 수 없습니다. 예수님의 세례를 빼버린 "십자가의 피만의 복음"으로는 **"결코 정죄함이 없는"**(롬 8:1) 온전한 죄 사함을 받을 수 없습니다.

**"물과 피와 성령"**으로 임하신 예수님을 믿는 자만이 세상을 이깁니다. 진리의 원형복음을 믿는 자는, 미디안 군사처럼 겁나게 죄악이 덮쳐와도 사단 마귀의 계략을 이기고 하나님께서 완성시켜서 선물로 주신 하나님의 의를 굳건히 지킵니다. 거듭난 의인들은 사단 마귀가 쳐 놓은 모든 거짓 교리들의 덫에 걸리지 않고 마귀의 계략을 이깁니다.

혹시 자기의 부족과 연약이 드러났을 때에도, 사단 마귀가 아무리 우리의 죄를 비난하며 참소해도, 우리는 담대하게 물리칩니다. 우리는 예수님이 요단강에서 세례를 받으심으로 우리의 모든 연약과 부족과 우리 옛사람의 모든 죄를 예수님께서 다 담당해 주셨다는 진리를 믿기 때문에, 우리는 믿음으로 다시 일어나서 하나님의 나라와 그의 의를 위해서 굳건히 앞으로 나아갈 수 있습니다.

죄 사함을 받은 의인들은 이 진리의 복음을 믿음으로 인하여 세상을 넉넉히 이깁니다. 기드온은 겁쟁이였고 나약한 자였습니다. 그러나 그는 거듭난 의인이었습니다. 그는 엄청난 적군을 앞에 두고 두려움이 엄습하자, 다시 한번 구원의 복음을 확인하고 용기를 얻어서 큰 승리를 거뒀습니다.

복음을 믿는 믿음은 그냥 "나는 죄가 없다"라는 단순한 지식의 수준에서 끝나지 않습니다. 이 진리의 복음을 믿어서 죄 사함을 받은 의인들은 "나는 하나님의 자녀이고 하나님의 군사다"라는 사실도 믿기 때문에 담대합니다. 거듭난 의인들은 하나님께서 반드시 우리와 함께 하신다는 확신으로 복음의 전쟁에 용맹스럽게 임합니다. 그리고 의인들은 그러한 믿음으로 세상을 이깁니다.

물과 피의 복음에는 큰 능력이 있습니다. 기드온도 **하나님의 구원의 도**를 믿었기에, 우상을 섬기는 이방 족속인 미디안과 싸워서 큰 승리를 거둘 수 있었습니다. **물과 피와 성령으로 임하신 예수님**께서 우리의 모든 죄를 다 속량하셔서 우리가 죄 사함을 받고 **"죄와 상관없이"**(히 9:28) 다시 오실 주님을 기다리게 하셨습니다.

당신은 **예수님께서 받으신 세례의 능력**을 믿습니까? 그 세례로 당신의 죄가 단번에 예수님께로 다 넘어갔다는 진리의 말씀을 믿습니까? 그래서 죄와 상관없는 의인이 되었습니까?

저는 진리의 원형복음을 믿습니다. 그래서 제 마음에는 결코 죄가 없습니다. "그러므로 이제 그리스도 예수 안에 있는 자에게는 **결코 정죄함이 없나니**"(로마서 8:1) 하신 말씀이 제 안에 온전히 이루어졌습니다.

누구든지 자기가 지옥에 가야 마땅한 자라고 시인하고 진리의 원형복음인 **"물과 피와 성령의 복음"**을 온전히 믿으면 **"죄 사함으로 말미암는 구원"**(눅 1:77)을 받습니다. 이 진리의 복음을 온전히 믿을 때에, 죄인이 단번에 **의인**으로 거듭나는 축복을 얻게 됩니다.

우리를 모든 죄에서 단번에 구원해 주신 하나님께 감사와 찬양을 드립니다.

할렐루야!

# 안수의 복음, 세례의 복음

"벳새다에 이르매 사람들이 소경 하나를 데리고 예수께 나아와 손 대시기를 구하거늘 예수께서 소경의 손을 붙드시고 마을 밖으로 데리고 나가사 눈에 침을 뱉으시며 그에게 안수하시고 무엇이 보이느냐 물으시니
우러러보며 가로되 사람들이 보이나이다 나무 같은 것들의 걸어 가는 것을 보나이다 하거늘 이에 그 눈에 다시 안수하시매 저가 주목하여 보더니 나아서 만물을 밝히 보는지라 예수께서 그 사람을 집으로 보내시며 가라사대 마을에도 들어가지 말라 하시니라"(마가복음 8:22-26).

예수님께서 벳새다라는 마을에 들어가셨을 때에, 주님은 어두움 속에서 살고 있던 어떤 소경을 마을 밖으로 데리고 나가셔서 그의 눈을 뜨게 해 주셨습니다. 성경에는 예수님께서 사람들의 병을 고쳐 주시거나 불구자들을 온전하게 하신 이적들이 많이 기록되어 있는데, 이런 이적들은 사람이 죄의 병에서 치유되어 죄가 전혀 없는 의인으로 거듭나는 비밀에 대해 계시해 주는 사건들입니다.

## 나면서부터 소경

시각 장애인이 눈을 뜨고 만물을 밝히 보게 된다는 것은 꿈만 같은 일입니다. 벳새다의 소경이 나면서부터 소경이었는지 아니면 살아가다가 사고나 병으로 시력을 잃었는지는 기록되어 있지 않습

니다. 만일 이 사람이 태어날 때부터 소경이었다면, 말로만 들었던 하늘과 해와 달과 별들이나, 그동안 손으로 만져 보아서 겨우 어렴풋하게 형태만을 짐작했던 사물들을 이제는 자기의 눈으로 또렷이 보게 된 것입니다. 그러니 그 사람이 찬란한 세상을 바라보게 되었을 때, 그의 기쁨은 이루 말할 수 없었을 것입니다.

우리나라 속담에 "몸이 천 냥이면 눈은 구백 냥"이라는 말이 있습니다. 눈이 온몸 중에 가장 소중하다는 말입니다. 또 속담에는 "소경이 코끼리 만지듯 한다"라는 말도 있습니다. 소경들이 코끼리를 만져 보고서 각자 코끼리에 대해서 그들이 인식한 바를 얘기를 하게 하면 각자의 주장이 전혀 다를 수밖에 없습니다.

장애 중에 가장 불편하고 고통스러운 장애가 시각 장애일 것입니다. 당신 자신이 나면서부터 소경이었다고 가정을 하고 감정을 이입해 보십시오. 당신은 태어날 때부터 아무것도 보지 못했습니다. 빛과 색깔이라는 개념조차 없습니다. 아는 것은 오직 만져서 촉감으로 알거나 소리를 듣고 냄새를 맡아서 아는 것이 전부입니다.

영아였을 때에 열병을 앓고서 청력과 시력을 잃어버리고 언어 장애까지 3중 장애를 겪었던 헬렌 켈러(Helen Keller)의 이야기를 다 아실 것입니다. 헬렌 켈러의 선생님이었던 앤 설리번이 "이게 백합이라는 꽃이란다" 하며 헬렌의 손을 끌어다가 꽃을 만지게 해 주고 손에 글자를 써 주면, 헬렌은 촉감을 통해서 "아, 이게 백합이라는 꽃이구나!" 하고 학습을 했습니다. 그러나 만일 헬렌 켈러가 이번에는 백합과 비슷한 "나리꽃"을 만져 보았다면, 그것이 백합인 줄로 착각하지 않았겠습니까? 이와 같이 시각 장애인의 고통과 답답함은 이루 말할 수 없습니다.

## 영적 소경인 우리들

　우리는 모두 영적인 소경으로 태어납니다. 우리는 날 때부터 칠흑 같은 죄가 우리 영혼을 뒤덮고 있기 때문에, 우리의 영혼의 눈은 딱 감긴 채로 태어납니다. 그래서 대부분의 사람들은 영적인 세계를 전혀 보지 못하고 육신적으로만 살다가 죽습니다.

　우리는 영적 소경으로 태어나서 평생 동안 죄인으로 살아가다가, 죽은 후에는 그 죄로 인해 지옥에 갈 수밖에 없는 가련한 존재들입니다. 우리는 어둠 가운데서 거짓되고 혼돈된 세상의 가치를 좇으며 살다가 죽은 후에는 영원한 지옥 불에 떨어질 수밖에 없는 비참한 자들입니다.

　그러므로 영적인 소경으로 태어난 우리는 우리 영혼의 눈을 시급히 떠야 합니다. 우리는 모두 죄 가운데 태어나 평생 동안 죄만 짓다가 지옥에 가야 할 "영적 소경들"이었는데, 우리 영혼이 하나님의 진리의 복음을 듣고 믿어서 모든 죄의 사함을 받게 되면, 우리 영혼은 영적으로 눈을 뜨게 됩니다. 그리고 하나님의 나라를 바라보면서 남은 생애 동안에 충만한 영적 은혜를 누리며 살다가 천국 영생의 축복에 들어가게 됩니다.

　우리가 주님의 진리의 말씀을 듣고 믿으면 죄 사함을 받고 의인으로 거듭날 수 있는데, 거듭나는 은혜가 바로 영적으로 눈을 뜨는 축복입니다. 이 축복은 육신의 눈을 뜨게 된 축복과는 비교할 수 없이 놀랍고 값진 것입니다.

　죄 사함을 받지 못한 사람들은 영적 소경이어서 흑암(죄) 속을 헤매고 있습니다. 영적인 소경이 어떻게 영적인 세계를 볼 수 있겠습니까? 예수님은 **"내가 너희에게 이른 말이 영이요 생명이니**

라"(요 6:63)고 말씀하셨는데, 죄 사함 받지 못한 영적 소경이 어떻게 **"영이요 생명"**인 하나님의 말씀을 깨달아 알 수 있겠습니까? 거듭나지 못한 죄인들은 성경의 계시의 말씀을 이해할 수 없습니다.

## 거듭나야 보이는 영의 세계

그러나 죄 사함을 받고 거듭나서 영의 눈을 뜬 자에게는 성령이 그의 마음에 거(居)하셔서, 성령의 깨닫게 하시는 은혜로 성경 말씀을 밝히 깨달아 알게 됩니다. 그래서 오늘 본문에 등장한 눈뜬 사람의 경우처럼, 영적인 세계에서 **"만물을 밝히"** 볼 수 있습니다.

사람들은 이 세상의 지식이 광대하고 성경의 세계는 좁은 줄로 알지만, 사실 성경이 말씀하는 영적인 세계는 보이는 세계와는 비교할 수 없이 광대하고 신묘막측(神妙莫測)합니다.

"우리의 돌아보는 것은 보이는 것이 아니요 보이지 않는 것이니 보이는 것은 잠간이요 보이지 않는 것은 영원함이니라"(고후 4:18).

보이는 세계는 잠깐 있다가 사라질(temporal) 것이지만 영적인 세계는 영원(eternal)합니다. 그래서 사도 바울은 자기가 거듭나기 전에 배우고 얻었던 세상의 모든 지식과 명성들을 다 배설물(똥)로 여기고, **예수 그리스도를 아는 지식이 가장 귀하다**(빌 3:8)고 고백했습니다.

"믿음으로 모든 세계가 하나님의 말씀으로 지어진 줄을 우리가 아나니 보이는 것은 나타난 것으로 말미암아 된 것이 아니니라"(히 11:3).

성경에 계시된 진리의 복음을 깨닫고 영적인 눈을 뜨게 되면, 이 세상의 지식까지도 통달하는 지혜를 얻습니다. 사람이 거듭나서 영의 눈을 뜨게 되면 사물의 겉만 보는 것이 아니라 사물에 담겨 있는 하나님의 뜻까지 알게 됩니다. 거듭난 의인들은 성경의 진리를 깨달아서 사람의 깊은 속까지 헤아려 알게 됩니다. 의인들은 이 세상 사람들의 말이나 행동의 근본 동기를 꿰뚫어 보기 때문에 그들의 위선과 외식을 분별합니다.

지금은 돌아가셨지만, 연세대학교의 황○○ 교수님이 한동안 전국으로 다니면서 강연회를 열고 매스컴을 많이 탔습니다. 그분은 "신바람 건강법"이라는 말을 유행시키면서 사람은 웃어야 건강하다는 지론을 폈는데, 스스로 자기 옆구리를 찌르면서 **웃는 연습**을 하는 시범을 보이기도 했습니다. 그분은 이제 웃고 싶으면 자신의 옆구리를 찌르지 않아도 언제든지 자유자재로 마음껏 웃을 수 있다고 말했습니다.

한번은 그분이 TV에 출연해서 "우리는 무엇을 자랑하면서 살아야 되는가?"라는 주제로 강연을 했습니다. 사람은 모름지기 이 세상을 살면서 자랑할 것이 있어야 되는데 "나는 돈을 많이 벌었다" 하고 자랑하면, "저 사람, 참 돼지같이 돈밖에 모르니 참 유치하다"라고 사람들이 비웃는다는 것입니다. 맞는 말입니다. 어떤 사람이 돈이 많다고 자랑하면 우리는 그런 사람을 유치한 졸부라고 비웃지 않습니까?

또 어떤 사람이 자기의 학력이나 박식을 자랑하면 사람들은 그를 "교만하다"라고 비난합니다. 그래서 돈 많은 것도 자랑할 것이 못되고, 많이 배운 것도 자랑할 것이 못되며, 또 자식을 자랑하고 자기 남편이나 부인 자랑을 하면 "팔불출"이라는 소리를 듣는다고 황○○ 교수는 얘기했습니다. 여기까지는 어느 정도 수긍이 가는 말입니다.

그러면 사람들이 정말 자랑할 만한 것이 무엇입니까? 자랑할 것이 없잖아요? 사람들은 자기 자랑을 하는 사람들을 비웃고 천박한 사람으로 여깁니다. 사람들이 속으로는 자기 자랑을 하고 싶지만 겸손을 떠는 이유가 여기에 있습니다. 그러니 마음 놓고 자랑할 것이 없다는 말입니다. 모두 일리가 있는 말입니다.

그런데 황○○ 교수님은, "아무리 자랑을 해도 남한테 비난을 받지 않고 오히려 존경을 받을 자랑거리가 한 가지 있다"라고 말했습니다. 그것이 뭐냐 하면, "우리 부모님은 장수하셨습니다"라는 자랑이랍니다.

"저희 아버님은 도수(稻壽; 80 세)를 넘기셨는데 아직도 정정하십니다" 혹은 "저희 어머님은 98 세까지 병치레도 없이 깨끗하게 사시다가 평안히 돌아가셨습니다" 하고 자랑하면, 사람들이 다 부러워하고 얼마나 효도를 잘했으면 그랬을까 하고 칭찬을 한답니다. "그러므로 장수하는 것이 이 세상의 최고의 가치다"라고 그 교수님은 주장했습니다. 그리고 청중들도 고개를 끄덕끄덕하면서 모두 공감하는 모습이었습니다.

## 영적 분별

영적인 세계를 믿지 않는 사람들에게는 이 땅에서 "건강하게 장수하는 것"이 최고의 자랑이고 소망일 것입니다. 그러나 영적인 세계를 믿는 우리들에게는 그것이 자랑거리도 부러워할 일도 아닙니다. 자기의 아버지가 장수했다는 자랑은 "저의 아버님은 남들보다 이십 년이나 더 고생하며 사시다가 죽은 후에는 지옥에 갔다"라는 말입니다.

물론 영생의 세계를 모르는 사람들은 이 땅의 삶이 전부라고 생각하기 때문에 건강이나 장수 또는 부와 권력과 명예 같은 것들을 최고의 가치로 여기고 자랑합니다. 저도 만일 거듭나지 못했다면, 황○○ 교수님의 강좌를 듣고 고개를 끄덕인 사람들과 함께 황 교수님의 주장에 100% 공감하고 맞장구를 쳤을 것입니다. 그러나 인생이 한 줌 흙으로 돌아간 후에, 그가 이 땅에서 몇 년을 더 살았던들 그것이 무슨 자랑이 되겠습니까?

그런데 하나님께서 저의 마음에 죄 사함을 받게 하시고 영의 눈을 뜨게 하셔서 만물을 밝히 보게 하신 후에는, "아이구 참, 그런 것이 무슨 자랑거리이냐?" 하고 분별할 수 있게 되었습니다.

"우리의 년수가 칠십이요 강건하면 팔십이라도 그 년수의 자랑은 수고와 슬픔뿐이요 신속히 가니 우리가 날아가나이다"(시 90:10)라고 시편에 말씀하고 있지 않습니까? 이 땅에서의 삶은 다 해 봐야 **"수고와 슬픔뿐"**입니다.

우리가 진정 자랑할 것이 무엇입니까? 우리는 하나님께서 우리에게 선물로 주신 죄 사함의 구원과 **천국의 영생을 자랑**합니다. 그리고 이런 죄 사함의 선물을 우리에게 가져오신 **예수 그리스도를 자랑**합니다. 누구든지 자랑을 하려거든 **"그리스도 예수를 자랑"**해야 합니다. 주님께서 우리에게 베푸신 죄 사함의 은혜와 그 은혜로 인하여 얻게 된 천국의 영생이 우리에게 있어서는 가장 큰 자랑거리입니다.

## 예수님께서는 어떻게 소경의 눈을 뜨게 하셨나?

주님께서 벳새다의 한 소경의 눈을 뜨게 하셔서 그가 밝히 보게 되었습니다. 이 말씀은 "사람이 어떻게 모든 죄의 사함을 받고 거듭날 수 있는가"에 대한 계시의 말씀입니다. 여기 등장하는 소경은 영적인 소경, 곧 죄인을 지칭합니다.

선지자 이사야가 예수님께서 오실 것을 예언하며, **"흑암에 행하던 백성이 큰 빛을 보고 사망의 그늘진 땅에 거하던 자에게 빛이 비취도다"**(사 9:2)라고 하신 말씀대로, 영적인 소경이란 흑암(黑暗)과 같은 죄가 자기의 영혼을 덮어서 하나님과 영적 세계를 볼 수 없는 자를 지칭합니다. 따라서 소경이 눈을 뜨게 된 이적은, 죄인이 어떻게 자기의 모든 죄를 사함 받고 거듭나서 하나님의 세계를 밝히 보게 되는가를 계시하는 말씀입니다.

이 소경은 자기가 비참한 존재임을 깨닫고, 주님께 나와서 고쳐 달라고 간구했습니다. 그러자 주님께서는 그 소경에게 궁휼을 베풀어 주셔서 눈을 뜨게 해 주셨습니다. 우리는 이 이적의 말씀을 통해서 죄인이 어떻게 죄 사함을 받고 거듭날 수 있는가를 깨닫게 됩니다.

소경이 눈을 뜨려면, 첫째로 **자기가 얼마나 비참한 존재인 줄을 알아야** 합니다. 그리고 **눈을 뜨고 싶은 간절한 소원이 있어야** 합니다. 대부분의 사람들은 자기가 영적으로 소경인 줄을 인식하지도 못하기 때문에, 영적인 눈을 뜨고자 하는 간절한 소원도 품지 않습니다.

예수님께서는 자기가 영적으로 소경인 줄조차 모르는 바리새인들을 책망하시면서, **"너희가 소경 되었더면 죄가 없으려니와 본다**

고 하니 너희 죄가 그저 있느니라"(요 9:41)고 말씀하셨습니다. 그러한 바리새인들은 죄 사함을 받지 못했습니다. 사람은 자기가 지옥에 갈 수밖에 없는 비참한 죄인이라는 인식과 고백이 있어야만 주님을 만날 수 있습니다. 자기의 마음에 죄가 있다는 것을 시인하고, 자기는 그 죄로 인하여 지옥에 갈 수밖에 없는 비참한 존재임을 인정한 사람이라야 죄 사함을 받을 수 있습니다.

## 소경을 마을 밖으로 데리고 나가신 예수님

눈을 뜨기를 간절히 바라던 이 소경에게 주님께서 어떻게 해 주셨습니까? 주님은 **먼저** 그의 손을 이끌고 **마을 밖으로** 데리고 나가셨습니다.

사람이 진리의 말씀을 만나서 거듭나려면, 먼저 **자기 생각의 마을**에서 벗어나야 합니다. 우리가 **"자기 생각의 마을"** 안에 그대로 머물러 있어서는 주님께서 우리에게 진리의 말씀을 들려주셔도 그 말씀이 우리의 마음에 들어올 수 없습니다. 우리는 소경으로 이 땅에 태어나서 흑암 가운데 살아오면서, 이 세상의 거짓된 지식들만 줄곧 들어왔습니다. 마음속에 들어온 세상의 온갖 거짓말들이 우리의 정신세계를 형성하고 있습니다.

우리는 "자기의 상식과 논리"가 통용되는 마을 안에 살면서 그곳에 자기 생각의 집을 짓고 살아왔기 때문에, 우리는 그 마을에 익숙하고 친숙합니다. 누구든지 자기 마을에 대해서는 다 익숙합니다. "이 씨네 담배 가게에서 오른쪽으로 꺾으면 골목길이 나오는데, 열 발자국쯤 되는 곳이 영숙이네 집이고, 거기서 또 스무 발자국만 더 가면 경식이네 집이지!" 우리는 자기의 마을에 대해서는 눈을 감고도 훤히 압니다.

모든 사람은 비록 소경으로 태어나서 모르는 것도 많고 궁금한 것도 많지만, 자기 마을에 대해서만은 나름대로 "나도 어느 정도는 안다"라는 자신감이 있습니다. 그래서 사람은 자기 마을을 떠나지 않고 그곳에 안주하려고 합니다. 이 세상의 "전문가"(專門家)들도 따지고 보면 자기의 전공 분야를 자기의 마을로 삼고 있는 사람들에 불과합니다. 자기의 마을, 곧 어떤 제한된 영역에 관해서는 자기가 제일 잘 안다고 생각하는 사람들을 우리는 "어느 분야의 전문가"라고 부릅니다.

그런데 여러분이 거듭나서 영적인 눈을 뜨려면, 여러분은 먼저 자기 생각의 마을에서 벗어나야 합니다. 사람들이 왜 죄 사함을 받지 못합니까? 그것은 자기 생각의 마을에 그대로 머물러 있으면서 죄 사함을 받으려 하기 때문입니다. 자기 생각의 마을에 그대로 주저앉아 있어서는 결코 죄 사함을 받을 수 없습니다.

엘리야가 아합 왕의 핍박을 피해서 동굴에 숨어 있을 때에, 여호와 하나님께서는 엘리야에게 **"너는 나가서 여호와의 앞에서 산에 섰으라"**(왕상 19:11)고 말씀하셨습니다. 엘리야가 동굴 밖에 나가 서자 하나님께서 강한 바람과 지진과 불로 임하셨지만 하나님께서는 그런 기이한 현상 중에 계시지 않았습니다. 하나님은 그 후에 세미한 소리로 당신의 뜻을 전하셨습니다.

그러므로 죄 사함을 받으려면 제일 먼저 자기 생각의 동굴에서 나와야 합니다. 거짓된 지식으로 지어진 자기 생각의 마을에서, 지금까지 깊이깊이 파내고 들어앉아 있었던 어두컴컴한 자기 지식의 동굴에서 벗어나야 합니다.

## 본토 친척 아비 집을 떠나라

하나님은 아브라함에게, "너는 너의 본토 친척 아비 집을 떠나 내가 네게 지시하는 땅으로 가라"(창 12:1)고 말씀하셨습니다. 영적으로 눈을 뜨는 첫걸음은 자기 마을에서 벗어나는 결단입니다. 이 말은 영적인 말씀이지, 여러분에게 실제로 가출하라는 말은 결코 아닙니다. 죄 사함을 받고 거듭나려면, 자기 생각을 일단 내려놓고 주님을 따라 나섬으로 자기 생각의 마을을 벗어나야 합니다.

"목에 칼이 들어와도 나는 이렇게 믿는다"라고 말하는 이들이 있습니다. 대부분의 사람들은 자기 생각이 옳다고 확신합니다. 저에게 진리의 복음을 들었던 어떤 목사님은 "나는 예수님이 우리를 모든 죄에서 구원했다는 사실을 믿지만, 그래도 우리의 마음에는 죄가 있다고 고백하는 것이 옳다고 확신한다"라고 끝까지 고집을 부렸습니다. 그는 끝까지 자기 생각의 마을을 벗어나려 하지 않았기 때문에, 결국 죄 사함을 받지 못했습니다.

자기의 생각은 진리가 아닙니다. 하나님의 말씀만이 진리입니다. 하나님의 말씀과는 상반되는 거짓된 생각들을 잔뜩 마음에 품고 있는데, 그런 사람이 어떻게 하나님의 말씀을 받아들일 수 있겠습니까? 진리의 말씀을 전해 주는데도, 자기의 생각이 옳다고 끝까지 고집을 부리며 막무가내로 우기는 사람들이 참으로 많습니다.

사도 바울이, "다만 네 고집과 회개치 아니한 마음을 따라 진노의 날 곧 하나님의 의로우신 판단이 나타나는 그 날에 임할 진노를 네게 쌓는도다"(롬 2:5)라고 탄식한 것처럼, 그런 사람들은 죽었다 깨어나도 죄 사함을 받지 못합니다.

하나님의 말씀을 들었을 때에, 그 말씀이 자기 생각과 다르면 먼저 자기 생각을 부인하고 하나님의 말씀을 받아들이는 사람은 좋은 마음밭의 소유자입니다. 그런 사람은 하나님의 은혜를 입습니다.

그러나 그것이 그리 쉽지는 않습니다. 사람이 처음부터 자기 생각의 마을을 온전히 벗어나기는 쉽지 않습니다. **물과 피의 복음**을 전파하려고 복음전도집회를 열어 보면, 그 집회에 참석해서 하나님의 말씀을 듣다가 중간에 나가는 사람들도 제법 있습니다. 그들이 왜 진리의 말씀을 듣던 도중에 나갑니까? 자기 생각의 마을에 그대로 머물면서 말씀을 들으려고 하니까, 진리의 말씀을 도저히 받아들일 수 없고 마음에 혼돈만 일어나기 때문입니다.

그런 이들은 "에~이씨, 뭔 소린지 도통 모르겠네. 우리 목사님이 설교하는 내용하고 영 다르네"라고 투덜거리며, 자기 생각의 마을로 다시 돌아갑니다. "역시 내 마을이 좋다. 저 목사님의 설교는 무슨 말인지 영 알아들을 수가 없네!" 하면서 많은 이들이 자기의 옛 마을로 돌아가서 영적인 소경인 채로 살아갑니다.

영적인 소경들이 눈을 뜨는데 가장 큰 장애가 되는 것은 **자기 종교의 마을**입니다. 누구든지 자기가 지금까지 몸담아 왔던 옛 종교의 마을을 벗어나기가 쉽지 않습니다. 그러나 지금까지 자기 종교의 마을에서 살 만큼 살았는데도 영적인 눈을 뜨지 못했다면, 여러분은 이제라도 미련 없이 옛 종교의 마을을 떠나야 합니다. 자기의 옛 종교의 마을을 벗어나지 못하면 절대로 죄 사함을 받지 못합니다.

자기에게 익숙한 종교의 옛 마을을 잠시 벗어나서 아무 잡음이 들리지 않는 한적한 곳에서 여러분은 세미하게 들리는 주님의 음성을 들어야 합니다. 여러분은 일단 주님의 인도를 따라 자기의 마을을 벗어나야만 합니다. 여러분은 옛 종교의 마을에서 떨어진 한적한 곳에 이르러서 자기의 생각들과 지금까지 배운 종교적 지식들을 일단 내려놓고, 하나님을 경외하는 마음으로 주님을 바라봐야 합니다. 그러면 이제 주님께서 당신에게 놀라운 일을 하십니다.

## 눈에 침을 뱉으시고

주님께서 소경을 마을 밖으로 인도하셔서 어떻게 그의 눈을 뜨게 해 주셨습니까?

첫째로 주님께서는 **소경의 눈에 침을 뱉으시고 그에게 안수를** 하셨습니다. 우리 주님께서 왜 이렇게 하셨을까요? 참 기이한 일이죠? "좀 더 고상한 방법으로 눈을 뜨게 해 주시지, 지저분하게 꼭 눈에 침을 뱉으셔야 됩니까?" 하는 생각이 들 수도 있습니다.

예수님은 거룩하신 하나님입니다. 고상하신 것으로 치면 하나님이신 예수님만큼 고상한 분이 어디 있겠습니까? 그러나 그토록 고상한 주님이라도 우리의 눈을 뜨게 해 주시려면 우리의 눈에 침을 뱉어 주셔야 합니다. **사람이 거듭나기 위해서는** 먼저 그 사람의 **눈에 침이 뱉어져야** 하고, 둘째로 **안수하는 일이 있어야** 합니다. 이것이 우리를 거듭나게 하시려고 주님께서 베푸시는 두 가지 사역입니다.

먼저 주님은 소경의 눈에 침을 뱉었습니다. 눈은 우리의 영혼을, 그리고 침은 저주와 심판을 뜻합니다. 따라서 주님께서 "소경의 눈에 침을 뱉었다"라는 말씀은, 주님께서 우리 마음의 죄가 드러나게 해서 우리 자신이 하나님의 심판을 받을 자라는 사실을 깨닫게 하셨다는 뜻입니다.

사람들은 사실 자기가 어떤 자인지, 얼마나 악하고 더러운 죄 덩어리인지를 잘 모릅니다. 대부분의 종교인들은 자기가 비교적 착하고 올바르다고 착각합니다. 자기가 영적으로 소경인 줄을 모르는 사람들은 죄 사함을 받지 못합니다. 예수님께서 자기가 거룩한 줄로 착각하고 있던 바리새인들에게, **"너희가 소경 되었더면 죄가 없으려니와 본다고 하니 너희 죄가 그저 있느니라"**(요 9:41)고 말씀하신 까닭이 여기 있습니다.

우리 모두는 죄 가운데서 태어나서 죽을 때까지 죄만 짓다가 영원한 지옥 불에 들어가야 할 자들입니다. 주님은 **"너희를 떠낸 반석과 너희를 퍼낸 우묵한 구덩이를 생각하여 보라"**(사 51:1)고 말씀하셨습니다. 누구든지 죄 사함을 받으려면, 먼저 하나님의 말씀 앞에서 자기는 죄 때문에 심판을 받고 지옥에 가야 마땅한 자라고 인정해야 합니다.

**"죄의 삯은 사망"**(롬 6:23)입니다. 누구의 마음에 죄가 호리(毫釐, 아주 적은 분량)라도 있으면, 그를 둘째 사망인 지옥에 떨어지게 하는 것이 하나님의 공의(公義)입니다. 따라서 죄 가운데서 태어나 평생에 죄만 짓는 우리는 영원한 지옥의 불구덩이에 들어갈 수밖에 없는 자들이며, **"불과 유황으로 타는 못"**(계 21:8)에서 세세토록 이를 갈며 고통을 받아야 할 자들입니다. 하나님께서 우리를 모든 죄에서 온전히 그리고 일방적으로 구원해 주시지 않았다면, 우리는 하나님의 심판을 받을 수밖에 없는 존재들입니다.

**"만물보다 거짓되고 심히 부패한 것은 마음이라 누가 능히 이를 알리요마는"**(렘 17:9).

자기가 심히 부패하고 거짓된 마음의 소유자라는 사실을 깨닫는 사람은 거의 없습니다. 그래서 주님께서는 우리를 구원하기 위해서 먼저 율법의 말씀으로 우리의 마음을 비춰 주셔서, 우리가 얼마나 부패하고 거짓된 마음을 가지고 살아가는 죄 덩어리인지를 깨닫게 하십니다. 하나님의 말씀은 나의 근본 모습이 얼마나 악한지를 적나라하게 보여 줍니다.

따라서 심령이 정직한 사람은, "네, 맞습니다. 저는 그렇게 죄가 많은 자입니다"라고 하나님 앞에서 시인을 합니다. 심령이 가난한 자는 "그렇습니다, 하나님! 저는 제가 제법 선한 줄 알았는데 하나님의 율법 말씀으로 저를 비춰 보았더니, 저는 지옥에 가야 마땅한 자라는 사실을 깨닫게 되었습니다"라고 자기의 악함을 시인하게 됩니다.

저도 제 자신이 비교적 선한 사람인 줄 알았습니다. 그런데 그것은 엄청난 착각이었습니다. 하나님의 율법의 말씀이 저의 근본 모습을 적나라하게 보여 줄 때에야 저는 제가 너무너무 더럽고 악하고 음란한 자라는 사실을 깨닫게 되었습니다. 주님께서 제 눈에 침을 뱉어 주셨을 때에, 하나님께서 심판하시면 저는 지옥에 가야 마땅한 자라고 비로소 시인하게 되었습니다.

"나는 지옥에 가야 마땅한 자입니다"라고 시인한 자가 아니면 죄 사함을 받고 거듭날 수 없습니다. 우리 영혼의 의사이신 예수님 앞에서 자기의 죄의 병을 드러내놓지 않는 자들은 그 죄의 병을 치유받을 수가 없습니다. **"건강한 자에게는 의원이 쓸데 없고 병든 자에게라야 쓸데 있느니라 내가 의인을 부르러 온 것이 아니요 죄인을 부르러 왔노라"**(막 2:17)고 하신 주님의 말씀이 그런 뜻입니다. 거듭나지도 못한 자가, "나는 지옥에 갈 만한 죄인이 결코 아닙니다"라고 자신만만해 한다면 그런 자는 결코 죄 사함을 받을 수 없습니다.

## 하나님께 대한 회개

자기가 지옥의 심판을 받아야 할 죄인임을 시인하고 하나님의 긍휼을 바라는 것이 **"참된 회개"**이며 **"하나님께 대한 회개"**(행 20:21)입니다. **"참된 회개"**란 "하나님, 저는 지옥 갈 자입니다. 저는 하나님의 심판을 받아 마땅한 자입니다. 지금까지는 제가 선하고 의로운 줄 알고 살아왔는데, 그것은 엄청난 착각이었습니다. 이제 하나님의 말씀으로 저 자신을 정직하게 비춰 보았더니, 저는 끔찍한 죄 덩어리입니다"라고 하나님 앞에서 인정하고, 하나님의 긍휼을 간절히 바라는 것입니다. 이것이 바로 **"하나님께 대한 회개"** 입니다.

대부분의 사람들은 자기가 선하고 의로운 줄 착각하고 살아갑니다. 타고르(Rabindranath Tagore)라는 인도의 시인을 아십니까? 타고르는 그가 지은 시(詩)들이 높은 평가를 받은 것만이 아니라 인격적으로도 성자의 경지에 올랐다고 해서 많은 이들이 그를 "인도의 시성"(詩聖)이라고 부르며 존경했습니다.

그분이 노벨 문학상을 받게 되어서 기자들이 그의 집에 취재를 하러 우르르 몰려갔을 때에, 타고르는 출타(出他)하고 없었습니다. 그때에 그의 하인이 "왜 우리 주인을 찾아요?"라고 기자들에게 물었답니다. 그러자 기자 중 한 사람이 "당신의 주인님이 성자(聖者)와 같이 아주 훌륭할 뿐 아니라 좋은 시를 많이 지어서 전 세계에서 최고의 상을 타게 되었다"라고 알려 주었답니다.

그러자 그 하인이 볼멘소리로, "우리 주인이 상을 타요? 우리 주인이 얼마나 못돼 처먹었는데요. 그런 사람도 상을 탈 것 같으면 내가 먼저 타야 되지요"라고 말했다고 합니다. 밖에서는 그렇게 고상하다고 존경을 받는 주인님이 자기 종에게는 전혀 그렇지 않았다는 말입니다. 그 종의 말은, 자기 주인보다 더 못된 사람은 이 세상에는 없다는 뜻입니다. 그런데도 타고르는 세계적인 지성인으로, 성자로 존경을 받고 노벨 문학상도 받지 않았습니까? 인간은 다 그렇게 위선적인 존재입니다.

기독교인들은 **"회개 기도"**를 드리면서 살아갑니다. 그들은 자기가 얼마든지 죄를 짓지 않을 사람인데, "조금 부주의해서 실수로" 잘못을 저질렀다고 생각합니다. 그래서 잘못한 구체적인 사건 몇 개를 추려내서 하나님 앞에 들고 와서는, "하나님, 제가 이런저런 일에 잘못을 했습니다. 다시는 그런 죄를 짓지 않을 테니, 이번 한 번만 용서하여 주옵소서" 하고 용서를 빕니다.

그렇게 하는 것이 참된 회개입니까? 참된 회개, 곧 **"하나님께 대한 회개"**는 하나님 앞에서 "저는 죽을 때까지 이렇게 죄를 지을 수밖에 없는 자이고 지옥에 가야 마땅한 자입니다. 하나님, 저를 불쌍히 여겨 주십시오"라고 인정하는 것입니다.

다윗이 밧세바와 간음을 한 후에 하나님께 회개를 할 때에, 구체적인 간음죄만 용서해 달라고 기도하지 않았습니다. 다윗은 **"하나님 저는 죄악 중에 출생한 자입니다. 그리고 제 어미가 저를 죄 중에 잉태했습니다. 저는 죽을 때까지 이럴 수밖에 없는 자입니다"**라고 시인하며 자기에게서 구원의 은총을 거둬 가지 말아달라고 간청했습니다. 자기가 근본 행악(行惡)의 존재임을 시인하고 하나님의 긍휼을 바라는 것이 **참된 회개**입니다.

여러분은 어떻습니까? 여러분은 "저는 하나님 앞에서 심판을 받고 지옥에 가야 마땅한 죄인입니다"라고 스스로 인정합니까? 아니면 "나는 괜찮은 사람이야! 너희도 나만큼만 해 봐!"하며 스스로 자기를 선하다고 착각을 하고 있지는 않습니까?

거듭나기 전에는 말할 것도 없고, 우리가 복음을 믿어서 죄 사함을 받은 후에도, 우리는 자기가 괜찮은 존재라고 착각하기 쉽습니다. 어떤 설교자가, "사람은 걸어 다닐 때에 '뚜벅뚜벅' 소리가 나는 것이 아니라 '착각착각' 하는 소리가 나는 존재"라고 말했습니다. 지당한 말씀입니다. 저도 늘 착각 속에서 헤매기 일쑤입니다. 우리는 "나만큼만 잘해 봐라," "나만큼만 똑똑하고 잘나 봐라," 또는 "나만큼만 선하고 거룩해 봐라" 하는 착각 속에서 살아갑니다.

사실 구체적인 어떤 죄가 밝히 드러났는데도, "그 죄는 내가 부주의해서 실수로 저질렀지만, 전체적으로 나는 괜찮은 사람이지"라고 스스로를 옹호하는 것이 우리들입니다. 그러나 하나님의 말씀 앞에서 마음이 정직한 사람은 자신의 근본 모습이 얼마나 악한지를 진솔하게 인정합니다. 주님은 우리의 눈에 침을 뱉으셔서 우리의 영혼이 얼마나 악한지를, 하나님의 심판과 저주를 받아 마땅한지를 깨닫게 하셨습니다.

## 안수(세례)의 복음

주님께서는 이제 그렇게 자기의 근본 모습을 깨닫고 시인한 자들에게 **안수의 복음**을 전해 주십니다. 하나님 말씀은 영이고 생명입니다. 또한 하나님의 말씀은 계시의 말씀입니다. "그 소경에게 안수를 베푸셨다"라는 말씀은 **죄인들에게 안수의 능력이 담긴 세례**

의 복음을 들려주셨다는 뜻입니다. 예수님은 나면서부터 영적으로 소경인 우리에게 죄 사함을 얻게 하는 안수의 복음, 즉 **"물과 피의 복음"**을 들려주셔서 우리를 모든 죄(흑암)에서 구원해 주셨습니다.

안수의 복음, 즉 예수님께서 받으신 세례의 복음은 예수님께서 어떻게 우리의 모든 죄를 완벽하게 없애 주셨는지를 우리에게 가르쳐 주십니다.

"안수"(按手)와 "세례"(洗禮)는 영적으로 같은 뜻입니다. 구약시대에는 죄를 지은 자가 모세의 율법을 따라 흠 없는 제물을 끌고 와서 그 희생 **제물의 머리에 안수함**으로 자기의 죄를 그 희생 제물에게 넘기고 그 희생 제물의 목을 따서 피 흘려 죽게 함으로써 죄 사함을 받았습니다. 구약의 **속죄 제사에서의 안수**는 예수님이 요단강에서 세례 요한에게 **안수의 형식으로 받으신 세례**를 계시합니다. 그래서 초대교회의 사도들이 전했던 **원형의 복음**(the Original Gospel)을 살펴보면, 구약의 안수와 예수님의 세례를 연결해서 그것이 복음의 기초라고 선포한 사실을 발견할 수 있습니다.

"그러므로 우리가 그리스도 도의 초보를 버리고 죽은 행실을 회개함과 하나님께 대한 신앙과 <u>세례들과 안수</u>와 죽은 자의 부활과 영원한 심판에 관한 교훈의 터를 다시 닦지 말고 완전한 데 나아갈지니라"(히 6:1-2).

이 말씀의 바로 앞부분에는, "너희가 죄 사함을 받고 제법 오랜 시간이 흘렀으므로, 이제는 교회 안에서 장성한 자가 되어서 단단한 것도 먹는 믿음에 서 있어야 할 터인데 아직도 젖이나 먹는 영아의 상태를 벗어나지 못하고 있구나! 이제는 복음의 터 위에 굳게 서서 의의 말씀을 경험하며 믿음으로 살아야 할 터인데, 너희들은 아직도 복음의 기초를 다시 닦아야 할 지경이니 참으로 안타깝구나!" 하는 탄식의 말씀이 기록되어 있습니다.

그리고 나서 히브리서를 기록한 하나님의 종은 "**그러므로 우리가 그리스도 도의 초보를 버리고**"라고 말씀하면서, 그리스도 도의 초보를 구성하는 **원형복음의 내용**을 열거하고 있습니다.

그런데 많은 사람들이 이 부분을 오해합니다. 그들은 "그리스도의 도의 초보 즉 복음의 기초적 지식들은 한번 배웠으면 그것으로 족하니 더 이상 거론하지 않아도 된다"라고 이 말씀을 잘못 해석합니다. 그러나 여기서 "**버리고**"라는 말은 "**떠나서**"(leaving)라는 뜻입니다. 이 부분은 "이제는 복음의 초보적인 부분에만 머무르지 말고, 복음의 터에 견고히 서서 **믿음으로 행하는 삶으로 나아가라**"라는 말씀입니다.

그런데 무엇보다도 우리가 이 말씀에서 주목할 것은, 이 성경구절이 초대교회의 사도들과 성도들이 믿었던 **원형의 복음**(the Original Gospel)인 "**그리스도 도의 초보**"(the principles of the doctrine of Christ, KJV)가 무엇인지를 규명하는 단서(clue)를 보여 주고 있다는 사실입니다. 이 말씀에서 우리는 초대교회의 사도들과 제자들이 어떠한 내용으로 복음을 전했는지를 발견할 수 있습니다.

초대교회의 하나님의 종들은 복음을 전할 때에, 첫째로 "**죽은 행실을 회개함**"에 대해서 전했습니다. "**죽은 행실**"이란 죄를 의미합니다. 주님께서 소경의 눈에 침을 뱉어 주셔서 자기의 영혼이 죄 때문에 지옥에 가야 할 죄인임을 시인하게 하셨듯이, 사도들이 전했던 복음에도 반드시 "**죽은 행실을 회개함**" 즉, "**하나님께 대한 회개**"가 포함되어 있었습니다.

둘째로, 사도들과 복음의 일꾼들은 **"하나님께 대한 신앙"**을 가르쳤습니다. 믿음이란 천지를 창조하신 **하나님이 반드시 계신 것**과 그 하나님은 자기에게 나아오는 자들에게 **반드시 구원의 상을 주시는**(히 11:6) 하나님이심을 믿는 것입니다. 그래서 사도들은 하나님의 실재(實在)와 그분의 구원에 대한 믿음을 가르쳐 주었다는 말씀입니다. 즉 초대교회의 하나님의 종들은 하나님과 하나님의 말씀에 대한 믿음을 영혼들에게 가르쳐 주었습니다.

셋째로, 사도들과 제자들은 하나님을 믿고자 하는 사람들에게 **"세례들과 안수"**에 대해서 가르쳐 주었습니다. 이것이 **그리스도 도의 초보**(the elementary principles of Christ)라고 표현된 **원형복음의 핵심**입니다.

하나님의 말씀은 정확합니다. **"세례들과 안수"**라는 말씀에서, "세례들"은 복수(複數)이지만, "안수"는 단수입니다. 구약시대 제사에 나오는 안수(按手)는 한결같이 "죄가 넘어간다"라는 뜻입니다. 개개인의 속죄 제사나 대속죄일에 대제사장이 드렸던 일 년 치 속죄 제사에서나, **흠 없는 속죄 제물의 머리에 안수**하면 죄가 그 제물에게 넘어가도록 하나님께서 정하셨습니다.

그러나 **"세례들"**은 복수입니다. 세례 요한이 회개하고 하나님께로 돌아온 백성들에게 베풀었던 **"회개의 세례"**가 있고, 예수님께서 세례 요한에게 받으신 **"그 세례"**(the Baptism, 행 10:37)가 있고 그리고 의인들이 예수님께서 받으신 세례를 믿음으로 마음에 할례를 받는 **"죄 사함의 세례"**가 있습니다. 또한 죄인들이 **물과 피의 복음**을 믿어서 죄 사함을 받은 후에, 예수님께서 받으셨던 세례의 능력을 믿음으로 고백하는 차원에서 성도들이 물에서 받는 **"예식으로서의 세례"**도 있습니다.

이렇게 세례는 여러 가지가 있기 때문에 "**세례들**"이라고 말씀한 것입니다. "**세례들과 안수에 관한 교훈**"이 없이는 죄가 사해질 수 없었기 때문에, 사도들과 초대교회의 종들이 전했던 **원형의 복음**(the Original Gospel)에는 반드시 "**세례들과 안수**"에 관한 교훈이 포함되어 있었습니다.

그리고 원형복음의 마지막 구성 요소들은 "**죽은 자의 부활에 관한 교훈**"과 "**영원한 심판에 관한 교훈**"이었습니다. 성도의 부활과 죄인들에 대한 영원한 심판에 대해서도 가르쳐 주어야 복음의 교훈이 완성되는 것입니다.

이와 같이 초대교회의 사도들이 전했던 **원형복음**의 내용이 히브리서 6 장에 열거되어 있는데, 그 진리의 원형복음의 핵심은 "**구약의 안수가 계시하는 것은 바로 예수님께서 세례 요한에게 받으신 그 세례**(the Baptism)**이다**"라는 말씀입니다.

우리가 전파하는 복음이 바로 "**세례들과 안수**"의 진리가 담긴 복음입니다. 이 복음이 사도들이 전했던 **원형의 복음**(the Original Gospel)이고 예수님이 받으신 "**그 세례**"(행 10:37)의 복음입니다. 그러므로 우리도 "**예수님께서 받으신 세례의 능력**"을 복음의 핵심적인 진리로 전파하고 있습니다.

예수님은 벳새다의 소경에게 당신께서 친히 완성하신 하나님의 의(義), 즉 "**세례(안수)의 복음**"을 전해 주셨고 소경은 "**그 세례**"(the Baptism, 행 10:37)의 능력으로 죄 사함을 받아서 영적인 눈을 뜨고 밝히 보게 되었습니다. 그는 진리의 원형복음을 믿음으로 죄 사함을 받고 거듭났습니다.

여러분도 자기의 마음이 죄로 가득하며 지옥에 갈 수밖에 없는 자임을 시인하면, 주님께서는 여러분에게 "**세례들과 안수**"에 관한 교훈을 전해 주십니다. 주님께서는 여러분의 마음에 있는 모든 죄를 단번에 깨끗이 씻어 주시고 영적인 눈을 뜨게 하십니다. 그러면 여러분은 주님의 은혜로 죄 사함을 받고 거듭나게 됩니다.

## 다시 안수하시매

예수님께서 벳새다의 소경에게 한 번 안수를 하시고서, **"무엇이 보이느냐?"** 라고 물으셨습니다. 그러자 그 소경은, "예, 보이긴 하는데 희미합니다. 뭔가 나무토막 같은 것이 걸어 다니는 것 같은데, 그것이 무엇인지 잘 모르겠습니다"라고 대답했습니다. 주님께서는 어렴풋이 보기 시작한 소경의 눈에 다시 한번 안수를 하셨습니다. 그랬더니 소경의 눈이 온전히 열려서 만물을 밝히 보게 되었습니다.

죄인이 **"세례들과 안수"**의 복음을 한 번 들었다고 영적인 눈이 확 열려서 모든 사물을 단번에 또렷하게 볼 수 있는 것은 아닙니다. 진리의 복음을 한 번 딱 듣고 온전히 믿는 사람은 거의 없습니다. 사람은 혼돈된 지식이 너무나 많고 워낙 고집이 세기 때문에, 하나님의 말씀을 한 번 듣는다고 그 말씀이 마음에 쉽게 심어지지 않습니다. 특별히 자기 생각의 마을에 대한 강한 자부심과 집착이 있고 자기 종교의 마을이 우월하다는 확신이 있는 사람일수록 **"안수와 세례들"**에 관한 복음을 반복적으로 들어야 합니다.

저도 자신에 대한 착각이 많았고, 내 생각의 마을에 견고한 집을 짓고 그 안에서 허세를 부리며 의기양양하게 살았던 자입니다. 그래서 주님께서 제 영의 눈에 한 번 안수를 하셨지만 저의 영적인 눈은 거의 떨어지지 않았습니다. **"세례들과 안수"**의 복음을 처음 들었을 때에는 진리의 빛이 아주 조금 들어와서 매우 희미하게 보였습니다. 그런데 성경을 읽으면서 진리의 원형복음을 계속 상고하다 보니, 하나님의 은혜로 제 영의 눈이 열려서 온전히 죄 사함을 받게 되었습니다.

여러분도 **"세례들과 안수"**의 복음을 반복적으로 듣다 보면 여러분의 마음에 진리의 복음이 견고하게 서게 되고 영적인 세계를 밝히 보게 될 것입니다. 복음의 말씀을 반복적으로 들으면서 사람의 마음속에 있는 **혼돈**은 **차차로** 벗어집니다.

그것은 마치 더러운 것들로 가득한 구정물통을 수도꼭지 밑에 두고 수돗물을 계속 틀어 놓으면, 물이 흘러넘치면서 그 구정물통 속의 더러운 것들도 서서히 같이 떠내려가는 것과 같은 이치입니다. 그러면 시간이 흐를수록 구정물통의 온갖 더러운 것들은 맑은 물로 치환(置換) 됩니다.

여러분도 궁창 위의 물, 곧 하나님의 진리의 말씀을 계속해서 듣는 중에 구정물같이 더러운 온갖 자기 생각들과 사단 마귀가 주입해 놓은 온갖 거짓말들이 서서히 여러분의 마음에서 제거될 것입니다. 그러면 여러분의 마음에는 맑은 물과 같은 진리의 교훈만 남게 됩니다.

이와 같이 단 한 번 **"세례들과 안수"**의 복음을 들었다고 죄인이 온전히 거듭나기는 쉽지 않습니다. 죄인들이 하나님의 교회 안에서 **"세례들과 안수"**의 복음을 계속해서 들으면, 점차로 믿음에 서게 되어서 마음에 죄 사함을 받게 됩니다. 그래서 우리는 진리의 원형복음을 반복적으로 들어야 하고, 또 하나님의 모든 세미한 말씀도 반복적으로 들어야 합니다. 구정물통 같은 우리의 마음에 계속해서 맑은 물이 흘러들어 와야 합니다.

맑은 물이 계속 들어오면, 우리 속에 잘못된 것들을 밀어냅니다. 그래서 의인된 우리가 깨끗하고 순수한 마음으로 주님을 따라갈 수 있게 됩니다. 주님께서 이 소경의 눈에 두 번 안수를 하셔서 그가 밝히 보게 되었습니다. 그러니 우리들도 물과 피의 복음을 반복적으로 들어야 합니다.

**"율법은 장차 오는 좋은 일의 그림자요 참형상이 아니므로 해마다 늘 드리는바 같은 제사로는 나아오는 자들을 언제든지 온전케 할 수 없느니라"**(히 10:1).

그림자를 보면 그 그림자의 실체를 알 수 있습니다. 나무의 그림자를 보게 되면, 비록 그 나무는 어떤 것에 가리어져서 정확히 보이지는 않더라도, 그 그림자의 실체(實體)가 나무인 줄은 압니다.

구약의 대속죄일의 제사에서 **대제사장이 아사셀 염소의 머리에 안수한 것**은 예수님께서 대제사장 아론의 후손인 세례 요한에게 받으신 **세례의 예고편(그림자)**입니다. 구약성경에 기록된 속죄 제사에 무수히 나타나는 **"안수"**는 예수님이 받으신 **"그 세례"**(행 10:37)의 그림자입니다.

대제사장인 아론이 아사셀 염소의 머리에 안수해서 이스라엘 백성의 일 년 치 죄를 단번에 그 희생 염소에게 넘겼듯이(레 16:21), 예수님께서 인류의 대표자이며 아론의 후손인 세례 요한에게 안수의 형식으로 세례를 받으실 때에, 전 인류의 모든 죄가 예수님에게 단번에 넘어갔습니다(마 3:15).

그 세례로 예수님은 **"세상 죄를 지고 가는 하나님의 어린양"**(요 1:29)이 되셨습니다. 그리고 예수님은 십자가에 못 박혀서, **"다 이루었다"**(요 19:30)라고 외치시고 돌아가시기까지 대속(代贖)의 피를 흘려 주셨습니다. **"물과 피로 임하신"(요일 5:6)** 예수님께서 우리의 모든 죄를 흰 눈같이 없애 주셨습니다. 할렐루야!

## 옛 마을로 돌아가지 말라

예수님께서는 이 소경을 거듭나게 하셔서 집으로 돌려보내셨습니다. 여기서 **"집"**은 **하나님의 교회**를 의미합니다. 하나님은 우리를 거듭나게 하셔서 하나님의 교회로 인도하십니다. 주님께서는 눈을 뜬 사람을 집으로 보내시면서 **"마을에도 들어가지 말라"**라고 단단히 당부하셨습니다.

주님이 그를 마을 밖으로 불러내서 겨우 거듭나게 하셨는데, 다시 자기 생각의 마을로, 옛 종교의 마을로 돌아가게 하시겠습니까? 아닙니다. 옛 마을로 돌아가면 다시 영적인 소경이 됩니다. 거듭난 자라도 거짓 복음에 다시 감염되면 영적인 죽음에 다시 떨어집니다.

하나님께서는 거듭난 자들을 하나님의 교회로 불러 모아서 진리의 말씀을 듣고 자라게 하십니다. 하나님 집에 거해야만 생명의 떡을 먹으며 하나님의 보호하심과 공급하심과 은혜를 입으면서 믿음의 사람으로 살아갈 수 있기 때문입니다.

마가복음 8장에 기록된 소경 치유의 말씀은 우리들이 어떻게 **"죄 사함으로 말미암는 구원"(눅 1:77)**을 받는지에 대하여 정확히 가르쳐 주십니다. 또 이 말씀 안에는 죄에 갇힌 모든 영혼들을 모든 죄에서 구원하기를 원하시는 하나님의 간절한 마음이 담겨 있습니다.

**구약의 안수는 예수님께서 받으신 세례의 예고편(그림자)입니다.** 전 인류의 흠 없는 속죄 제물이 되기 위해서 육신을 입고 오신 성자(聖子) 하나님이 바로 예수 그리스도입니다. 예수님께서는 인류의 대표자인 세례 요한에게 안수의 형식으로 세례를 받으심으로 이 세상의 모든 죄를 단번에 당신의 육체 위에 짊어지셨습니다.

세례 요한에게 세례를 청하시면서, **"이제 허락하라 우리가 이와 같이 하여 모든 의를 이루는 것이 합당하니라"**(마 3:15)고 하신 예수님의 말씀이 우리 마음에 구원의 은총을 단비처럼 내려 줍니다. 예수님은 **"이와 같이 하여"**(세례 요한에게 받으신 안수로) 인류의 모든 죄를 담당하시고, 인류의 모든 죄를 지고 십자가에 못 박혀서 대속의 보혈을 흘리셨습니다. 예수님은 **"다 이루었다"**(요 19:30) 하시고 돌아가시기까지 우리에게 임할 심판을 대신하여 온전히 받아 주셨습니다.

구약의 속죄 제사에서 **"안수"**를 생략하면 **불법의 제사**입니다. 하나님께서는 결코 불법 제사를 열납(悅納) 하시지 않습니다.

지금도 대부분의 기독교인들은 예수님의 세례를 빼버린 불법적인 복음을 들고 하나님께 나아가고 있습니다. 그런 자들의 믿음을 하나님께서 받으시겠습니까?

당신은 아직도 옛 종교의 마을을 떠나지 않으렵니까?

판단과 결단은 이제 여러분 각자의 몫입니다.

예수께서 대답하여
가라사대 이제
허락하라 우리가 이와
같이 하여 모든 의를
이루는 것이
합당하니라 하신대
이에 요한이
허락하는지라
마태복음 3:15

## 그리스도의 비밀

"내가 너희와 라오디게아에 있는 자들과 무릇 내 육신의 얼굴을 보지 못한 자들을 위하여 어떻게 힘쓰는 것을 너희가 알기를 원하노니

이는 저희로 마음에 위안을 받고 사랑 안에서 연합하여 원만한 이해의 모든 부요에 이르러 하나님의 비밀인 그리스도를 깨닫게 하려 함이라

그 안에는 지혜와 지식의 모든 보화가 감취어 있느니라

내가 이것을 말함은 아무도 공교한 말로 너희를 속이지 못하게 하려 함이니

이는 내가 육신으로는 떠나 있으나 심령으로는 너희와 함께 있어 너희의 규모와 그리스도를 믿는 너희 믿음의 굳은 것을 기쁘게 봄이라

그러므로 너희가 그리스도 예수를 주로 받았으니 그 안에서 행하되

그 안에 뿌리를 박으며 세움을 입어 교훈을 받은 대로 믿음에 굳게 서서 감사함을 넘치게 하라

누가 철학과 헛된 속임수로 너희를 노략할까 주의하라 이것이 사람의 유전과 세상의 초등 학문을 좇음이요 그리스도를 좇음이 아니니라

그 안에는 신성의 모든 충만이 육체로 거하시고

너희도 그 안에서 충만하여졌으니 그는 모든 정사와 권세의 머리시라

또 그 안에서 너희가 손으로 하지 아니한 할례를 받았으니 곧 육적 몸을 벗는 것이요 그리스도의 할례니라

너희가 세례로 그리스도와 함께 장사한바 되고 또 죽은 자들 가운데서 그를 일으키신 하나님의 역사를 믿음으로 말미암아 그 안에서 함께 일으키심을 받았느니라

또 너희의 범죄와 육체의 무할례로 죽었던 너희를 하나님이 그와 함께 살리시고 우리에게 모든 죄를 사하시고

우리를 거스리고 우리를 대적하는 의문에 쓴 증서를 도말하시고 제하여 버리사 십자가에 못 박으시고

정사와 권세를 벗어버려 밝히 드러내시고 십자가로 승리하셨느니라"(골로새서 2: 1-15).

사도 바울은 골로새서에서 **"창세로부터 감춰 온 비밀," "비밀의 경륜," "그리스도 안에 감추어진 비밀,"** 또는 **"그리스도의 비밀"**이라는 표현으로 하나님의 아들인 예수 그리스도께서 우리를 구원하신 신비(Mystery)에 대해서 밝히고 있습니다.

"신비" 또는 "비밀"이라는 말은 우리에게 호기심을 유발시킵니다. 여러분의 친구가 여러분에게 "이건 비밀인데, 너만 알고 있어"라고 말한다면, 귀가 쫑긋해지지 않습니까? 그러면 도대체 **"그리스도의 비밀"**은 무엇입니까?

## 인생 최대의 과제, 거듭남

예수님은 니고데모에게, "진실로 진실로 네게 이르노니 사람이 물과 성령으로 나지 아니하면 하나님 나라에 들어갈 수 없느니

라"(요 3:5)고 말씀하셨습니다.

누구든지 천국에 들어가려면 **반드시 거듭나야** 합니다. 우리는 이 땅에 태어나서 죽을 때까지 죄를 지으며 살아갑니다. 그래서 우리는 자신의 죄로 인해서 영원한 지옥의 형벌을 받을 수밖에 없는 존재들입니다. 그러므로 죄인은 죄 사함을 받아서 의인이 되어야 하나님의 나라에 들어갈 수 있습니다. "거듭난다"라는 말은 죄인의 모든 죄가 사해져서 의인으로 변화되는 놀라운 역사를 의미합니다.

하나님께서는 당신의 외아들 예수 그리스도를 이 땅에 보내 주셔서, 우리 인류의 모든 죄를 단번에 영원토록 없애 주셨습니다. 이제 하나님은 모든 사람이 예수님께서 **"물과 피로 임"**(요일 5:6)하셔서 완성하신 **하나님의 의**를 믿음으로 죄 사함을 받고 거듭나기를 원하십니다.

누구든지 하나님의 아들인 예수 그리스도께서 완성해서 우리에게 거저 주시는 **하나님의 의**를 진심으로 믿으면 자기의 모든 죄를 사함 받고 하나님 앞에서 의인(義人)이 됩니다. 지옥에 갈 수밖에 없는 죄인들을 영원한 천국에 들어가게 해 주신 하나님의 축복이 "거듭남"의 역사입니다. 그러므로 "거듭나는 은혜"는 우리에게 있어서 인생 최대의 축복입니다.

하나님께서는 "탈바꿈" 하는 곤충들을 통해서 "죄인이 의인으로 거듭나는 역사"가 어떤 것인지를 우리에게 보여 주셨습니다. 유지매미의 굼벵이는 7년 동안이나 땅속에서 유충(幼蟲)으로 살다가, 때가 되면 땅 밖으로 나오고 나무에 올라가 탈바꿈을 해서 매미로 거듭납니다.

굼벵이가 한 번 매미로 변화되면, 그 매미는 굼벵이와 전혀 다른 속성의 존재가 되어 전혀 다른 세계를 누리게 됩니다. 굼벵이는 땅속에서 썩은 것, 더러운 것이나 파먹고 사는 벌레였는데, 매미는 아름다운 빛의 세계에서 멋지고 투명한 날개로 창공을 마음껏 날아다닙니다.

하나님은 보이지 않는 영적 세계의 비밀들을 우리가 깨달을 수 있도록, 눈에 보이는 자연계 안에 당신의 계시(啓示)들을 많이 감추어 놓았습니다. **"창세로부터 그의 보이지 아니하는 것들 곧 그의 영원하신 능력과 신성이 그 만드신 만물에 분명히 보여 알게 되나니 그러므로 저희가 핑계치 못할찌니라"**(롬 1:20)고 말씀하신 대로, 하나님의 신성과 능력은 자연계 안에 충만하게 계시(啓示)되어 있습니다.

사람들이 하나님을 만나지 못하는 이유는 하나님을 찾지 않기 때문입니다. 그러므로 죄인들은 땅의 것들만 좇다가 죽은 후에 하나님의 심판이 자기 위에 떨어져도 핑계를 댈 수 없습니다. 물벌레가 변해서 잠자리가 되고, 배추벌레가 탈바꿈을 해서 배추흰나비가 되고, 굼벵이는 변하여 매미가 되듯, 죄인으로 태어난 사람은 **"물과 성령으로 거듭나서"** 의인이 되고 하나님의 자녀가 되게 하는 것이 하나님의 섭리입니다.

굼벵이는 매미가 되어야 하듯이, 사람은 누구나 **"물과 성령으로 거듭나야"** 합니다. 어떤 죄인이든지 하나님의 아들인 예수님께서 행하신 일, 즉 **그리스도의 비밀**을 깨달아 믿을 때에 의인으로 거듭나게 됩니다. 그러나 대부분의 기독교인들은 **"그리스도의 비밀"**을 알지 못해서 거듭나지 못한 기독죄인으로 신앙생활을 하고 있으니 참으로 안타깝습니다.

죄인을 의인으로 거듭나게 하는 **원형의 복음**이 바로 **"그리스도의 비밀"**입니다. 원형복음의 진리를 통해서 **"하나님의 비밀인 예수**

그리스도"를 깨달아 알고 믿으면 누구든지 거듭납니다. 그러나 사람이 예수님께서 행하신 구원의 역사를 제대로 알지 못하면, 아무리 예수님을 오래 믿었어도 거듭날 수 없습니다.

그래서 사도 바울은 골로새 성도들에게 서신을 보내면서, 그 서신의 말씀을 기록한 목적이 바로 골로새 지방의 믿는 이들이 **"하나님의 비밀인 그리스도를 깨닫게 하려 함이라"**(골 2:2)고 밝히고 있습니다.

## 거듭남이란?

대부분의 기독교인들은 거듭난다는 말의 뜻을 모릅니다. 예수님 시대의 유명한 율법 선생이었던 니고데모도, **"사람이 거듭나지 아니하면 하나님 나라를 볼 수 없느니라"**라는 예수님의 말씀을 이해하지 못했습니다. 그래서 그는, **"사람이 늙으면 어떻게 날 수 있삽나이까 두 번째 모태에 들어갔다가 날 수 있삽나이까"**(요 3:4) 하고 예수님께 반문했습니다.

모든 사람은 태어날 때부터 마음에 죄를 가지고 태어납니다. 그래서 우리는 살아가면서 생각으로, 말로, 행동으로 평생 동안 끊임없이 죄를 짓습니다. 그리고 우리는 그 죄로 인해서 하나님의 공의한 심판을 받고 지옥에 갈 수밖에 없는 존재들입니다.

여러분은 자신이 그렇게 비참한 존재임을 인정합니까? 거룩한 하나님의 말씀 앞에 자기 자신을 비춰볼 때 "아! 나는 끊임없이 죄를 짓는 자로구나! 정말 나는 마음에 쌓인 죄로 인하여 하나님의 공의한 심판을 받고 지옥에 가야 마땅한 자로구나!" 하고 시인합니까? 하나님의 율법 앞에서 정직한 자들만이 자기 자신의 죄악된 실체를 시인하고 하나님의 긍휼을 간절히 바랍니다. 그리고 그렇게 하나님 앞에서 정직한 사람이라야 하나님의 은혜를 입어서 거듭날 수 있습니다.

예수님께서는 우리의 참모습에 대하여, "또 가라사대 사람에게서 나오는 그것이 사람을 더럽게 하느니라 속에서 곧 사람의 마음에서 나오는 것은 악한 생각 곧 음란과 도적질과 살인과 간음과 탐욕과 악독과 속임과 음탕과 흘기는 눈과 훼방과 교만과 광패니 이 모든 악한 것이 다 속에서 나와서 사람을 더럽게 하느니라"(막 7:20-23)고 말씀하셨습니다. 예수님께서 우리의 마음에 있다고 열거하신 죄악의 항목들을 하나하나 짚어 가며 당신의 마음에 그런 죄들이 있는지 없는지를 점검해 보십시오.

첫째로 "음란"이라는 죄가 여러분의 마음에 있습니까 없습니까? 있습니다. 우리는 음란한 종자들입니다. 근본 우리 속에 음란의 죄가 실재하기 때문에 음란한 장면을 보면 음란한 생각이 올라오고 음란한 눈길을 보냅니다. 주님은 "또 간음치 말라 하였다는 것을 너희가 들었으나 나는 너희에게 이르노니 여자를 보고 음욕을 품는 자마다 마음에 이미 간음하였느니라"(마 5:27-28)고 말씀하셨습니다. 그러면 저와 여러분은 날마다 간음의 죄를 짓는 자가 아닙니까? 우리는 날마다 간음하는 자입니다.

"도적질"하는 마음이 당신의 마음에 있습니까 없습니까? 있습니다. 도적질하는 마음이 누구에게나 있다고 증거하는 예화를 하나 들려드리겠습니다.

일제강점기에 호남(湖南)의 만석꾼 부자가 경성(京城)에 가서 건물을 한 채 사기 위해서 돈을 한 자루 가지고 기차를 탔습니다. 그 당시에는 수표도 없고 은행을 통한 송금 제도도 없었기 때문에,

건물 대금을 지불하려면 자루에 지폐를 가득 넣어가야만 했습니다. 또 증기 기관차는 느려서 광주에서 경성까지 기차로 가려면 12시간이나 걸렸습니다.

그래서 밤이 되면 승객들은 누구나 잠을 자는데, 이 부자는 그 돈 자루의 여기저기에 일부러 구멍을 내서 돈다발이 훤히 보이게 한 후, 그 돈 자루를 머리 위 짐칸에 턱 올려놓고 자신은 편안하게 잠을 잤습니다. 그리고 다음 날 아침에 기차가 경성역(京城驛, 지금의 서울역)에 도착하자 이 부자만 크게 기지개를 켜며 일어나서 자기 돈 자루를 챙겨 들고 유유히 사라졌다는 얘기입니다.

주변의 다른 사람들은 각자 그 돈 자루를 들고 뛰려고 밤새 기회를 엿보면서 서로를 감시했기 때문에, 모두 뜬눈으로 밤을 지새워서 눈이 새빨갛게 되어 있었습니다. 다들 도둑질하는 마음이 발동해서 서로가 서로를 감시해 준 셈입니다. 이 이야기는 우리 모두에게 도둑질하는 마음이 있다는 증거입니다.

한적한 골목길에 007 가방이 하나 떨어져 있었습니다. 호기심에 당신이 그 가방을 열어 보았더니 그 안에 5만 원권 지폐가 가득 들어 있었다고 가정해 봅시다. 그 순간 당신은 맥박이 빨라지면서 급히 주변을 둘러보지 않겠습니까? 왜 그렇게 할까요? 주인을 찾아 주려는 것일까요? 아닙니다. 보는 사람이 없다면 그 가방을 들고 뛰려고 마음을 먹었기 때문입니다.

사람은 **도둑질하는 마음**을 가지고 태어납니다. 그래서 인간은 누구든지 기회만 되면 도둑질을 합니다. 나라의 고위 공직자들이 뇌물이나 횡령의 죄로 감옥에 가는 것을 우리가 얼마나 많이 보았습니까? 높은 분들이 그런 범죄를 저지른 것은 그들이 도둑질을 쉽게 할 수 있는 위치에 있었기 때문입니다. 그것은 "고양이에게 생선을 맡긴 격"이었습니다.

19세기 영국의 정치가인 액톤(John Emerich Acton, 1832-1902) 남작은 "권력은 부패하기 마련이며, **절대 권력은 절대적으로 부패한다.** 위인들은 거의 항상 악인들이다(Power tends to corrupt, and absolute power corrupts absolutely. Great men are almost always bad men)"라는 명언(名言)을 남겼습니다.

우리나라의 전직 대통령 중에서도 대통령이라는 절대적 권력과 지위를 이용해서 엄청난 부정 축재를 한 사람들이 여러 명 있었습니다. 그러면 우리는 그들과 다르겠습니까? 우리도 그렇게 권세 있는 자리에 앉으면 얼마든지 그들과 똑같이 권력을 남용하고 횡령을 일삼을 자들입니다. 우리의 마음에는 탐욕이 가득하기 때문에, 탐심이 가득한 마음으로 도둑질할 기회를 노리다가, 환경이 허락되면 실제로도 도둑질을 하는 자가 바로 우리들입니다.

**살인하는 마음**이 당신의 마음에 있습니까, 없습니까? 있습니다. **교만한 마음**이 당신의 마음에 있습니까, 없습니까? 있습니다. 외식하고 속이는 마음이 우리에게 있지 않습니까? 악독한 마음도 우리 속에 있지 않습니까? 그 모든 죄들이 근본 우리의 마음에 다 들어 있습니다. 이와 같이 우리는 죄가 잔뜩 장착된 채로 태어나서 평생 동안 죄를 짓고 살다가, 그 모든 죄로 인하여 하나님의 공의한 심판을 받고 지옥에 갈 수밖에 없는 존재들입니다.

그런데 하나님께서는 지옥에 갈 수밖에 없는 비참한 운명의 인생들을 너무나 사랑하시고 불쌍히 여기셔서, 당신의 외아들 예수 그리스도를 속죄의 제물로 보내 주셨습니다. 예수님께서 받으신 세례와 십자가의 보혈로 세상의 모든 죄를 완벽하게 없애 주셨습니다. 성자 하나님께서 육신을 입고 **"물(세례)과 피로 임"**하셔서 이루신 원형의 복음이 바로 **"그리스도의 비밀"**입니다. 그리고 죄 덩어리인 우리가 **"그리스도의 비밀"**을 듣고 깨달아 믿음으로 모든 죄의 사함을 받고 의인(義人)으로 변화되는 역사가 거듭남의 은혜입니다.

저도 거듭나기 전에는 마음에 죄가 많았습니다. 그때에 저는 제 마음의 죄 때문에 몹시 괴로워했습니다. **"죄의 삯은 사망"**(롬 6:23)이라는 말씀에 비춰볼 때, 저는 지옥에 갈 수밖에 없는 자였습니다. 예수님께서는 **"주여, 주여 하는 자마다 다 천국에 들어가는 것이 아니라"**라고 하셨고, "너희 죄가 호리(毫釐)만큼만 있어도 결단코 옥에서 나올 수 없다"라고 말씀하셨기 때문에, 저는 하나님의 말씀 앞에서 늘 두렵고 암울했습니다.

제가 바르게 살려고 노력하지 않았다는 말은 아닙니다. 오히려 저는 죄를 짓지 않으려고 나름대로 무진 애를 썼던 사람입니다. 저는 하늘을 우러러 한 점 부끄럼이 없이 살고 싶었습니다. 그러나 제 육신은 연약해서 반복적으로 죄를 지을 수밖에 없었습니다.

"어떻게 하면 죄를 짓지 않으며, 또 어떻게 하면 이미 지은 죄를 내 마음에서 없앨 수 있을까?" 하고 저는 몸부림쳤습니다. 어떻게든 죄를 짓지 않고 거룩하게 살려고, 저는 교수로 재직하면서도 매월 초의 3일간은 금식을 하며 회개 기도를 드렸었습니다. 그러나 아무리 금식을 하며 회개 기도를 해도 제 마음에는 죄가 그냥 있었습니다. 아무리 조심을 해도 마음과 눈으로 죄를 짓는 저를 바라보면서, "너는 구제불능이야!" 하면서 자포자기하기 일쑤였습니다.

그런데 하나님께서 저에게 **"그리스도의 비밀"**을 깨닫게 하셨습니다. 하나님께서는 예수 그리스도께서 완성하신 온전한 진리의 복음을 저에게 알려 주시고 믿게 하셔서, 저를 거듭나게 해 주셨습니다. 저는 진리의 원형복음을 믿음으로 모든 죄의 사함을 받았고, 그로 인하여 제 마음에는 죄가 전혀 없게 되었습니다. 하나님의 은혜로 저는 마음에 할례(割禮)를 받았습니다.

**진리의 원형복음**이 바로 **"그리스도의 비밀"**(골 4:3)입니다. 그렇게 **"물과 피의 복음"**을 믿음으로 저는 거듭나서 하나님의 자녀가 되었고 또 부르심을 입어서 주님의 복음을 전파하는 하나님의 종이 되었습니다. 어쩌다가 제가 이런 하늘의 복을 받았는지, 지금도 하나님의 은혜를 생각하면 너무너무 황송하고 감사합니다. 저는 부족하고 연약해서 또 죄를 지을 수밖에 없는 존재이지만, **"하나님의 비밀인 그리스도"**(골 2:2)를 알고 믿는 믿음으로 말미암아 다시는 정죄함이 없는 **"구속 곧 죄 사함"**(골 1:14)을 받은 복된 자가 되었습니다.

## 진리의 복음인 그리스도의 비밀

이제 **"하나님의 비밀인 그리스도"**가 어떤 분이고 그분께서 행하신 **"의의 한 행동"**(롬 5:18)은 무엇인지에 대해서 말씀을 드리겠습니다.

초대교회 때, 사도들은 **"그리스도의 비밀"**을 전했습니다. 그들이 전한 **"그리스도의 비밀"**은 바로 진리의 복음입니다. 복음(福音)은 글자 그대로 "복된 소리"이며 "기쁜 소식"입니다. 복음이란 지옥에 가야 할 죄인들이 천국 영생에 들어갈 수 있게 되었다는 소식이니, 그것이 죄 많은 인생들에게 얼마나 기쁜 소식입니까?

일제(日帝) 식민 통치로 35년간이나 압제와 고난을 당하던 우리 백성들은 1945년 8월 15일에 급작스럽게 해방(解放)의 기쁜 소식을 듣게 되었습니다. 일본 본토에 사흘 간격으로 두 발의 원자폭탄이 떨어지자, 일왕(日王)은 연합군에게 무조건 항복하고 일본군의 무장 해제를 선언했습니다.

그 소식을 들은 우리나라 백성들은 다 길거리로 뛰쳐나가 만세를 부르며 서로 얼싸안고 춤을 추었습니다. 해방의 기쁜 소식을 들었기 때문입니다. 이처럼 죄와 사망의 두려움에 억눌려 있던 죄인들이 죄와 지옥의 두려움에서 해방(解放)되었다는 기쁜 소식이 **복음**입니다.

모든 교회들은 나름대로 복음을 전파합니다. 그러나 그들이 전하는 복음은 **"그리스도의 비밀"**을 밝히 드러내 주는 **"성경대로의 복음"**(고전 15:3)이 아닙니다. 그들이 전해 주는 복음은 아무리 믿어도 마음의 죄를 깨끗이 씻어 주지 못하는 사이비(似而非) 복음입니다.

**"하나님의 비밀인 그리스도"**를 밝히 전하는 **"성경대로의 복음"**만이 진리의 복음입니다. 저는 이제부터 **"성경대로의 복음"**(the Gospel according to the Scriptures, 고전 15:3-4)이 무엇인지를 말씀드리고자 합니다.

**"성경대로의 복음"**을 알고 믿는 것이 얼마나 중요한지 아십니까? 오늘의 본문 말씀에도, **"내가 이것을 말함은 아무도 공교한 말로 너희를 속이지 못하게 하려 함이니"**(골 2:4)라고 말씀하십니다. 그리스도의 비밀인 **"성경대로의 복음"**을 간직한 성도는 사단 마귀의 어떤 거짓말에도 속지 않습니다. 진리의 복음 안에 굳게 선 의인들은 이 세상의 초등학문이나 사람들의 유전(遺傳)에는 현혹당하지 않습니다.

세계 골동품 시장은 유대인들이 지배하고 있습니다. 어떤 골동품이 진품(眞品)인지 모조품(模造品)인지를 분별하고 감정하는데 있어서 유대인 골동품상들은 다른 이들의 추종을 불허하는 실력과 권위를 가지고 있다고 합니다. 유대인 골동품상들은 자식에게 진품을 가려내는 비결을 가르쳐 주기 위해서 자식들을 훈련시키는 동안에는, 자식들에게 모조품들을 한 번도 보여 주지 않고 계속 진품만 보여 준답니다.

"내 아들아, 잘 보거라. 이것이 이집트 제 3 왕조 시대의 금동왕관이란다. 진품이다." "이것은 기원전 10 세기 수메르인들의 흑색 빗살 문양 토기란다. 이것이 진품이란다." 그렇게 계속해서 진품만 보면서 성장한 유대인 골동품상의 자제들은 진품을 제대로 알기 때문에, 어떤 모조품이든 그것이 아무리 정교하게 진품처럼 만들어졌어도 다 가려낸다고 합니다. 그러나 가짜 골동품만 보아온 사람은 진품을 앞에 두고도 그것이 진품인지 아닌지를 분별하지 못합니다.

진리의 복음과 사이비(似而非) 복음을 구별하는 능력도 그와 같습니다. 여러분이 먼저 진리의 복음이 무엇인지를 제대로 깨닫고 나면, 교묘하게 변형된 가짜 복음들은 단번에 구별해 낼 수 있게 됩니다. 또한 거짓 종들이 아무리 공교한 말로 여러분을 속이려고 해도 여러분은 절대로 속지 않게 됩니다. 또한 여러분들도 다른 영혼들을 온전한 진리의 복음으로 능히 인도할 수 있게 됩니다.

## 복음의 비밀인 예수 그리스도

진리의 복음은 먼저 예수 그리스도가 어떤 분이신지, 또 그분께서는 이 땅에 오셔서 어떤 일을 하셨는가를 소개합니다.

"**그 안에는 신성의 모든 충만이 육체로 거하시고 너희도 그 안에서 충만하여졌으니 그는 모든 정사와 권세의 머리시라**"(골 2:9-10).

**예수님 안에는 신성의 모든 충만이 육체로 거하십니다.** 이 말씀은 "육신을 입고 오신 예수 그리스도는 하나님이시다"라는 뜻입니다. 예수님은 본래 성자(聖子) 하나님이신데 육체를 입고 인류의 역사 안으로 들어오셨습니다. 예수님은 지금부터 약 2,000년 전에 육체를 입고 이 땅에 오신 성자(聖子) 하나님이십니다.

신약과 구약의 모든 성경 말씀이 예수님은 하나님이라고 증거합니다. 우리는 **예수님이 하나님이라는 사실을 믿어야** 합니다. 예수님을 그냥 모든 피조물 중에 가장 뛰어난 분이라고만 믿어서는 결코 구원을 받을 수 없습니다. 예수님은 **태초부터 계신**(요 1:1, 요일 1:1) **말씀의 하나님**입니다.

태초부터 계셨고 **능력의 말씀으로 모든 세계를 지으신**(히 1:2) 예수님은 "**하나님의 영광의 광채시요 그 본체의 형상**"(히 1:3)입니다. 예수님은 눈에 보이지 않는 영의 하나님이셨는데, 육신을 입고 우리와 같은 형상으로 이 땅에 오신 분입니다. 태초부터 계셨던 하나님, 그 생명의 **말씀이 육신이 되어** 우리 가운데 오셨습니다(요 1:14). 예수님은 육체를 입고 오신 성자(聖子) 하나님입니다.

## 하나님께서 친히 육체를 입고 오신 이유

하나님은 영(靈)입니다. 그렇기 때문에 하나님은 우리의 눈에 보이지 않습니다. "우리의 눈에 보이지 않는 하나님이 무엇 때문에 우리와 같은 육체를 입고 이 땅에 오실 필요가 있었나? 우주의 창조주이신 그분이 피조물의 형상으로 이 땅에 오신 이유가 무엇인가?"

이것이 비밀(mystery)입니다. 그분이 영원하고 전능한 신(神)이시면, 자신의 자리에서 권위를 지키고 영광과 위엄을 떨치시면 될 일인데, "성자(聖子) 하나님께서 왜 우리와 똑같은 형상의 **육체를 입고** 인간의 역사 속으로 **들어오셨는가?**" 하는 것이 사람들에게는 비밀이고 신비입니다.

성경은 이사야 예언자를 통해서 하나님께서 장차 육신을 입고 이 땅에 오신다고 예언했습니다. "**그러므로 주께서 친히 징조로 너희에게 주실 것이라 보라 처녀가 잉태하여 아들을 낳을 것이요 그 이름을 임마누엘이라 하리라**"(사 7:14). "**임마누엘**"이란 말은 "**하나님이 우리와 함께 계시다**"(마 1:23)라는 뜻입니다.

하나님 아버지께서는 당신의 아들을 사람으로 태어나게 하시기로 창세전부터 계획하셨습니다. 그 계획을 따라 하나님 아버지께서는 당신의 외아들인 성자(聖子) 하나님을 처녀 마리아의 태중에 잉태되게 하셔서 사람의 아들(人子)이 되게 하셨습니다.

모든 사람은 아담의 후손이기 때문에 태어날 때부터 죄인입니다. 그러나 예수님은 처녀 마리아의 몸에서 육신만을 취해서 이 땅에 오신 하나님이시기 때문에, 예수님은 근본 죄가 없습니다. 그러면 죄가 전혀 없는 하나님께서 육체를 입고 사람으로 오신 이유가

## 요단강에서 세례 요한에게 세례를 받으신 예수님

"또 그 안에서 너희가 손으로 하지 아니한 할례를 받았으니 곧 육적 몸을 벗는 것이요 그리스도의 할례니라 너희가 세례로 그리스도와 함께 장사한바 되고 또 죽은 자들 가운데서 그를 일으키신 하나님의 역사를 믿음으로 말미암아 그 안에서 함께 일으키심을 받았느니라 또 너희의 범죄와 육체의 무할례로 죽었던 너희를 하나님이 그와 함께 살리시고 우리에게 모든 죄를 사하시고"(골 2:11-13).

예수님은 육신을 입고 오신 하나님입니다. 예수님께서는 당신의 육체에 안수의 형식으로 세례를 받아서, 이 세상의 모든 죄를 넘겨 받으려고 이 땅에 육신을 입고 오셨습니다.

세례(洗禮)는 안수(按手)의 형식으로 베풀어집니다. 그리고 **안수는 희생의 제물에게 사람의 죄를 넘기는 하나님의 공의한 법**입니다. 죄인이 흠 없는 양이나 염소의 머리에 손을 얹어서 **안수함**으로써 자신의 죄를 그 제물의 머리에 넘기고, 그 제물의 목을 따서 그 피로써 죗값을 치르게 하고, 제물은 각을 떠서 번제단 위에 불태워서 드렸던 제사가 바로 대속(代贖)의 속죄 제사입니다.

하나님께서는 죄인이 속죄 제사를 드림으로 자신의 죄에 대한 심판으로부터 구원을 받게 하셨습니다. 구약성경에는 이러한 번제(燔祭)의 속죄 제사가 무수히 기록되어 있습니다. 믿음의 조상인 아벨이나 노아, 그리고 아브라함과 이삭과 야곱을 보십시오. 그들은 가는 곳마다 **번제단**을 쌓고 속죄의 제사를 드렸습니다.

믿음의 조상들은 장차 하나님의 아들이 육신을 입고 오셔서 드려 주실 **"한 영원한 제사"**(히 10:12)를 멀리서 바라보고 환영하면서(히 10:12, 11:13), 그 예표인 흠 없는 양이나 염소의 머리에 안수하고 그 제물을 잡아서 번제의 제사를 드렸습니다.

이러한 속죄의 제사가 하나님께 열납(悅納) 되려면 반드시 다음의 세 가지 조건이 충족되어야만 했습니다.

1. 흠 없는 제물
2. 안수(죄를 넘김)
3. 피 흘림(제물의 죽음)

## 대속죄일의 속죄 제사

"아론은 두 손으로 산 염소의 머리에 안수하여 이스라엘 자손의 모든 불의와 그 범한 모든 죄를 고하고 그 죄를 염소의 머리에 두어 미리 정한 사람에게 맡겨 광야로 보낼찌니 염소가 그들의 모든 불의를 지고 무인지경에 이르거든 그는 그 염소를 광야에 놓을찌니라"(레 16:21-22).

이스라엘 백성들은 매년 제7월 제10일(the $10^{th}$ day of the seventh month, 레 16:29)에 대속죄일(大贖罪日)의 속죄 제사를 드렸습니다. 이날에 대제사장 아론은 이스라엘 민족을 대표해서 희생 염소의 머리에 안수해서, 백성 전체가 지난 1년 동안 지은 모든 죄를 그 염소에게 단번에 넘겼습니다.

아론 한 사람이 대표로 아사셀 염소의 머리에 안수했는데, 그 효과는 모든 백성에게 미쳤습니다. 그가 안수함으로 모든 백성의 일 년 치 죄가 그의 어깨를 타고 단번에 아사셀 염소에게 넘어갔기에, 백성들의 마음에는 죄가 없어졌습니다. 백성들의 일 년 치 죄를 짊어진 염소는 죗값을 치루기 위하여 광야에 버려져서 죽었습니다.

이러한 대속죄일의 속죄 제사는 **"장차 오는 좋은 일의 그림자"**(히 10:1)였습니다. 즉 구약의 속죄 제사들은 하나님께서 예수 그리스도를 하나님의 어린양으로 보내셔서 우리의 모든 죄를 단번에 영원히 없애 주실 놀라운 역사의 예고편이었습니다. **"이 뜻을 좇아 예수 그리스도의 몸을 단번에 드리심으로 말미암아 우리가 거룩함을 얻었노라"**(히 10:10)고 선포하신 대로, 예수님께서 자기의 몸을 제물로 삼아 하나님께서 약속하신 영원한 속죄의 제사를 드려 주셨습니다.

예수님은 육신을 입고 오신 하나님입니다. 따라서 그분은 죄가 전혀 없는 분이십니다. 그러면 죄가 전혀 없는 거룩한 예수님께서, 무엇 때문에 당신의 피조물인 세례 요한에게 세례를 받으셨을까요?

사복음서(四福音書)를 살펴보면, 모든 복음서가 예수님께서 세례 요한에게 세례를 받으신 사건을 한결같이 구원 사역의 출발점으로 기록하고 있습니다. 복음서 중에서 가장 먼저 쓰인 마가복음은 아예 **"하나님의 아들 예수 그리스도 복음의 시작이라"**(막 1:1)고 선언한 후에, 세례 요한의 등장을 선포하고 예수님이 그에게 세례를 받았다는 사실을 기록하고 있습니다(막 1:9-11).

성탄절(聖誕節) 즉 크리스마스(Christmas)는 본래 예수님이 태어난 날을 기념하는 날입니다. 그런데 교회사를 살펴보면, 초대교회의 기념일 중에는 "성탄절"이 없었습니다. 초대교회는 오히려 매년 첫 주일을 "예수님의 세례 기념일"로 정하고, 교회의 가장 큰 축일(祝日)로 지냈습니다. 초대교회의 성도들은 그만큼 예수님의 세례를 자신들의 구원에 있어서 가장 중요한 사건으로 확신했다는 증거입니다. 지금도 천주교(가톨릭)에서는 매년 2월 9일부터 15일 사이의 주일을 "예수님의 세례 축일"로 정하고 기념하고 있지만 개신교에서는 예수님의 세례를 중시하거나 기념하지 않습니다.

사복음서(四福音書)에서 예수님의 탄생과 세례에 관한 기록들을 확인해 보면, 아래 표와 같습니다. 이 표를 보면, 예수님의 탄생에 관해서는 마태와 누가의 두 복음서에만 기록되어 있습니다. 그러나 예수님의 세례에 관해서는 모든 복음서가 빠짐없이 기록하고 있습니다. 이 점을 보더라도 예수님께서 받으신 세례가 얼마나 중요한가를 확인할 수 있습니다.

| 기록의 내용 | 마태복음 | 마가복음 | 누가복음 | 요한복음 |
|---|---|---|---|---|
| 예수님의 탄생에 관한 기록 | O | X | O | X |
| 예수님의 세례에 관한 기록 | O | O | O | O |

모든 복음서 중에서 마태복음은 예수님께서 세례 요한에게 안수의 형식으로 받으신 세례에 대하여 가장 자세하게 기록하고 있습니다.

"이 때에 예수께서 갈릴리로서 요단강에 이르러 요한에게 세례를 받으려 하신대 요한이 말려 가로되 내가 당신에게 세례를 받아야 할 터인데 당신이 내게로 오시나이까 예수께서 대답하여 가라사대 이제 허락하라 우리가 이와 같이 하여 모든 의를 이루는 것이 합당하니라 하신대 이에 요한이 허락하는지라

예수께서 세례를 받으시고 곧 물에서 올라 오실째 하늘이 열리고 하나님의 성령이 비둘기 같이 내려 자기 위에 임하심을 보시더니 하늘로서 소리가 있어 말씀하시되 이는 내 사랑하는 아들이요 내 기뻐하는 자라 하시니라"(마 3:13-17)

"예수님은 성자(聖子) 하나님이신데 왜 당신의 피조물인 세례 요한에게 세례를 받으셨습니까?"라고 기독교인들에게 물어보면, 그들은 대답을 잘 못합니다. 한참을 망설이다가 기껏해야, "예수님은 겸손의 표양(表樣)을 보이려고 세례를 받으셨다"라고 대답하는 이들이 있습니다. 또 "그것은 하나님 아버지께서 예수를 메시아라고 공표한 메시아 선포식이었다"라고 대답하는 이가 더러 있습니다.

그러나 방금 읽은 마태복음 3장의 말씀을 살펴보면, 그런 주장은 옳지 않습니다. 예수님께서 세례 요한에게 세례를 받으러 다가오셨습니다. 세례 요한은 자기에게 오시는 분이 육신을 입고 오신 성자(聖子) 하나님인 줄을 곧 알아보고, 어찌할 바를 몰랐습니다. 그래서 그는 얼결에, **"주님, 내가 당신에게 세례를 받아야 할 터인데 어찌하여 당신이 내게로 오시나이까?"** 라고 말씀을 드렸습니다.

그러자 주님께서는, **"이제 허락하라 우리가 이와 같이 하여 모든 의를 이루는 것이 합당하니라"**(마 3:15) 하고 세례 요한에게 준엄하게 명령하셨습니다. "이와 같이 하여"라는 말씀은 "안수의 방법으로" 베푸는 세례를 의미합니다.

그리스도의 비밀   169

出處: 『스테판 원어 성경(신약)』, 1997. p18.

위의 자료에서 보듯이, 마태복음 3:15 절에 **"이와 같이 하여"**라는 말씀은 헬라어로 "οὕτως γὰρ"(hutos gar)인데 이 말씀은 "이와 같은 방법으로"(for thus, in this manner)라는 뜻입니다. "이와 같은 방법"이 무슨 의미이겠습니까? 구약의 속죄 제사에는 반드시 "안수의 방법으로" 죄를 넘기는 절차가 있어야 했습니다.

구약 시대에 속죄 제사가 하나님께 열납(悅納) 되려면 반드시 1) 흠 없는 제물, 2) 안수-죄를 넘김, 3) 피 흘림 (제물의 대속의 죽음)이라는 세 가지 요건이 충족되어야 했습니다. 죄인이 흠 없는 희생 제물의 머리에 안수(按手)를 하면, 그 사람의 죄가 제물에게 넘어가도록 하나님께서는 구원의 법을 세워 주셨습니다. 이것이 하나님이 세운 은혜의 법입니다.

우리들은 죄 가운데 태어나서 평생에 죄를 짓다가 죄로 말미암아 심판을 받고 지옥에 떨어질 수밖에 없는 존재들인데, 하나님께서는 우리를 죄에서 구원하시려고 대속(代贖)의 제사법을 세워 주셨습니다. 즉, 죄인이 희생 제물의 머리에 **"안수"**하여 자기의 죄를 넘긴 후에 그 희생 제물이 대신 피 흘려 죽게 함으로써, 그 죄인은 대속(代贖)의 죄 사함을 받게 하셨습니다.

**대속(代贖)**이란 말은 "대신해서 갚아 준다"라는 뜻입니다. 1970년대에 크게 선풍을 일으켰던 『뿌리』(Roots: The Saga of an American Family)라는 소설이 있습니다. 알렉스 헤일리(Alex Haley)라는 미국의 소설가가 자기 가문의 뿌리를 조사한 내용을 바탕으로 쓴 자전적 소설입니다. 그 소설을 TV 드라마로 제작해서 방영한 것을 저는 보았습니다. 거기 아프리카에서 짐승을 사냥하듯이 잡아온 흑인 노예의 매매 장면을 그린 부분이 있었습니다. 당시에는 흑인 노예들은 가축과 같이 여겼기에 가축을 매매하는 것과 동일하게 노예들을 사고팔았습니다.

만일 그런 시대에 어떤 백인 귀족이 노예 시장에 팔려 나온 한 흑인 노예 처녀를 사랑해서 그를 아내로 삼고자 한다면, 먼저 그 노예 처녀의 주인에게 값을 치르고 그 처녀를 사서 그녀의 노예 증명서를 불태워야 했습니다. 그래야만 그 흑인 처녀는 노예 상태에서 해방되고 자유인이 되어 자신과 결혼할 자격을 얻는 것입니다.

이와 같이 죄의 노예가 되어 비참한 삶을 살고 있었던 우리에게 자녀의 신분과 영생을 주시려고 하나님께서는 당신의 외아들을 아낌없이 우리에게 보내 주셨습니다. 예수님께서는 죄로 말미암아 사단 마귀의 노예로 묶여 살고 있었던 우리를 해방시키러 오셨습니다. 그리고 주님은 당신의 생명을 우리 죗값으로 지불하시고 우리들을 사서서 **"우리를 거스리고 우리를 대적하는 의문에 쓴 증서를 도말하시고 제하여 버리사"(골 2:14) 우리를 모든 죄에서 온전히 해방시켜 주셨습니다.

예수님은 모든 인류의 죄를 대속하기 위해서 육신을 입고 오신 성자(聖子) 하나님입니다. 예수님은 요단강에서 인류의 대표자인 세례 요한에게 안수의 형식으로 세례를 받으셨습니다. 그때에 예수님은 세례 요한에게, "너는 내 머리에 안수를 베풀어서 이 세상의 모든 죄를 단번에 넘기라"라고 명령하셨습니다: **"이제 허락하라 우리가 이와 같이 하여 모든 의를 이루는 것이 합당하니라"**(마 3:15). 예수님께서 받으신 세례가 우리를 모든 죄에서 구원하기 위한 의로운 사역의 시작입니다.

## 인류의 대표자인 세례 요한의 안수

흠 없는 어린양으로 오신 예수님은 요단강에서 세례 요한에게 안수의 형식으로 세례를 받으셨습니다. "그 세례"(행 10:37)로 이 세상의 모든 죄가 예수님께 온전히 넘어갔습니다.

예수님께 세례를 베푼 세례 요한은 누구입니까? 세례 요한은 대제사장 아론의 직계 후손이며 인류의 대표자입니다. **"유대 왕 헤롯 때에 아비야 반열에 제사장 하나가 있으니 이름은 사가랴요 그 아내는 아론의 자손이니 이름은 엘리사벳이라"**(눅 1:5).

다윗 왕이 통치하던 시대에는 아론의 후손인 레위 족속 제사장들이 너무 많아졌습니다. 그래서 다윗 왕은 아론의 손자 24명의 족보를 따라 제사장들을 반(班) 편성하고, 순서가 되면 해당 반의 제사장들이 보름씩 직무를 수행하도록 제사장 제도를 정비했습니다. 세례 요한의 아버지 사가랴는 아비야 반열에 속한 제사장이었고, 아비야 반열(班列)은 총 24반 중에서 제8반이었습니다(대상 24:10). 아비야는 아론의 손자 24명 중의 한 사람이니, 세례 요한은 대제사장 아론의 직계 후손입니다.

또 예수님은 세례 요한에 대해서, **"여인의 몸에서 난 자 중에 세례 요한보다 큰 이가 일어남이 없도다"**(마 11:11)라고 증거하셨습니다. 그러니 세례 요한은 인류 중에서 가장 큰 자, 곧 **인류의 대표자**입니다. 대속죄일(大贖罪日)마다 아사셀 염소에게 대표로 안수해서 이스라엘 백성의 일 년 치 죄를 단번에 넘겼던 대제사장 아론의 직분을 이어받은 세례 요한은 이스라엘 민족만의 대표자가 아니라 인류 전체의 대표자로서 인류의 모든 죄를 어린양으로 오신 예수님에게 단번에 넘기는 안수의 세례를 행한 분입니다.

**"예수께서 가라사대 이제 허락하라 우리가 이와 같이 하여 모든 의를 이루는 것이 합당하니라 하신대 이에 요한이 허락하는지라"**(마 3:15). 인류의 대표자 세례 요한은 하나님의 어린양으로 오신 예수님에게 안수의 형식으로 세례를 베풀었습니다. **안수**를 하면 **죄가 넘어가도록** 정하신 것이 **하나님의 공의한 법**입니다. 인류의 대표자가 **"이와 같이"** 즉, 안수의 방법으로 세례를 베풀어서 전 인류의 죄를 예수님께로 단번에 넘겼습니다.

"모든 의(all righteousness)"라는 말씀을 헬라어 성경에서 찾아보면, "파산 디카이오순넨"(πασαν δικσιοσυνην)으로 기록되어 있습니다. "모든 의"라는 말씀에서 의(義)라는 뜻을 나타내는 "디카이오순넨"은 "옳은" 또는 "법적으로 승인된"이란 뜻의 형용사 "디크"(dike)에서 파생된 "디카이오스"(dikaios)의 명사형입니다. 따라서 "디카이오순넨"(δικσιοσυνην)은 "법률적으로 정당함"이라는 뜻입니다.

그리스도의 비밀   173

인류의 대표자이고 대제사장 아론의 후손인 세례 요한이 인류의 죄를 짊어지러 오신 하나님의 어린양에게 안수(按手)의 형식으로 세례를 베풀었습니다. "그 세례"(행 10:37)를 통해서 세상 모든 죄가 공의하게(합법적으로) 예수님께로 단번에 넘어갔습니다. 그 결과 이 세상에는 "모든 의"(all righteousness)가 이루어졌습니다. 이 세상의 모든 죄를 예수님께로 온전히 넘겨서 영원한 속죄를 이뤄 주신 주님의 사역으로 인해서, 이제 이 세상에는 죄가 전혀 없습니다. 그리고 이 사실을 믿는 자는 하나님의 은혜로 죄 사함을 받고 의인으로 거듭나게 되었습니다.

모든 인류의 죄는 예수님께서 받으신 세례로 이미 예수님에게 다 넘어갔고 예수님은 십자가에서 피를 흘려서 그 모든 죄를 속량하셨기 때문에, 이 세상에는 분명 죄가 없습니다. 이제 진리의 원형복음(原形福音)을 믿는 자는 마음에 흰 눈같이 죄 사함을 받고 의인으로 거듭나게 되었습니다.

우리는 스스로의 노력으로는 도저히 죄에서 벗어날 수 없는 "행악의 종자"(사 1:4)들이었습니다. 그러나 우리를 사랑하시는 하나님께서 "이와 같이 하여 모든 의"(마 3:15)를 이루어 주셨습니다. 예수님께서 물과 피로 임하셔서 우리의 모든 죄를 없애 주셨기에, 이 세상에는 "모든 의"가 **합당하게** 이루어졌습니다. 하나님께서는 전능하셔서 시공을 초월한 구원의 사역을 완벽하게 성취하시고, 우리에게 모든 의를 이루어 주셨습니다. 이제 진리의 복음을 믿는 우리는 "**그리스도 예수 안에 있는 구속으로 말미암아 하나님의 은혜로 값 없이 의롭다 하심을 얻은 자**"(롬 3:24)가 되었습니다.

## 세상 죄를 지고 가신 하나님의 어린양

세례를 받으신 이튿날, 세례 요한은 어제 자기에게 세례를 받으신 예수님께서 자기 앞을 지나가시는 것을 보고 자신의 제자들에게, **"보라 세상 죄를 지고 가는 하나님의 어린양이로다!"**(요 1:29)라고 선포했습니다. 예수님께서 세례를 받으심으로 **세상 죄가 예수님에게** 온전히 넘어갔습니다. 주님은 이제 짊어진 세상 죄의 대가를 지불하기 위해서 십자가로 가셨습니다. 이 관계를 표로 그려 보면 다음과 같습니다.

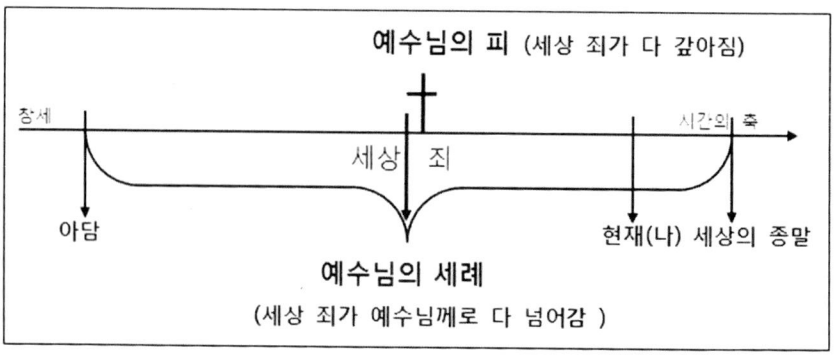

지금부터 약 2,000 년 전에, **예수님께서 받으신 세례로 세상의 모든 죄가 예수님께 다 넘어갔습니다.** 그리고 예수님께서는 십자가에 못 박혀서 당신의 생명(피)으로 그 모든 죄의 대가를 다 지불해 주셨습니다.

주님께서 십자가 위에서 숨을 거두시기 직전에 **"다 이루었다"**(요 19:30)라고 크게 외치셨습니다. 무엇을 **"다 이루었다"**라는 말씀입니까? 인류의 모든 죄를 없애는 사역을 공의(公義)하게 **"다 이루었다"**라는 말씀입니다.

그러면 이제 세상에 죄가 있습니까, 없습니까? 없습니다.

이제 주님께서 이미 대가를 지불해서 없애 주신 세상 죄 안에 당신의 죄도 포함되었습니까, 아니면 당신의 죄는 포함되지 않았습니까? 예수님께서 세례 받으실 때에 당신의 모든 죄도 넘어갔습니까, 아니면 넘어가지 않았습니까? 당신의 죄도 저의 죄도, 죽을 때까지 짓는 우리의 모든 죄들은 이미 예수님께로 다 넘어가서 주님께서 흘리신 피로 온전히 도말(塗抹)되었습니다.

이제 **"물과 피로 임"**(요일 5:6)하신 주님께서 드려 주신 **"한 영원한 제사"**(히 10:12)를 믿는 자들은 죄가 전혀 없는 의인들이 되었습니다. 나의 의지나 행위와는 아무 상관없이 하나님 편에서 구원의 사역을 완성시켜서 우리에게 선물로 주셨습니다.

하나님 편에서 일방적으로 구원의 사역을 완성시켜 주지 않았더라면, **우리 스스로는 절대로 구원을 얻을 수 없는 자들**이었습니다. 그래서 하나님께서는 우리를 불쌍히 여기시고 당신의 외아들 예수님을 육체로 이 땅에 보내 주셔서 우리에게 **하나님의 의(義)**를 이뤄 주셨습니다.

## 세례는 그리스도의 비밀

예수님께서 받으신 **"그 세례"**(the Baptism, 행 10:37)가 **구원의 비밀**입니다. **"그 세례"**를 모르면 예수 그리스도를 제대로 알 수 없습니다.

사도 베드로가 가이사랴의 백부장 고넬료의 집에서 복음을 전할 때에, "곧 요한이 그 세례를 반포한 후에 갈릴리에서 시작되어 온 유대에 두루 전파된 그것(복음)을 너희도 알거니와 하나님이 나사렛 예수에게 성령과 능력을 기름 붓듯 하셨으매 저가 두루 다니시며 착한 일을 행하시고 마귀에게 눌린 모든 자를 고치셨으니 이는 하나님이 함께 하셨음이라"(행 10:37-38)고 선포했습니다.

사도들이 이방인들에게 복음을 전할 때에는 이렇게 **"세례들과 안수"**(히 6:2)에 관한 교훈을 반드시 전했습니다. 사도 베드로는 로마의 백부장인 이방인 고넬료에게 복음을 전하면서, 예수님께서 세례 요한에게 받으신 **"그 세례"**가 **복음의 핵심**임을 밝히고 있습니다.

그런데 대부분의 기독교인들은 예수님이 하나님의 아들인 것과 예수님이 십자가에 못 박혀 돌아가신 것은 알고 믿지만, 예수님께서 받으신 **"그 세례"**의 능력에 대해서는 전혀 알지 못합니다. 그 결과, 그들의 죄가 그들의 마음에 고스란히(intact) 남아 있습니다. 그런 이들을 기독죄인들(Christian sinners)이라고 부릅니다. 기독죄인(基督罪人)들은 예수님을 열심히 믿고도 죄 사함을 받지 못해서 지옥의 형벌을 받게 될 터이니 참으로 안타까운 일입니다.

**"그 세례"**의 능력을 믿지 않는 기독죄인들은 자기의 죄가 예수님께 넘어간 적이 없기 때문에 예수님을 아무리 믿어도 마음의 죄가 없어질 수 없습니다. 그러나 **"그 세례"**(the Baptism) 즉 **예수님의 세례**를 알고 믿는 사람은 단번에 죄 사함을 받고 **마음에 할례**를 받게 됩니다. 이 할례는 돌칼로 양피를 베어 버렸던 육체의 할례가 아니라, 복음 말씀의 칼로 마음의 죄가 뚝 끊어져 나가는 **마**

음의 할례입니다. 마음에 할례가 바로 육적(肉的) 몸, 즉 죄의 몸을 벗어버리는 할례입니다.

"또 그 안에서 너희가 손으로 하지 아니한 할례를 받았으니 곧 육적 몸을 벗는 것이요 그리스도의 할례니라 너희가 세례로 그리스도와 함께 장사한바 되고 또 죽은 자들 가운데서 그를 일으키신 하나님의 역사를 믿음으로 말미암아 그 안에서 함께 일으키심을 받았느니라"(골 2:11-12).

예수님께서는 인류의 대표자이고 아론의 후손인 세례 요한에게 안수의 형식으로 세례를 받으셨습니다. "그 세례"로 세상의 모든 죄가 예수님께로 온전히 넘어갔습니다. 그러면 예수님께서 받으신 세례를 믿는 우리들에게는 어떤 일이 일어납니까? 우리들의 마음에서 죄가 뚝 끊어져 나가서, 우리는 **죄 사함을 받은 의인**이 됩니다.

"할례는 마음에 할찌니 신령에 있고 의문에 있지 아니한 것이라"(롬 2:29).

예수님께서 받으신 세례를 믿을 때에 우리는 **마음에 할례**를 받게 되고, 예수 그리스도와 합하여 받은 세례로 우리의 옛사람이 십자가에서 주님과 함께 죽어서 장사된 은혜를 입게 됩니다. 예수님의 세례와 십자가의 보혈을 믿는 사람에게는 이제 더 이상 죄가 없습니다. 이것이 진리의 원형복음입니다.

## 말씀을 믿는 믿음

"아이구 참, 말도 되지 않는 소리를 하네, 지금도 우리는 죄를 밥 먹듯이 짓는데, 당신은 물과 피의 복음을 믿으면 죄가 없다고?

앞으로 죄를 지어도 그 죄까지 이미 예수님이 없애 놓았다고? 그러면 당신은 죄를 막 지어도 되겠네! 말이나 되는 소리를 하세요!"

어떤 사람은 진리의 원형복음을 듣고서 자기 머리로는 도저히 이해가 되지 않는다고 이렇게 우리에게 대적합니다. 또 어떤 이는, "예수님이 죄를 다 가져갔다면, 우리가 왜 또 죄를 짓나요? 당신이 전하는 복음이 맞는다면, 이제는 우리의 모든 죄가 씻어졌으니 더 이상 죄도 짓지 않아야 할 것이 아니오?"라고 억지를 부리기도 합니다.

그러나 믿음이란 기록된 **하나님의 말씀을 믿는 것**입니다. 내 생각에는 이해가 되지 않아도 하나님의 말씀이 "그러하다" 하면 그 말씀이 진리라고 확신하는 것이 믿음입니다. "내 생각"은 사단 마귀가 오랫동안 거짓말로 세뇌(洗腦) 시킨 결과이며 거짓으로 지어진 허상의 마을(정신세계)입니다. 우리는 사단 마귀가 지어 놓은 거짓의 마을에서 벗어나야 합니다.

예수님께서 벳새다의 소경의 눈을 뜨게 하실 때에도, 주님은 먼저 그를 마을 밖으로 데리고 나가셨습니다. 그러므로 하나님의 말씀을 대할 때에는, 일단 자기 생각을 내려놓고 하나님의 말씀이 "그러한가, 그러하지 않은가"만을 분별해서 말씀이 그러하다고 하면, 그 말씀을 믿어야 합니다.

지금부터 약 2,000 년 전에 성자(聖子) 하나님께서 육체로 오셔서, 인류의 대표자인 세례 요한에게 단 한 번 세례를 받으셨지만 **"그 세례"**의 효력은 첫 사람 아담에서부터 세상 종말까지의 모든 사람들의 죄를 단번에 예수님께로 넘겼던 능력의 세례였습니다. 예수님은 **"그 세례"**로 이 세상의 죄를 싹싹 쓸어다가 당신의 육체 위에 온전히 짊어지셨습니다. 이것이 하나님의 진리의 말씀입니다.

예수님께서 받으신 **"그 세례"**로 주님은 세상의 모든 죄를 온전히 짊어지셨습니다. 그리고 십자가에 오르셔서 당신의 보혈로 그 모든 죄의 값을 지불해서 다 없애 주셨습니다.

그러면 이제 이 세상에 죄가 있습니까, 없습니까? 없습니다! 할렐루야! 성자(聖子) 하나님께서 이 세상의 모든 죄를 다 없애 주셨습니다. 이것이 팩트(fact)이고 진리입니다.

그런데 기독죄인들(Christian sinners)은 굳어진 자기 생각을 고집하면서 진리의 말씀을 받아들이지 않습니다. 그래서 사도 바울도 하나님의 말씀을 거부하는 강퍅한 자들을 향해서, **"다만 네 고집과 회개치 아니한 마음을 따라 진노의 날 곧 하나님의 의로우신 판단이 나타나는 그 날에 임할 진노를 네게 쌓는도다"**(롬 2:5)라고 탄식했습니다.

우리는 자기 생각과 고집을 버려야 합니다. 육신의 생각은 항상 악하며 하나님을 대적합니다. 예수님께서 세례 요한에게, **"이제 허락하라 우리가 이와 같이 하여 모든 의를 이루는 것이 합당하니라"**(마 3:15) 하고 명령하시자, 요한은 자기 생각을 버리고 순종했습니다. 우리도 주님의 진리의 말씀을 듣거든, "예 그렇습니다! 예수님께서 받으신 세례로 저의 모든 죄가 예수님께로 다 넘어갔습니다! 아멘!" 하고 믿음으로 받아들이는 것이 마땅합니다.

## 십자가에서 흘린 대속의 보혈

받으신 **"그 세례"**로 세상 죄를 온전히 짊어지신 예수님은 십자가로 가셨습니다. 예수님께서는, 우리가 죽어야 할 그 자리에, 우리를 대신해서 못 박히셨습니다. 주님께서는 십자가에 여섯 시간 동안 매달려서 당신의 거룩한 피를 다 쏟으셨습니다. 예수님은 "그 세례"로 짊어진 인류의 모든 죄의 대가를 당신의 생명(피)으로 온전히 지불하셨습니다. 인류의 죄를 다 짊어지신 예수님은 **"생명이 피에 있으므로 피가 죄를 속하느니라"**(레 17:11)고 기록된 말씀을 따라, 갈보리 언덕의 십자가에 못 박혀서 당신의 모든 피를 다 쏟으심으로 우리가 받아야 할 심판을 대신해서 다 받아 주셨습니다.

예수님께서는 십자가에서 숨을 거두시기 직전에 마지막으로 **"다 이루었다"**(요 19:30)라고 크게 외치셨습니다. 그 외침은 우리의 모든 죄를 깨끗이 없애신 예수님의 구원 사역이 완성되었다는 주님의 선포였습니다.

예수님이 **"다 이루었다"**라고 외치신 그 순간에, 성전의 지성소(至聖所) 앞을 가로막고 있었던 휘장이 위에서 아래까지 큰 폭으로 쫙 찢어졌습니다(마 27:51, 막 15:38, 눅 23:45). 이로써 하나님의 보좌 앞으로 나가는 길이 활짝 열렸습니다. 이제 예수님께서 드려주신 **"한 영원한 제사"**(히 10:12)를 믿는 이들은 누구든지 하나님의 보좌 앞에 담대히 나아갈 수 있게 되었습니다.

**"그러므로 형제들아 우리가 예수의 피를 힘입어 성소에 들어갈 담력을 얻었나니 그 길은 우리를 위하여 휘장 가운데로 열어 놓으신 새롭고 산 길이요 휘장은 곧 저의 육체니라"** (히브리서 10:19-20).

첫 언약 아래서 동물의 피로 제사를 드릴 때에는 아무나 또 아무 때나 지성소에 들어갈 수 없었습니다. 오직 일 년에 한 번 대속죄일에만, 그것도 향연(香煙)으로 성소 안을 가득 채워서 앞이 보이지 않게 하고, 대제사장만 홀로 희생 제물의 피를 들고서 두렵고 떨리는 마음으로 하나님께서 임재(臨在)하시는 지성소에 들어갈 수 있었습니다. 죄인이 하나님 앞에 서면 그는 심판을 받고 죽임을 당하기 때문이었습니다.

그런데 이제는 예수님께서 받으신 **"그 세례"**로 모든 인류의 죄를 다 넘겨받으셨고 십자가에서 우리를 대신해서 모든 죄의 심판을 온전히 받아 주셨기 때문에, 누구든지 **"그 세례"의 복음**을 믿는 자는 하나님의 은혜의 보좌 앞에 담대히 나아갈 수 있게 되었습니다.

## 비밀 중의 비밀

예수님께서 인류의 대표자인 세례 요한에게 받으신 **"그 세례"**(the Baptism, 행 10:37)가 비밀 중의 비밀입니다. 비밀이라는 것이 무엇입니까? 거의 모든 사람들이 모르는 것이 비밀입니다. 다 알고 있는 사실은 더 이상 비밀이 아닙니다. 극소수의 사람만이 알면서 "너만 알고 있어" 하고 은밀하게 전하는 것이 비밀입니다.

예수님이 세례 요한에게 받으신 **"그 세례"의 비밀**을 아는 사람은 참으로 희귀합니다. **"그 세례"의 비밀**을 모르면 하나님께서 어떻게 우리를 모든 죄에서 구원하셨는지를 알 수 없습니다. 오늘날의 기독교인들은 **"그 세례"의 비밀**을 모르기 때문에 예수 그리스도에 대해서 아무리 오랫동안 배우고 믿어도 예수님을 제대로 알지 못합니다. 그러나 누구든지 예수 그리스도께서 받으신 **"그 세례" 의 비밀**을 알고 믿으면 죄 사함을 받고 거듭날 수 있고, 또 예수님이 누구신지 밝히 알게 됩니다.

예수님께서 요단강에서 세례를 받으실 때에 나의 모든 죄가 예수님께 단번에 넘어갔다고 성경은 분명히 선포합니다. 만일 여러분이 **"그 세례"**의 **능력**을 믿는다면, 이제 여러분에게 죄가 없습니다. 이제 여러분은 마음에 죄가 전혀 없는 의인이 되었습니다.

**"그 세례"**의 **능력**을 믿음으로 우리 마음의 죄가 뚝 끊어져서 예수님께 다 넘어갔습니다. 하나님의 은혜로 여러분은 마음에 할례를 받은 것입니다. **"할례는 마음에 할찌니 신령에 있고 의문에 있지 아니한 것이라"**(롬 2:29)는 말씀대로, 우리는 마음에 할례를 받았습니다. 그래서 마음이 시원하고 **"유쾌하게 되는 날이 주 앞으로부터"**(행 3:19) 임했습니다.

요단강에 임하신 예수님께서 인류의 대표자인 세례 요한에게 안수의 형식으로 세례를 받으셨을 때에, 저와 여러분의 모든 죄는 이미 예수님께로 다 넘어갔습니다. 예수님께서 받으신 **"그 세례"**의 **능력**을 믿음으로 **죄인이 의인으로 변화된** 것입니다.

여러분은 이제 **마음에 할례**를 받았습니까? 저도 마음에 죄가 많았던 사람입니다. 그런데 예수 그리스도의 비밀인 **"그 세례"**의 **능력**을 믿었더니 마음에 할례를 받고 죄가 전혀 없는 의인이 되었습니다. 저는 이와 같이 **"그 세례"**와 **십자가의 보혈의 능력**이 담긴 **"물과 피의 복음"**을 믿어서 의인으로 거듭났습니다.

육신을 입고 오신 성자(聖子) 하나님은 모든 인류를 죄와 사망에서 구원하시려고 자기의 몸을 영원한 속죄의 제물로 드리셨습니다. 그 결과 우리가 **"죄 없이 함"**(행 3:19)을 받았습니다. 이제 **"이 뜻을 좇아 예수 그리스도의 몸을 단번에 드리심으로 말미암아 우리가 거룩함을 얻었노라"**(히 10:10) 하신 말씀이 우리에게 이루어졌습니다.

우리에게 임한 죄 사함의 축복은 참으로 놀라운 은혜입니다. 우리는 믿음으로 죄가 없는 거룩한 자가 되었습니다. 우리는 믿음으로 거듭났고 하나님 앞에서 의인들이 되었습니다. 우리의 구원은 육신을 입고 오신 성자(聖子) 하나님께서 친히 받으신 세례와 십자가의 피로 완성되었습니다.

## 세 개의 열쇠가 다 있어야

"대저 하나님께로서 난 자마다 세상을 이기느니라 세상을 이긴 이김은 이것이니 우리의 믿음이니라 예수께서 하나님의 아들이심을 믿는 자가 아니면 세상을 이기는 자가 누구뇨

이는 물과 피로 임하신 자니 곧 예수 그리스도시라 물로만 아니요 물과 피로 임하셨고 증거하는 이는 성령이시니 성령은 진리니라 증거하는 이가 셋이니 성령과 물과 피라 또한 이 셋이 합하여 하나이니라"(요일 5:4-8).

예수님께서는 **물과 피와 성령**의 증거를 따라 이 땅에 임하셨습니다. 죄인은 이 세 증거를 다 믿어야만 거듭나서 의인이 됩니다. 그리고 거듭난 자만이 세상을 이깁니다. "**증거하는 이가 셋이니 성령과 물과 피라 또한 이 셋이 합하여 하나이니라**"라고 하신 말씀은, 이 세 가지 진리 중에서 어느 하나라도 믿지 않으면 온전한 구원을 얻을 수 없다는 뜻입니다.

"**성령**"은 "예수님은 육신을 입고 오신 성자(聖子) 하나님이시다"라고 증거합니다. 그리고 "**물**"은 예수 그리스도께서 요단강 물에서 받으신 세례를 의미하는데, "**그 세례**"(the Baptism, 행 10:37)로 세상 죄가 예수님께로 다 넘어갔다고 증거합니다. "**피**"는 예수님께서 십자가에서 죽으심으로 세상의 모든 죄를 완벽하게 대속했다고 증거합니다. 그리고 이 세 증거가 "**합하여 하나**"라는 말씀은, 이 세

증거가 다 있어야 온전한 복음이라는 뜻입니다. 이 **세 증거**를 다 믿는 믿음이 바로 거듭난 자의 믿음이고, 세상을 이기는 믿음입니다.

예로 들어보겠습니다. 아파트 현관문은 보통 철문으로 되어 있는데, 거기 자물쇠가 세 개 달려 있다고 칩시다. 지금 이 세 개의 잠금 장치가 모두 잠겨 있는데, 나에게는 열쇠가 두 개밖에 없습니다. 그러면 그 집에 들어갈 수 있겠습니까? 없습니다. 위 아래 두 개의 잠금 장치는 열었지만 가운데 자물쇠의 열쇠가 없기 때문에, 결국 그 집 안에 못 들어갑니다. 세 개의 열쇠 중에서 하나라도 없다면, 셋 다 없는 것과 마찬가지입니다.

이와 같이 예수님께서 받으신 **"그 세례"**의 능력을 믿지 않는 기독교인은 아예 예수님을 믿지 않는 사람과 똑같이 천국의 영생에 들어가지 못합니다. 거룩한 영이신 성자 하나님께서 **"물과 피로 임"**(요일 5:6)하셔서 우리의 모든 죄를 없애 주셨습니다. 피로만 임하시지 않고 물과 피로 임하셨습니다.

자전거의 두 바퀴 중에서 앞바퀴를 떼어 버린 자전거를 온전하다고 할 수 있겠습니까? 그러나 불행하게도 오늘날의 기독교인들은 예수님의 피만으로 구성된 반쪽짜리 복음이 진리라고 철석같이 믿고 있습니다. 그래서 그들은 한결같이 마음에 죄를 고스란히 품고 신앙생활을 하다가 끝내 지옥에 가게 됩니다.

**"그러므로 이제 그리스도 예수 안에 있는 자에게는 결코 정죄함이 없나니 이는 그리스도 예수 안에 있는 생명의 성령의 법이 죄와 사망의 법에서 너를 해방하였음이라"**(롬 8:1-2).

**물과 피와 성령의 세 가지 증거를 다 믿는 자만이 죄 사함을** 받고 결코 정죄함이 없는 의인이 되어 그리스도 예수 안에 거합니다. 예수님은 거룩하신 하나님입니다. **결코 정죄(定罪)함이 없는 의인**이라야 예수님 안에 거할 수 있습니다. 죄인은 결코 주님 안에 거할 수 없습니다.

예수님 안에 들어가려면 구원의 열쇠(key) 세 개가 다 있어야 합니다. "예수님은 육신으로 오신 성자 하나님이시다. 예수님께서는 인류의 대표자인 세례 요한에게 세례를 받으심으로 세상의 모든 죄를 온전히 담당하셨다. 그리고 예수님께서는 십자가에 못 박혀 돌아가심으로 우리의 죄를 다 갚아 주셨다"라는 그리스도의 비밀이 영생에 들어가는 세 개의 열쇠입니다.

저도 예전에는 하나님이신 예수님이 왜 인간인 세례 요한에게 세례를 받았는지에 대해 제대로 알지 못했습니다. 그때에는 "**무릇 그리스도 예수와 합하여 세례를 받은 우리는 그의 죽으심과 합하여 세례 받은 줄을 알지 못하느뇨**"(롬 6:3)라고 하신 말씀이나, 또 "**내가 그리스도와 함께 십자가에 못 박혔나니**"(갈 2:20), 또는 "**누구든지 그리스도와 합하여 세례를 받은 자는 그리스도로 옷 입었느니라**"(갈 3:27)는 말씀이 무슨 뜻인지를 도무지 알 수 없었습니다.

그러나 "**그 세례의 비밀**"을 알고 믿은 후에는 예수님께서 받으신 세례로 저의 옛사람이 예수님과 연합되어 십자가에서 함께 죽었기 때문에, 예수님의 죽으심이 저의 죽음이 되었습니다. 그리고 주님의 완전한 구원의 사역을 믿는 우리는 예수님께서 부활하실 때에 우리의 영이 주님의 복음 안에서 죄가 없는 의인의 영으로 부활했다는 사실도 알게 되었습니다.

예수님께서 세례 요한에게 안수의 형식으로 세례를 받으셨을 때에, 당신의 모든 죄가 예수님께 넘어갔습니까, 넘어가지 않았습니까? 넘어갔습니다! 예수님께서 받으신 세례로 당신의 옛사람이 예수님과 연합되었기에, 예수님께서 못 박히신 때에 당신의 죄의 몸도 주님과 함께 죽었습니다. 그래서 이제 우리는 **"죄와 상관없이"**(히 9:28) 다시 오실 주님을 기다리게 되었습니다.

예수님께서 받으신 세례의 비밀을 깨달은 사람은 하늘의 축복을 이미 받은 사람입니다. 그 비밀을 알고 믿는 자는 거듭나서 하나님의 자녀의 영광을 누리게 됩니다. 이제 저와 여러분은 예수 그리스도께서 받으신 세례라는 비밀의 열쇠를 얻었고, 그 열쇠로 그리스도 예수 안에 당당히 들어가게 되었습니다.

거듭난 우리는 또한 **물과 피의 복음**을 전파하는 하나님의 일꾼들이 되었습니다. **물과 피의 복음**이 진리의 원형복음입니다. 이 복음과 다른 것들은 다 사이비(似而非) 복음이며 아무 능력이 없는 가짜 복음입니다.

## 온전히 믿지 아니하면
## 진리의 복음도 아무 소용이 없습니다

하나님께서 당신의 외아들 예수 그리스도를 우리에게 화목 제물로 보내 주셔서 우리에게 완전한 구원의 은총을 베풀어 주셨습니다. 예수님께서 **물과 피와 성령으로 임하셔서** 우리를 모든 죄에서 해방시켜 주셨습니다. 우리에게 그리스도의 비밀인 예수님의 세례를 알게 하시고 믿게 하신 하나님께 감사를 드립니다.

그런데 만일 여러분이 주님께서 선포하신 해방의 소식을 듣고도 믿지 않으면, 능력의 복음도 여러분에게 아무 효력이 없습니다. **"물과 피로 임"**(요일 5:6)하신 예수님은 세상 죄를 전부 담당해서

그리스도의 비밀   187

온전히 갚아 주셨건만, 그 사실을 듣고도 믿지 않는 자는 여전히 죄의 사슬에 묶여 있을 수밖에 없습니다.

저는 말씀을 전하러 괌(Guam)에 몇 번 갔었습니다. 그런데 그곳에서 아주 재미있는 실화(實話)를 들었습니다. 태평양 전쟁이 한참일 때에 괌이나 사이판 같은 섬들은 미군과 일본군 간의 전투가 매우 치열했습니다. 일본군은 자기들의 본토가 점령당하는 것을 막기 위해서, 그런 섬들에 배수의 진을 치고 결사적으로 저항했습니다.

그러던 중에 1945년 8월 6일과 9일에 일본의 두 도시, 히로시마와 나가사키에 원자폭탄이 떨어졌습니다. 그 파괴력에 놀란 일왕(日王)은 1945년 8월 15일, 연합군에 "무조건 항복"을 선언했습니다.

참혹하고 지긋지긋했던 세계 대전이 끝나고 평화가 왔습니다. 전쟁이 끝났다는 것은 괌의 땅굴에 숨어 있던 일본군에게도 기쁜 소식이었습니다. 그래서 대부분의 일본군 패잔병들은 미군에게 항복하고 자유를 얻어 본국으로 돌아갔습니다.

그런데 괌(Guam)의 밀림 속에 고립된 한 무리의 일본군이 있었습니다. 그들은 전쟁이 끝났다는 사실을 모른 채 동굴을 파고 숨어 지내다가 세월이 흐르면서 하나 둘 죽었고, 요꼬이(Yokoi Shoichi)라는 일본군 병사 한 사람만 살아남았습니다. 요꼬이는 그때까지 전쟁이 끝났다는 사실을 전혀 믿지 않고 혼자서 여전히 전쟁을 치르고 있었습니다.

그는 1945년 이래로 미군이 비행기에서 살포한 일본어 전단지도 여러 번 받아 보았습니다. 그 전단지는 전쟁이 끝났으니 일본군은 투항하라는 내용이었습니다. 그러나 그는 일본이 패전하고 전쟁은 끝났다는 사실을 전혀 믿지 않았습니다. 전쟁은 실제로 1945년에 끝났지만, 요꼬이는 태평양 전쟁이 끝난 지 27년이 지난 1972년에야 항복을 하고 밀림에서 나왔습니다.

1972년에 밀림에서 나와서 항복한 요꼬이에게는 그제서야 전쟁이 끝났고 평화를 누릴 수 있었습니다. 그렇다면 요꼬이에게는 태평양 전쟁이 1972년에야 끝난 셈입니다. 그때까지 27년간, 요꼬이는 전쟁의 공포 속에서 불안에 떨며 밤잠을 설칠 수밖에 없었습니다.

그와 같이 **예수님께서 우리의 모든 죄를 다 없애 놓으셨다는 사실을 믿지 않는 사람**은 여전히 죄와의 전쟁을 하고 있습니다. 예수님께서는 받으신 **세례**로 우리의 모든 죄를 담당하셨고, 흘리신 **십자가의 피**로 우리의 모든 죗값을 완벽하게 치러서 없애 주셨건만, 그 진리의 복음을 믿지 않는 사람은 여전히 죄 가운데서 두려워하고 신음할 수밖에 없는 것입니다.

그러므로 하나님께서 행하신 역사를 믿지 않는 사람에게는 예수 그리스도께서 완성하신 완전하고도 영원한 구원의 사역이 아무 소용이 없습니다.

우리에게 하나님의 진리의 말씀을 확신하고 믿게 해 주셔서 죄와 사망의 저주에서 해방을 받게 하신 주님을 찬양합니다. 여러분은 베뢰아 사람들(Bereans)처럼 하나님의 말씀을 듣고 **신사적인 마음으로 믿어서**(행 17:11) 하나님의 은혜를 충만하게 누리는 자들이 되기를 바랍니다.

우리에게 그리스도의 비밀이 담긴 "물과 피의 복음"을 주셔서, 우리가 **결코 정죄함이 없는 의인**이 되게 하신 하나님을 찬양합니다.

할렐루야!

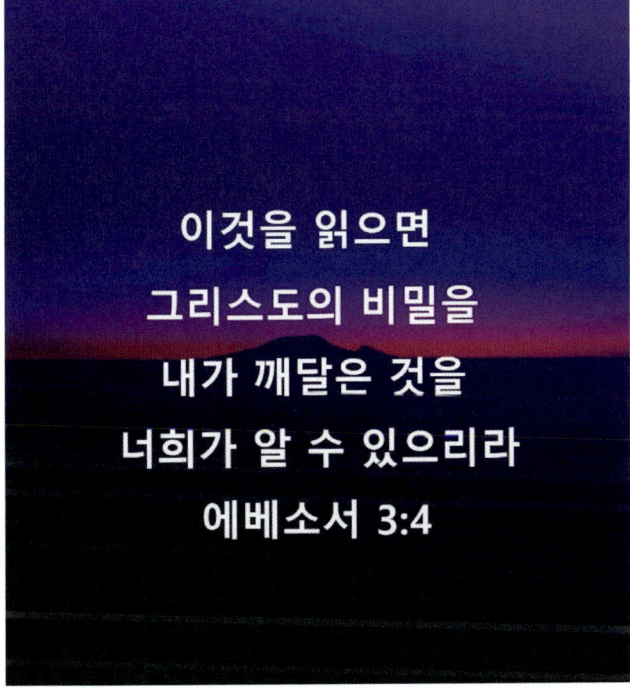

## 거짓 선지자를 삼가라

"너희 제사장들아 이제 너희에게 이같이 명령하노라

만군의 여호와가 이르노라 너희가 만일 듣지 아니하며 마음에 두지 아니하여 내 이름을 영화롭게 하지 아니하면 내가 너희에게 저주를 내려 너희의 복을 저주하리라 내가 이미 저주하였나니 이는 너희가 그것을 마음에 두지 아니하였음이니라

보라 내가 너희의 종자를 견책할 것이요 똥 곧 너희 절기의 희생의 똥을 너희 얼굴에 바를 것이라 너희가 그것과 함께 제하여 버림을 당하리라

만군의 여호와가 이르노라 내가 이 명령을 너희에게 내린 것은 레위와 세운 나의 언약이 항상 있게 하려 함인 줄을 너희가 알리라

레위와 세운 나의 언약은 생명과 평강의 언약이라 내가 이것으로 그에게 준 것은 그로 경외하게 하려 함이라 그가 나를 경외하고 내 이름을 두려워하였으며

그 입에는 진리의 법이 있었고 그 입술에는 불의함이 없었으며 그가 화평과 정직한 중에서 나와 동행하며 많은 사람을 돌이켜 죄악에서 떠나게 하였느니라

대저 제사장의 입술은 지식을 지켜야 하겠고 사람들이 그 입에서 율법을 구하게 되어야 할 것이니 제사장은 만군의 여호와의 사자가 됨이어늘

너희는 정도에서 떠나 많은 사람으로 율법에 거치게 하도다 나 만군의 여호와가 이르노니 너희가 레위의 언약을 파하였느니라"(말라기 2: 1-8).

말라기 선지자는 구약 성경의 마지막 선지자입니다. **말라기(Malachi)**라는 이름은 '나의 사자'(My Messenger), 또는 '나의 대언자'(代言者)라는 뜻입니다. 그는 예수님께서 이 땅에 오신 시점을 기준으로 약 400여 년 전에 살았던 하나님의 종이었습니다.

말라기 선지자가 살았던 시대의 이스라엘은 아주 암담했습니다. 거짓 선지자들과 타락한 제사장들이 득세(得勢)해서 하나님의 이름을 멸시하고 온갖 교설(巧說)로 이스라엘 백성들의 재물을 수탈했습니다. 합법적이고 의로운 제사는 사라졌으며, 이스라엘 백성의 믿음은 무너졌고, 하나님을 경외하는 신실한 종들을 찾아볼 수 없었습니다.

오늘의 기독교의 실상도 말라기 선지자가 살았던 시대의 상황과 매우 흡사합니다. 거듭나지 못한 목회자들이 자기를 "하나님의 종"이라고 스스로 높이면서 온갖 아첨하는 말과 거짓 교리로 영혼들을 유린하고 있습니다. 그들은 교인들로부터 재물을 긁어모아 왕궁 같은 예배당을 짓고 그 안에서 왕 같은 권세를 누리고 있습니다. 그 결과 기독교는 하나님을 믿지 않는 자들에게 "개독교"라고 불리며 모욕과 멸시를 당하고 있습니다.

그렇게 된 책임은 거짓 목회자들에게 있습니다. 그럼에도 죄 사함을 받지도 못한 삯꾼 사역자들이 영적으로 소경인 기독죄인들에게 존경을 받고 있습니다. 게다가 거짓자들의 수효가 거듭난 종들이나 성도들보다 절대적으로 많기 때문에, 거짓 선지자들은 마치 자기들이 참 하나님의 종들인 양 거들먹거리고 있습니다. 지금은 영적으로 암울하고 답답한 시대입니다.

## 하나님의 종을 만나야 합니다

　우리들의 인생에 있어서 **"우리가 누구를 만나느냐"** 하는 것이 매우 중요합니다. 사람은 누구를 만나느냐에 따라서 자신의 삶이 결정된다고 해도 과언이 아닙니다. 어떤 철학자가 "현재의 나는 내가 지금까지 만나온 사람들의 총화(總和, the sum total)에 불과하다"라고 말했습니다. 이 말은 "내가 지금까지 만난 사람들의 가르침과 영향이 합해져서 오늘의 내가 되었다"라는 뜻입니다.

　사람은 누구를 만나느냐에 따라서 그의 삶이 축복으로 귀결되기도 하고 저주로 끝나기도 합니다. 여러분이 어떤 사람을 자기 영혼의 스승으로 삼느냐에 따라서 여러분이 영생을 얻느냐 아니면 지옥 불에 들어가느냐가 결정됩니다. 여러분이 **여호와의 이름을 멸시하는 거짓 제사장**을 만나면 지옥의 영벌(永罰)에 떨어질 것이고, 진리의 복음을 전파하는 **하나님의 종**을 만나면 죄 사함을 받고 천국의 영생(永生)을 얻게 됩니다. 그러니 누구를 만나느냐가 여러분의 인생에 있어서 가장 중요한 일입니다.

　하나님께서는 말라기서 1장에서 타락한 제사장들을 지적하시며, "(그들은) **내 이름을 멸시하는 제사장들**"(말 1:6)이라고 책망하셨습니다. 제사장들은 성막에서 여호와를 섬기는 직분을 수행했습니다. 그들은 백성들을 위해서 속죄의 제사를 드리고 이스라엘 백성들에게 하나님의 도(말씀)를 가르쳤습니다. 제사장들은 하나님을 경외함으로 모든 말씀과 규례를 따라 제사장의 직분을 행해야 했습니다.

　그런데 말라기 선지자의 시대에는 제사장들이 극도로 타락했습니다. 그들은 입술로는 여호와의 이름을 영화롭게 하기 위해서 일

한다고 말했지만, 실상은 악행을 일삼아서 여호와의 이름이 멸시를 받게 되었습니다. 그들은 하나님을 업신여기고 자기의 사욕을 채우는 일에만 혈안이 되어 있었습니다.

## 거짓 제사장들의 행사

"여호와를 멸시하는 거짓 제사장들"은 두 가지 악행을 저질렀습니다.

"너희가 더러운 떡을 나의 단에 드리고도 말하기를 우리가 어떻게 주를 더럽게 하였나이까 하는도다"(말 1:7).

"만군의 여호와가 이르노라 너희가 눈 먼 희생으로 드리는 것이 어찌 악하지 아니하냐 저는 것 병든 것으로 드리는 것이 어찌 악하지 아니하냐"(말 1:8).

이스라엘의 제사장들은 성막(聖幕)에서 일상적으로, 반복적으로 크게 두 직무를 행했습니다.

**첫째로** 제사장들은 조석(朝夕)으로 **상번제(常燔祭)**를 드렸습니다. 상번제는 날마다 아침저녁으로 드리는 번제의 제사입니다. 제사장들은 날마다 아침과 저녁에 흠 없고 일 년 된 숫양을 번제단으로 끌고 와서, 그 머리에 안수하고 거기서 그 양의 목을 땄습니다. 그리고 그 고기는 각을 떠서 번제단에서 하나님께 화제(火祭, offering by fire)로 드렸습니다. 또 고운 밀가루에 기름을 섞어서 드리는 소제와 양(羊)과 함께 독주를 부어 드리는 전제(奠祭, drink offering)도 드렸습니다(민수기 28:1-8).

아침저녁으로 어린양을 번제로 드렸던 상번제(常燔祭)는 하나님의 어린양인 예수 그리스도께서 인류의 대표자인 세례 요한에게 받으신 세례로 인류의 모든 죄를 단번에 담당하시고, 십자가에서 그 모든 죄에 대한 심판을 받아 주심으로 우리의 죄를 도말(塗抹)하실 것을 기념하는 제사였습니다. 하나님께서는 제사장들이 믿음으로 드리는 상번제를 기뻐 받으시고 당신의 백성들에게 은혜와 평강을 내려 주셨습니다.

제사장들이 성막이나 성전에서 반복적으로 행하던 **두 번째 사역**은, 성소 안의 등불을 깨끗하게 관리하고, 거룩한 무교병(無酵餅)을 떡상에 올리는 일이었습니다. 이 떡은 반드시 무교병(無酵餅), 즉 누룩을 넣지 않고 밀가루만으로 만든 떡입니다. 제사장들은 매주에 한 번씩 이스라엘 12지파를 상징해서 무교병 12개를 떡상 위에 올려 여호와께 드렸습니다. 제사장들은 매 칠 일마다 새로 만든 더운 떡을 올렸고, 물려낸 떡은 제사장들이 성소에서 먹었습니다.

그러니까 제사장들이 성막에서 행했던 가장 중요한 두 가지 사역은 날마다 상번제를 드리는 일과 누룩 없는 순수한 떡, 즉 무교병을 드리는 일이었습니다. 여기에 영적으로 중요한 의미가 있습니다.

제사장들은 일 년 된 어린 숫양 두 마리로 조석으로 번제를 드렸는데, 그것은 하나님께서 당신의 아들을 어린양으로 보내셔서 우리의 죄를 다 없애 주실 것이라는 **"의의 복음"**을 날마다 찬양하고 증거했다는 뜻입니다. 그리고 떡상에 무교병(無酵餅)을 올리는 사역은, 제사장들은 인간의 생각이나 사단 마귀가 속여 놓은 거짓 교리 등을 섞지 말고, 하나님의 순수한 말씀만을 백성들에게 가르쳐야 한다는 뜻입니다.

그런데 말라기 시대의 제사장들이 이 두 가지 직무를 온전히 지키지 않았습니다. 첫째로 그들은 더러운 떡을 떡상에 올렸습니다.

그리고 흠이 있는 불법적인 제물로 제사를 드렸습니다. 그래서 하나님은 저들이 드리는 제물을 역겨워하시고, 그 모든 헛된 제사를 폐하기 위해서, **"차라리 성전 문을 닫았으면 좋겠다"**(말 1:10)라고 탄식하셨습니다.

오늘의 기독교도 타락한 제사장들만 우글거렸던 말라기 시대의 성막과 똑같습니다. 그렇게 타락한 교회들은 차라리 문을 닫는 것이 낫습니다.

## 거짓 선지자를 삼가라

예수님은 **"거짓 선지자들을 삼가라 양의 옷을 입고 너희에게 나아오나 속에는 노략질히는 이리라"**(마 7:15)고 말씀하셨습니다. 오늘날 기독교가 세상의 빛이 되기는커녕 오히려 세상의 지탄을 받게 된 것은 근본적으로 **거짓 선지자들** 탓입니다. 우리는 진정으로 거짓 선지자들을 멀리해야 합니다. 그렇지 않으면 그들에게 속아서 그들과 함께 지옥에 떨어지기 때문입니다.

소경이 소경을 인도하면 둘 다 구덩이에 빠져 멸망합니다. 자기도 거듭나지 못한 영적 소경들이 "내가 하나님 종이다. 나를 따라오면 축복을 받는다"라며 거짓말로 영혼들을 속입니다.

어리석은 자들은 그들의 반드레한 말이나 외모만 보고 그들을 참된 하나님의 종이라고 착각하고 따라갑니다. 그래서는 죄 사함을 받지 못할 뿐만 아니라 모든 재물까지도 다 빼앗기고 결국은 지옥에 떨어집니다. 그렇기 때문에 주님께서는 **"거짓 선지자들을 삼가라"**라고 분명히 경고하셨습니다. 어리석은 양들이 양의 탈을 쓴 늑대와 같은 거짓 선지자에게 잡혀 먹히기 때문입니다.

"거짓 선지자들을 삼가라 양의 옷을 입고 너희에게 나아오나 속에는 노략질하는 이리라 그의 열매로 그들을 알찌니 가시나무에서 포도를, 또는 엉겅퀴에서 무화과를 따겠느냐 이와 같이 좋은 나무마다 아름다운 열매를 맺고 못된 나무가 나쁜 열매를 맺나니 좋은 나무가 나쁜 열매를 맺을 수 없고 못된 나무가 아름다운 열매를 맺을 수 없느니라 아름다운 열매를 맺지 아니하는 나무마다 찍혀 불에 던지우느니라 이러므로 그의 열매로 그들을 알리라

나더러 주여 주여 하는 자마다 천국에 다 들어갈 것이 아니요 다만 하늘에 계신 내 아버지의 뜻대로 행하는 자라야 들어가리라 그 날에 많은 사람이 나더러 이르되 주여 주여 우리가 주의 이름으로 선지자 노릇하며 주의 이름으로 귀신을 쫓아 내며 주의 이름으로 많은 권능을 행치 아니하였나이까 하리니 그때에 내가 저희에게 밝히 말하되 내가 너희를 도무지 알지 못하니 불법을 행하는 자들아 내게서 떠나가라 하리라"(마 7:15-23).

말라기 시대의 거짓 제사장들이 두 가지 악한 일을 행했습니다. 그들은 **더러운 떡과 흠 있는 제물**을 하나님께 드렸듯이, 오늘날도 똑같습니다. 오늘날의 거짓 목회자들도 말라기 시대의 타락한 제사장들처럼 육신의 욕망을 좇아 탐욕의 교훈을 퍼뜨리며, 온전하지 못한 복음으로 불법의 예배를 드리고 있습니다.

제사장들은 하나님께 **무교병**(無酵餠), 즉 누룩 없는 떡을 드려야만 합니다. 그것이 하나님의 명령입니다. 이스라엘 백성은 애굽에서 탈출할 때에 첫 유월절을 지내면서 불에 구운 어린양의 고기와 함께 무교병을 먹었습니다. 그리고 칠일 동안 누룩 없는 떡, 즉 **무교병**(無酵餠)을 먹으며 무교절을 지냈습니다. 이는 하나님의 백

성들이 하나님의 순수한 말씀만을 믿고 따르겠다는 믿음의 고백이 었습니다.

　사람이 거듭나서 영생을 얻으려면 반드시 누룩 없는 떡을 먹어야 합니다. 죄인들은 하나님의 종들의 입에서 나오는 순수한 말씀을 배우고 그 말씀을 믿어야만 거듭날 수 있습니다. 누룩이 들어 있는 떡을 먹어서는 어떤 죄인도 거듭날 수 없습니다. 또한 우리들, 즉 거듭난 의인들은 거듭난 후에도 반드시 누룩 없는 떡만을 먹어야 합니다.

## 바리새인의 누룩과 사두개인의 누룩

　누룩은 밀가루 반죽을 부풀리는데 쓰입니다. 밀가루 반죽에 누룩을 넣으면 발효가 되면서 가스가 발생하는데, 그 가스가 밀가루 반죽을 부풀려서 부푼 반죽으로 빵을 만들면 부드러워서 먹기가 좋습니다.

　누룩은 이렇게 좋은 기능을 하지만, 영적으로는 부정적인 의미를 갖습니다. 누룩은 어떤 것을 **"변질"**시키기 때문에, 누룩은 진리를 변질시키는 거짓된 교훈을 상징합니다. 예수님께서는 제자들에게, **"너희는 바리새인의 누룩과 사두개인의 누룩을 주의하라"**라고 말씀하셨는데, 이는 그들의 **교훈을 주의**하라는 말씀입니다. 거듭나지 못한 거짓 교사들의 가르침은 하나님의 말씀을 변질시키기 때문에, 우리는 그들의 교훈을 경계하고 멀리해야 합니다.

　하나님 말씀은 순수하고 영원히 변치 않는 진리(眞理)입니다. 그러나 인간의 생각은 부패하며 항상 악하고 거짓됩니다. 사람의 마음은 근본 **"만물보다 거짓되고 심히 부패"**(렘 17:9)한 것이기 때문에 마음에서 일어나는 모든 생각도 거짓되고 부패한 것들입니다.

"특정 행동을 지향하는 사상"(Action oriented thought)을 "○○주의(主義)" 또는 이데올로기(ideology)라고 합니다. 공산주의라는 이데올로기는 많은 사람들을 그 사상의 열렬한 추종자가 되도록 세뇌시켜서, 공산주의 혁명 분자가 되게 하였습니다. 그들은 공산주의 과업을 성취하기 위해서라면 자기의 부모를 고발하거나 자기의 형제를 죽이는 일도 서슴지 않습니다. "○○주의(主義)" 또는 이데올로기(ideology, 이념)라는 것이 그렇게 무서운 것입니다.

그런데 바리새인들은 어떤 이념(理念)을 지향(志向)했습니까? 그들은 "율법주의"라는 이념을 지향했습니다. 율법주의란 "우리는 하나님 말씀을 문자 그대로 지키며 살아야 하고, 그래야만 하나님의 축복을 받는다"라고 주장하는 신념 노선(信念路線)입니다. 바리새인들은 하나님 말씀에 율법주의(律法主義)라는 누룩을 섞어서 믿었고, 그러한 이념을 지향해서 백성들을 가르쳤습니다.

그 결과 하나님의 말씀이라고 가르치던 그들의 교훈은 인간의 생각이라는 누룩에 의해서 엄청나게 부풀려지고 변질되어서, 순수한 하나님의 말씀과는 거리가 멀게 되었습니다. 바리새인들은 그렇게 인간의 생각으로 부풀려진 거짓 교훈으로 사람들을 가르치며 호도했습니다.

오늘날의 기독교 안에도 바리새인들의 율법주의 노선이 여전히 자리 잡고 있습니다. 거듭나지 못한 거짓 선지자들이 "보수주의"(保守主義)라는 미명(美名) 아래 율법의 사슬로 영혼들을 묶어서 죄 아래 갇히게 하고, 자기들의 손아귀에서 벗어나지 못하게 하고 있습니다.

물론 율법 자체는 **"거룩하며 계명도 거룩하며 의로우며 선"**(롬 7:12)합니다. 그래서 율법을 준행하려는 마음 자체는 가상하고 아름답습니다. 그러나 연약한 우리들은 근본 죄를 가지고 태어났기 때문에, 하나님께서 세워 주신 **선(善)의 절대적인 기준인 율법**이 요구하는 대로 절대적으로 거룩한 삶을 살 수가 없습니다.

성경은 **"만일 능히 살게 하는 율법을 주셨더면 의가 반드시 율법으로 말미암았으리라"**(갈 3:21)고 말씀합니다. 율법은 **하나님께서 정하신 선(善)의 절대적(絕對的)인 기준**입니다. 따라서 연약한 인간은 율법을 온전히 지킬 수가 없습니다. 만일 하나님의 율법이 우리가 지킬 만한 것이었더라면, **율법을 준행해야 한다는 "율법주의"의 가르침**은 옳습니다. 그러나 율법을 지킬 능력이 전혀 없는 우리에게 하나님께서 율법을 주신 목적은, 우리가 그 율법의 절대적 기준에 우리의 근본 모습을 비춰 보고 자신이 지옥에 갈 수밖에 없는 비참한 존재라는 사실을 깨닫게 하기 위함이었습니다. 하나님께서는 우리에게 "너희는 근본 율법대로 살 수 없는 존재다"라고 말씀하십니다.

그런데도 바리새인들은 혼돈된 자기 생각을 좇아서 하나님의 말씀을 잘못 해석하고 정반대로 가르쳤습니다. 그들은 "우리는 얼마든지 하나님 율법대로 살 수 있다"라고 믿었기 때문에, "우리는 율법대로 살아야 한다"라고 가르쳤습니다. 이러한 율법주의의 교훈은 자기의 꼬락서니를 알지 못하는 자들이 하나님의 말씀을 잘못 해석한 결과물입니다. 지금도 그렇게 혼돈된 교훈을 전하는 **현대판 율법주의자들**이 기독교 안에는 매우 많습니다.

율법주의자들은 두 가지 부류로 나타납니다. 첫째 부류는 바리새인들처럼 자신이 율법을 잘 지킨다고 착각하고 사람들 앞에서 거룩한 척하는 기독교인들, 즉 외식하는 율법주의자들입니다. 그들은 자기의 의에 충만해서 자기가 지옥에 갈 자라는 사실을 전혀 인정하지 않습니다. 사단 마귀도 자기를 광명의 천사로 가장하듯이, 이런 사람들은 "천사 귀신"이 들린 자들입니다. 오늘날의 종교인들 중에도 이런 부류가 가장 많습니다.

둘째 부류는, 정직한 율법주의자들인데, 그들은 율법의 요구에 제대로 순종하지 못한 자신을 책망하며 날마다 죄에 눌려서 탄식하는 자들입니다. 이렇게 정직한 율법주의자들이 **"심령이 가난한 자들"**입니다. 이런 영혼들은 진리의 원형복음을 만나면 죄 사함을 받고 거듭날 수 있습니다.

그러나 거짓 선지자들은 이러한 영혼들을 율법주의의 사슬로 철저하게 묶어서 옴짝달싹 못 하게 합니다. 마치 거미줄에 파리가 한번 걸려들면 거미가 재빨리 달려가 그 파리를 거미줄로 칭칭 감아서 꼼짝 못 하게 하고 자기의 밥으로 삼듯이, 율법주의라는 거미줄에 걸리면 기독교인들은 꼼짝도 하지 못하고 거짓 선지자들의 밥이 됩니다.

오늘날에도 교회에 가면, 거짓 목자들은, "여러분, 우리는 하나님의 율법 말씀대로 거룩하게 살아야 합니다. 그런데 지난 한 주간 동안에도 우리는 말씀대로 살지 못한 부분이 너무나 많습니다. 그러니 여러분, 회개하십시오. 그리고 다시는 죄를 짓지 않도록 마음을 작정하고 혼신의 노력을 기울이십시오"라고 가르칩니다.

얼핏 들으면 그들의 설교가 맞는 말인 것 같지만, 그들의 설교는 율법주의의 누룩이 섞인 **더러운 떡**입니다. 물론 우리가 죄를 짓지 않으려고 노력하는 것은 바람직하고 가상한 일입니다. 그러나 죄를 짓지 않으려고 노력한다고 의롭다 하심을 얻고 **"죄 사함으로**

말미암는 구원"(눅 1:77)을 받는 것은 아닙니다. "**율법의 행위로 그(하나님)의 앞에 의롭다 함을 얻을 육체는 없나니 율법으로는 죄를 깨달음이니라**"(롬 3:20)고 하신 말씀대로, 하나님께서 우리에게 율법을 주신 목적은 우리가 죄인임을 깨닫고 구원을 바라며 하나님께 나오라는 것입니다.

그러므로 "마음을 다해서 율법을 온전히 지키는 것이 신앙생활의 전부"라고 가르치는 자들은 **현대판 바리새인들**입니다. 그들은 율법주의의 누룩을 섞어 만든 **더러운 떡**을 자기도 먹고 남들에게도 먹으라고 강요하는 거짓 교사들입니다. 그들은 주님께서 세상 죄를 단번에 완벽하게 없애 주신 **진리의 원형복음**을 모르기 때문에, 율법을 지키라고 강요하며, 회개 교리와 성화 교리라는 누룩을 섞어서 만든 **더러운 떡**을 교인들에게 먹입니다. 이런 자들은 하나님께서 당신의 아들을 화목 제물로 내어 주셔서 베푸신 구원의 사랑을 짓밟는 자들입니다. 그들과 그들의 추종자인 기독죄인(基督罪人)들은 결국 하나님의 심판을 받고 영원히 꺼지지 않는 불 못에 떨어질 것입니다.

어떤 율법주의자들은 진리의 복음을 좇는 우리에게, "너희들은 너희가 죄를 짓더라도 그 죄도 이미 예수님이 없애 놓았기 때문에 너희에게는 죄가 없다고 주장하는데, 그러면 너희들은 죄를 죄로 여기지도 않을뿐더러 은혜를 더하게 하려고 더 많은 죄를 짓게 될 것이 아니냐?"라고 강변하며 믿음으로 거듭난 의인들을 비난합니다.

사도 바울도 이러한 억지 비난을 많이 받았습니다. 그래서 그는 "**그런즉 우리가 무슨 말 하리요 은혜를 더하게 하려고 죄에 거하겠느뇨 그럴 수 없느니라 죄에 대하여 죽은 우리가 어찌 그 가운**

데 더 살리요"(롬 6:1-2)라고 말씀했습니다. 진리의 복음을 믿어서 죄 사함을 받은 의인들이 죄가 없다고 죄를 마음대로 짓겠습니까? 더러운 신을 신은 아이는 오히려 아무 데나 막 다닙니다. 그러나 하얀 새 운동화를 신은 아이는 운동화에 더러운 것이 묻지 않도록 훨씬 더 조심합니다. 죄 사함을 받은 의인들은 하나님의 구원의 은혜에 감사하며 자원해서 하나님의 뜻에 순종하기를 기뻐합니다. 죄 사함 받은 의인의 마음에는 성령님이 계시는데, 성령님께서는 의인들이 죄에 대해서 더욱 민감하게 깨닫게 하십니다. 그래서 의인들은 비록 연약하고 부족하지만 죄를 멀리하며 하나님의 의를 따라갑니다.

더러운 옷을 입은 자와 희고 깨끗한 옷을 입은 자 중에서 누가 더 몸가짐을 조심하겠습니까? 당연히 깨끗한 옷을 입은 자입니다. 누더기 옷을 입은 사람은 아무 데나 앉고 더러운 것이 자기 옷에 묻어도 별로 신경을 쓰지 않습니다. 그러나 새 옷을 입은 자는 자기 옷에 더러운 것이 묻을까 봐 몸가짐을 더 조심합니다.

이와 같이 거듭난 의인들은 "**지식에까지 새롭게 하심을 받은 자**"(골 3:10)들이기에, 하나님께서 기뻐하시는 뜻을 마음에 두고 살아가며 죄를 멀리합니다. 물론 의인들도 부족하고 연약해서 때로는 죄를 짓기도 하지만, 그 죄까지 이미 담당해서 없애 주신 능력의 복음을 믿기에, 죄는 죄로 인정하고 돌이켜서 다시 마음을 새롭게 하고 기쁨과 자원함으로 주님의 의를 좇아갑니다.

주님께서는 사두개인들의 누룩도 주의하라고 말씀하셨습니다. 사두개인들(the Sadducees)은 부활이 없다고 주장했습니다. 왜 그들은 그렇게 주장했습니까? 그들은 돈이나 명예나 권력과 같은 세상의 가치들(social values)을 추구하는 "세속주의자"들이었습니다. 사두개인들은 경건(신앙생활)을 이익의 수단으로 삼았습니다.

오늘날의 기독교인 중에도 현대판 사두개인들이 많습니다. 기업인들과 정치인들은 대형 교회에 몰려듭니다. 왜일까요? 대형 교회에 가면 자기들의 세속적 욕망을 채울 수 있는 기회가 더 많기 때문입니다. 현대판 사두개인들이 우글거리는 오늘날의 기독교회들은 **강도와 도적의 소굴**이 되었습니다.

목회자들 중에도 현대판 사두개인들이 많습니다. 사두개인 목사들은 사두개파(派) 교인들과 좋은 관계를 유지하고 세상에서 유력한 자들을 교회에서도 높여 줍니다. 그러면 교인들의 숫자가 늘어나고 교회 헌금이 많이 나옵니다. 삯꾼 목사들은 그런 재력으로 어마어마한 교회 건물을 짓고 그 안에서 왕 노릇을 합니다.

그들은 사두개인의 누룩을 섞어서 말씀을 전합니다. 그들은 예수님을 믿으면, 건강하게 장수하며, 부자가 되고, 만사가 형통한다고 목청을 높입니다. 사람은 누구나 근본 탐욕 덩어리이기 때문에, 사두개인의 누룩을 섞은 거짓 목회자의 세속적 설교는 세속적 욕망에 불타는 사두개파(派) 교인들의 마음을 흡족하게 해 줍니다.

그래서 자신들의 "욕망을 만족시켜 주는 목사의 설교"를 듣고자 많은 사람들이 대형 교회를 찾아갑니다. 한때 "사중 복음(四重福音)과 삼박자 축복론"을 주장하면서 "예수 믿으면 출세하고 건강하며 범사에 잘된다"라고 가르치던 어떤 목사의 교회는 현재 세계 최대의 단일 교회가 되었다고 자랑을 합니다. 그의 자식들은 자기의 아버지 덕분에 기업들도 운영하면서 엄청난 부를 누리고 있습니다.

그러나 성경은 세속적으로 성공하는 것을 진정한 축복이라고 말씀하지 않습니다. 성경은 우리 영혼이 죄 사함을 받고 하나님 자녀가 되어서 진리의 말씀을 따라서 살다가 천국의 영생에 들어가는 것을 **하늘에 속한 신령한 복**이라고 말씀합니다. 우리가 하나님의 뜻을 좇아 살려면, 이 세상에서는 많은 것을 포기해야 하고 잃어야 합니다.

**성경**은 하나님께서 어떻게 우리를 모든 죄에서 구원하셨는지를 기록한 **구원의 책**입니다. 하나님께서 우리의 모든 죄를 어떻게 없애 주셨는지, 하나님이 당신의 복음으로 구원한 성도들을 어떻게 인도하시는지를 기록한 **누룩 없는 떡**이 바로 성경 말씀입니다.

그런데 하나님의 뜻을 모르는 영적 소경들이 자기의 생각대로 하나님 말씀에 누룩과 같은 자기의 부패한 생각을 섞고 부풀려서 **더러운 떡**을 만들어 영혼들에게 먹이고 있습니다. 하나님께서는 이런 자들을 가리켜 "**여호와의 이름을 멸시하는 제사장들**"이라고 책망하시고 그들 위에 진노를 내리시겠다고 경고하십니다.

## 불법 제사를 드리는 자들

**여호와의 이름을 멸시하는 제사장들**이 저지르는 두 번째 잘못은 그들이 부정한 제물, 즉 **더러운 짐승**을 하나님께 제물(祭物)로 드린 것입니다. 그들은 성전에서 드리는 제사가 **불법 제사**가 되게 했습니다. 그들은 하나님께서 세워 주신 구원의 언약을 저버렸기 때문에, 하나님도 그들을 저버리고 심판하시겠다고 경고하셨습니다.

하나님께서는 레위 족속 제사장들에게 평강의 언약을 세워 주셨습니다. "만군의 여호와가 이르노라 내가 이 명령을 너희에게 내린 것은 레위와 세운 나의 언약이 항상 있게 하려 함인 줄을 너희가 알리라 레위와 세운 나의 언약은 생명과 평강의 언약이라"(말 2:4-5).

"**레위와 세운 나(하나님)의 언약**"은 하나님께서 세워 주신 속죄의 제사법을 말합니다. 하나님께서 받으시는 "**속죄 제사**" 즉, **하나님께서 열납(悅納) 하시는 속죄 제사는**,

첫째로 **흠 없는 희생 제물**이 있어야 하고,

둘째로 죄인이나 제사장이 그 제물의 머리에 **반드시 안수(按手)**를 해서 사람의 죄를 그 제물에 넘겨야 하고,

셋째로 그 **제물을 죽여서 피**를 뿌리고 그 고기는 각을 떠서 **번제**로 드려야 합니다.

이 세 가지 조건이 다 충족된 제사가 하나님께서 기뻐 받으시는 합법적인 제사이며, **레위와 세운 언약**의 제사였습니다. 그런데 말라기 시대의 제사장들은 눈먼 것, 저는 것, 병든 것을 제물로 드렸습니다. 제물 자체가 불합격이었으니 제사의 나머지 절차를 제대로 지켰겠습니까? 지금 제물로 끌려온 양의 온몸에 부스럼이 잔뜩 났는데, 제사장들이 그 머리에 기꺼이 손을 얹었겠습니까? 그들은 안수도 하지 않고 그냥 제물을 잡아 버렸을 것입니다.

그들은 조석으로 상번제(常燔祭)를 드려야 했는데, 좋은 양들은 빼돌려서 자기의 양 우리에 집어넣고, 자기 집에 있는 가축 중에서 저는 것, 병든 것, 눈먼 것 등의 쓸모없는 것들로 대신 제물을 삼았습니다. 이렇게 제물 자체가 더러운 불합격품인데, 그들이 그런 제물로 정성껏 제사를 드린들 무슨 소용이 있겠습니까? 그들은 필경 제물을 잡은 후에, 하나님의 법대로 각을 뜨거나 깨끗이 씻지도

않았을 것입니다. 제사장들은 성막 밖의 백성들에게 번제단에서 연기가 올라가는 것만 보이면 된다고 생각했습니다.

**"내 백성이 지식이 없으므로 망하는도다"**(호 4:6).

설교자들은 "예수님이 어떻게 우리의 모든 죄를 단번에 없애 주셨는가"에 대해서 올바른 지식을 전해 주어야 합니다. 이사야 선지자는 **"우리는 다 양 같아서 그릇 행하여 각기 제 길로 갔거늘 여호와께서 우리 무리의 죄악을 그에게 담당시키셨도다"**(사 53:6)라고 예언했습니다. 그 예언의 말씀대로, 예수님께서는 세례 요한에게 안수의 형식으로 세례를 받으셔서, 이 세상의 모든 죄를 담당하셨습니다. **"그 세례"**(행 10:37)가 예수님께서 드리신 영원한 속죄의 제사의 시작입니다.

구약시대에 성막에서 속죄 제사를 드리면서, 안수를 받지 않은 양을 잡았다면 그것은 **불법 제사**였습니다. 따라서 만일 어떤 설교자가 예수님께서 인류의 대표자인 세례 요한에게 요단강에서 안수의 형식으로 받으신 세례를 빼버리고 십자가의 피만으로 된 복음을 전한다면, 그는 **불법을 행하는 자**입니다. 예수님은 **"불법을 행하는 자들아 내게서 떠나가라"**(마 7:23)고 말씀하셨습니다.

불법(不法)을 행하는 거짓 선지자들은 복음을 전할 때에 **예수님의 세례(안수)는 빼버리고 십자가의 피만**을 전합니다. 그들은 불법 제사를 드렸던 말라기 시대의 제사장과 같이 하나님의 법을 무시하고 불법을 행하는 자들입니다. **불법을 행하는 자들**이 바로 거짓 선지자들입니다. 예수님은 거짓 선지자들에게, **"불법을 행하는 자들아 내게서 떠나가라"**라고 말씀하십니다.

**"주여 주여 하는 자마다"** 다 천국에 들어가는 것은 아닙니다. 온전한 복음을 믿지 않는 자들은, 즉 불법 제사와 같은 반쪽짜리의 복음을 전하는 자들은, 다 지옥의 판결을 받을 것입니다. 그때에 지옥 판결을 받은 거짓 선지자들은 **"주여 주여 우리가 주의 이름으로 선지자 노릇하며 주의 이름으로 귀신을 쫓아내며 주의 이름으로 많은 권능을 행치 아니하였나이까?"** 하고 예수님께 항변할 것입니다. 그렇지만 주님께서는 그런 자들에게 **"나는 너희를 도무지 알지 못한다"**라고 단죄하시고, 그들을 영원히 꺼지지 않는 지옥 불에 던지실 것입니다.

예수님을 믿는다고 무조건 천국에 들어가는 것은 아닙니다. 불법 제사를 드리는 자는 절대로 천국에 들어가지 못합니다. 성자(聖子) 하나님이신 예수님께서는 흠 없는 제물이 되기 위해서 육체를 입고 이 땅에 오셔서, 요단강에서 인류의 대표자인 세례 요한에게 안수의 형식으로 세례를 받으심으로 세상 죄를 단번에 담당하셨습니다.

**"그 세례"**(the Baptism, 행 10:37)로 주님은 **"세상 죄를 지고 가는 하나님의 어린양"**(요 1:29)이 되셨습니다. 그리고 예수님은 십자가에 못 박혀서 **"다 이루었다"**(요 19:30) 하고 돌아가시기까지 피를 흘리심으로 우리의 모든 죄를 대속하셨습니다. **세례와 십자가로 이루어진 온전한 진리의 복음**을 믿지 않은 자들은 결코 거듭날 수 없으며 천국에 들어가지 못합니다.

## 양의 탈을 쓴 늑대들

여러분도 만일 불법 제사를 드리는 거짓 선지자들을 경계하지 않고 그들의 말만 들으면, 그들에게 세뇌되어 그들의 먹이가 되고 끝내 지옥의 심판을 받게 됩니다. 하나님 종들은 성도들이 듣기에 불편한 말씀도 담대하게 전합니다. 하나님의 종들은 영혼들을 진정으로 사랑하기 때문에, 성도들에게 잘못된 점이 있으면 "그것은 잘못입니다"라고 지적하고 따끔하게 책망합니다.

그러나 거짓 선지자들은 **"사람의 영혼을 사냥"**(겔 13:18)해서 벗겨 먹어야 하기 때문에, 교인들의 심기를 불편하게 하는 말은 하지 않습니다. 오히려 항상 얼굴에 미소를 띠고 달콤한 말들로 영혼들을 호립니다. 그들은 화도 잘 내지 않습니다.

**"이것이 이상한 일이 아니라 사단도 자기를 광명의 천사로 가장하나니"**(고후 11:14)라고 말씀하신 대로, 거짓 선지자들은 자기를 **광명의 천사**처럼 위장해서 영혼들에게 좋은 인상을 심어 줍니다. 그들은 정에 약한 어리석은 영혼들을 호려서 유린하다가 끝내 자기들과 함께 지옥에 떨어지게 만듭니다.

## 거짓 선지자를 분별하는 방법

예수님은 **"거짓 선지자를 삼가라"**라고 말씀하신 후에, **"열매를 보아 그 나무를 안다"**라고도 말씀하셨습니다. 나무에 달린 열매를 보면 원예 전문가가 아니어도 그것이 무슨 나무인지 확실히 알 수 있습니다. 어떤 나무에 사과가 달렸다면 그것은 사과나무입니다. 감이 달린 나무는 틀림없이 감나무입니다. 우리는 달린 열매를 보아 그 나무가 무슨 나무인지 확실히 압니다.

성경에서 **"나무"**는 사람을 상징합니다(삿 9:8-16). 그리고 열매는 그 사람의 제자를 의미합니다. 그런데 주님께서는 **"거짓 선지자들을 삼가라 양의 옷을 입고 너희에게 나아오나 속에는 노략질하**

는 이리라 그의 열매로 그들을 알찌니 가시나무에서 포도를, 또는 엉겅퀴에서 무화과를 따겠느냐"(마 7:15-16)라고 말씀하셨습니다.

어떤 사역자가 참된 하나님의 종인가 아니면 거짓 선지자인가를 분별하려면, 그 사람 밑에서 상당 기간 양육을 받은 제자들을 검증해 보면 됩니다. 그 제자가 거듭난 의인이라면 그의 스승은 틀림없이 하나님의 종입니다. 그러나 그 제자의 마음에 죄가 그대로 남아 있는 죄인이라면, 그의 스승은 자칭 하나님의 종이라고 하나 거짓 선지자요 사단의 종입니다.

좋은 나무라야 좋은 열매를 맺습니다. 거듭난 하나님의 종은 진리를 찾는 영혼을 만나면 성경을 펴서 하나님의 말씀으로 교제를 합니다. 참된 목자는 그 영혼이 마음의 죄 때문에 지옥에 가야 할 비참한 운명인 것을 깨닫게 해서, 하나님 앞에서 참된 회개를 하도록 이끌어 줍니다.

그런 후에 **물과 피의 복음**을 그에게 전해 주어서 그의 영혼이 거듭나도록 인도합니다. 하나님의 종들은 영혼들에게 누룩 없는 떡을 먹여서 죄 사함을 받게 합니다. 그래서 그 영혼이 좋은 열매, 즉 의인이 되게 합니다.

열매는 또한 우리에게서 맺히는 품성(品性)들을 지칭하기도 합니다. 우리에게는 선하고 의로운 구석이 전혀 없습니다. 그러나 주님의 은혜로 죄 사함을 받고 거듭나면 성령님께서 우리의 마음에 임하십니다. 그리고 성령께서 우리를 영적으로 자라게 하시고 우리의 마음에 역사하셔서 성령의 열매들을 맺게 하십니다.

"오직 성령의 열매는 사랑과 희락과 화평과 오래 참음과 자비와 양선과 충성과 온유와 절제니 이같은 것을 금지할 법이 없느니라"(갈 5:22-23).

거듭난 후에 하나님의 교회에서 말씀으로 자라나면, 의인들에게는 성령의 열매가 맺힙니다. 장성한 성도들에게는 아름다운 덕성을 나타내는 성령의 열매들이 풍성하게 맺히게 됩니다.

## 거짓 선지자들이 가장 어려워하는 질문

거짓 선지자들이 가장 두려워하는 영적 질문이 무엇인 줄 아십니까? 여러분 중에 누구든지 자기가 만난 사역자가 참된 하나님의 종인지 아닌지를 알고 싶으면 이렇게 질문하십시오.

"목사님, 예수님께서는 요한복음 3장에서 **사람이 거듭나야 천국에 들어간다**고 말씀하셨는데, 도대체 사람이 거듭난다는 것이 무엇이며, 우리가 어떻게 거듭납니까?"

이런 질문을 받으면 거짓 목회자들은 똥 마려운 강아지처럼 안절부절못합니다. 땀을 뻘뻘 흘리면서 뭐라고 떠들어대기는 하는데, 자기도 알 수 없는 소리를 횡설수설할 수밖에 없습니다. 거듭나지 못한 거짓 선지자들은 그런 질문을 받는 순간부터 얼굴이 시커멓게 굳어집니다. 사냥꾼에게 치명상을 입은 짐승처럼 속으로는 도망갈 구실만 찾습니다. 그들의 이마에는 땀이 송골송골 맺히고 침이 바짝 말라붙습니다. 떨리는 손으로 성경을 여기저기 뒤적이면서 횡설수설할 수밖에 없습니다.

그러나 거듭난 하나님의 종들은 그런 질문을 받으면 참으로 신바람이 납니다. 하나님의 종들에게는 마음에 새겨진 진리의 말씀이 있기에, 말씀을 전하면서 막힘이 있을 수 없습니다. 하나님의 종들은 질문한 영혼이 궁금해하는 부분을 성경 말씀으로 시원하게 풀어 줍니다.

저는 장로교회에 다니는 어떤 외과 의사와 한동안 매주 시간을 정해 놓고 성경 말씀으로 교제를 한 적이 있습니다. 그런데 그 원장님은 하나님의 말씀을 믿음으로 듣지 않아서 진리를 잘 분별하지 못했습니다. 그분은 제가 가르치는 말씀이나 자기 교회 목사님이 설교하는 것이나 별 차이가 없다는 것이었습니다. 그래서 저는 그 의사에게, "다음 주에 교회에 가시거든 **거듭남이란 무엇인지**, 그리고 사람이 **어떻게 거듭날 수 있는지**"에 대해서 담임 목사님에게 한번 물어서 배워 오라고 했습니다.

그랬더니 그다음 교제 시간에 그 의사가 제게 말하기를, "김 목사님, 목사님이 시키신 대로 내가 질문을 했더니, 우리 목사님이 거듭남에 대해서 한 시간 이상이나 말씀을 가르쳐 주셨습니다. 그런데, 다 듣고 났는데도 도대체 무슨 말인지 더 모르겠습니다"하는 것이었습니다. 그 원장님은 그날부터는 제가 전해 주는 말씀을 정신 차려서 들었습니다. 그리고 그분은 **물과 피의 복음**이 유일한 진리의 원형복음인 줄을 깨닫고 믿게 되었습니다.

거듭나지 못한 거짓 목회자들은 **"그리스도의 비밀"**이 무엇인지를 전혀 모릅니다. 그러니 그들이 어떻게 "거듭남이란 무엇인지, 사람이 어떻게 거듭나는지"에 대해서 올바른 말씀을 전할 수 있겠습니까? 거짓 선지자들은 교인들에게서 자기가 대답할 수 없는 질문을 받으면, "평신도가 성경을 너무 깊이 호벼파면 마귀의 시험에 **빠집니다**! 어린아이는 엄마가 주는 것만 먹고도 잘 자라듯이, 어린아이처럼 그냥 교회가 가르쳐 주는 것만 믿고 기도나 열심히 하세요!" 하고 윽박질러서 교인들이 더 이상 아무 질문도 못하게 만듭니다.

## 신학교라는 거짓 선지자 양성소

　신학교를 졸업하고 교단에서 목사 안수를 받았다면 무조건 하나님의 종으로 인정하는 풍토가 전 세계의 기독교 안에 만연되어 있습니다. 세상 사람들조차도 "의과 대학을 나와서 의사 시험에 합격해야 의사가 되듯이, 신학 대학을 나와서 목사 시험에 합격해야 목사가 된다"라는 고정 관념을 가지고 있습니다. 목사를 하나의 직업으로 본다면 그 말도 맞는 말입니다.

　그러나 예수님의 사도 중에 신학교 나온 사람이 어디 있습니까? 없습니다. 그들은 예수님의 부르심에 응답해서 주님의 말씀을 듣고 믿음으로 죄 사함을 받은 후에, 예수님과 동행하며 예수님께로부터 말씀과 믿음을 배웠습니다. 예수님께서 신학교를 세우셨습니까? 초대교회 사도들이 신학교를 운영하면서 제자들을 양육했습니까?

　신앙의 세계에 인간의 사상과 철학의 논리를 적용해서 커리큘럼을 짜서 제도화시킨 교육의 틀이 신학교입니다. 그런 제도적 틀 속에서 학점을 이수하고 시험에 합격해야 목회자의 자격을 주는 신학교가 생겨난 것은 삼, 사백 년도 채 되지 않습니다. 종교 개혁의 대명사(代名詞)인 마틴 루터가 로마 교황청의 노선에 항거했던 사건이 기껏해야 지금부터 오백 년 전의 일입니다.

　어떤 사람은 사도 바울이 에베소에서 두란노 서원을 열었던 것이 신학교의 시원(始原)이라고 강변합니다. 물론 사도 바울은 에베소에서 **"제자들을 따로 세우고 두란노 서원에서 날마다 강론"**(행 19:9)하며 2년간 말씀을 가르쳤다고 성경은 기록하고 있습니다.

　그러나 바울의 가르침은 커리큘럼(curriculum)과 교수진을 편성해서 학과목을 가르치고 시험을 치러서 학점을 따면 학생들을 졸업시키는 신학교의 수업과는 전혀 다른 것이었습니다. 그것은 성경 말씀을 바탕으로 바울의 믿음을 제자들에게 전수하는 양육의 과정이었습니다. **두란노 서원(the lecture hall of Tyrannus)**은 에베소 시민들이 회합이나 강의실로 썼던 공공장소인 듯 합니다.

존 칼뱅(John Calvin)이라는 사람은 장로교의 시조(始祖) 격입니다. 그가 활동했던 시대는 지금부터 500년도 채 안 됩니다. 사실 존 칼뱅은 종교 개혁자라기보다 권력욕이 대단한 정치가라고 불러야 마땅한 인물입니다.

우여곡절 끝에 제네바 시(市)의 통치자가 된 그는 자기의 교리(예정론)에 조금이라도 순복하지 않는 사람들을 죽였습니다. 칼뱅의 통치 기간 4년 동안 공식적으로 58명이 그에 의해 죽임을 당했습니다. 당시 칼뱅에 의해 이단으로 몰린 사람들이 "고문 받기보다는 스스로 목숨을 끊었다"라고 기록된 사료(史料)들을 볼 때, 칼뱅의 공포 정치가 얼마나 끔찍했을까를 짐작할 수 있습니다.

그는 소위 **"칼빈주의 5대교리"**라는 것을 주장했는데, 성경 진리의 빛을 비추어 보면 그의 교리들이 얼마나 터무니없는 모순덩어리인지를 알 수 있습니다. 칼뱅이 주장했던 **예정론(豫定論)**이란, 하나님은 구원받을 자들을 **미리** 그리고 **무조건적으로 선택**(Unconditional Election)해 놓으셨다는 주장입니다. "어떤 사람의 구원은 그 사람의 의지나 생애와는 아무 상관없이 하나님께서 무조건적으로 그리고 일방적으로 예정하신 것이다"라는 주장이 바로 칼뱅이 주장한 **"예정론"**입니다.

칼뱅이 그러한 **"예정론"**을 주장하게 된 결정적인 근거로 아마 **로마서 9장 10-13절**의 말씀을 염두에 두었을 것입니다. 쌍둥이 형제인 에서와 야곱이 아직 리브가의 뱃속에 있을 때에, 즉 그들이 아직 어떤 선이나 악을 행하기도 전에, 하나님께서는 **"큰 자가 어린 자를 섬기리라"**라고 선포하셨습니다. 칼뱅과 같은 예정론자들은 이 부분의 말씀을 오해하고 "봐라, 하나님은 인간의 행위나 품성의 선악에 상관없이, 어떤 자는 구원하기로 작정해서 미리 선택하시고, 어떤 자는 아무 이유 없이 심판을 받도록 일방적으로 예정하셨다"라고 주장합니다.

과연 칼뱅의 주장이 맞을까요? 하나님은 공의(公義)한 분입니다. 만일 하나님께서 무조건적으로 그리고 일방적으로 누구는 사랑해서 구원을 받게 하고 어떤 자는 아무 조건 없이 미워해서 구원을 받지 못하도록 미리 정하셨다면, 하나님이 공의한 분이겠습니까? 결코 그렇지 않습니다. 예정론은 하나님을 불의한 분으로 폄하하려는 사단 마귀의 주장입니다.

로마서 9장 10-13절의 말씀은 절대로 그런 뜻이 아닙니다. 하나님은 우리처럼 시간의 제약 속에 계신 분이 아닙니다. 하나님은 영원부터 영원까지를 한눈에 통찰하시는 분입니다. 우리 개개인의 미래의 일도 하나님은 다 아십니다.

하나님께서는 에서가 태어나서 장차 하나님을 의지하지 않고 자기의 옳음과 힘만 의지할 것을 미리 아셨기에 그를 미워하신 것입니다. 반면에 야곱은 장차 자기의 연약함을 인정하고 하나님의 구원을 바라며 하나님께로 나올 것을 하나님께서 미리 아셨습니다. 그래서 하나님께서는 야곱을 사랑하시고 축복하신 것입니다. 전지전능하신 하나님의 능력을 알지 못하고 하나님의 말씀을 인간의 논리로 이해하려고 했기에, 칼뱅은 예정설이라는 터무니없는 교설(巧說)을 주장하게 된 것입니다.

신학교를 졸업했는지 여부와 무관하게, 어떤 사람이 하나님의 종인지 아닌지의 여부는 **"열매를 보아 나무를 아는 것"**입니다. 신학교에 입학했다가 신학교 학생들이 시험을 치르면서 부정행위(커닝)를 하는 것을 보고 회의를 느껴서 신학교를 중퇴하고 고향으로 내려갔다는 김진○ 목사의 글을 읽은 적이 있습니다.

성경에 나오는 믿음의 종들 중에 누가 부정행위(커닝)를 해 가며 학점을 이수하고 목사 시험에 합격해서 하나님의 종이 된 사람이 있습니까? 사도 베드로가 신학교를 졸업했습니까? 사도 바울이나 사도 요한이 신학교를 마친 후 시험에 합격해서 사도로 세움을 받았습니까? 다니엘이나 이사야가 어떤 신학교 출신입니까? 아무도 신학교를 졸업해서 하나님의 종이 되지 않았고, 오직 진리의 복음을 믿음으로 거듭난 후에 하나님의 부르심에 순종해서 하나님의 종들이 되었습니다.

어떤 사역자가 하나님의 종인지 아닌지를 분별하는 기준은 오직 **"그의 열매"**입니다. 소위 **하나님의 종**이라는 어떤 사람 밑에서 상당 기간 배운 제자가 거듭난 의인이 아니라 마음에 죄가 있는 기독죄인(基督罪人)이라면, 그의 스승은 하나님의 종이 아니라 사단 마귀의 종입니다. 그의 제자를 살펴보는 것이 어떤 이가 하나님의 종인지의 여부를 분별하는 정확한 기준입니다.

세상 사람들은 오늘날의 기독교를 "개독교"라는 오명(汚名)으로 부르고 있습니다. 교회가 예배당 건물이나 크게 짓는데 혈안이 되어 있고, 목사들의 성폭행 등의 온갖 추악한 뉴스들이 끊이지 않습니다.

기독교는 세상 사람들에게 "개독교"라고 비난을 받아도 아무 할 말이 없습니다. 작금의 기독교계는 거듭나지 못한 영적 소경들이 선지자 노릇을 하면서 하나님의 이름을 빙자해서 교인들에게 사기를 치고 있습니다. 기독교가 제도화(制度化) 되고 세속화(世俗化) 되어서 이런 비참한 결과를 초래했습니다.

## 거듭나려면 거짓 선지자들을 떠나야 합니다

말라기서(書)의 말씀을 통해서 우리 주님은, "나의 이름을 멸시하는 제사장들을 내가 응징하겠다"라고 선포하셨습니다. "만군의 여호와가 이르노라 너희는 하나님께 은혜를 구하기를 우리를 긍휼히 여기소서 하여 보라 너희가 이같이 행하였으니 내가 너희 중 하나인들 받겠느냐"(말 1:9)라고 말씀하셨습니다. 진리의 말씀에 누룩을 섞어서 사이비(似而非) 복음을 전하는 자들은 하나님의 나라에 절대로 들여보내지 않겠다고 하나님께서 말씀하십니다.

또 주님은, "너희가 이런 일도 행하나니 곧 눈물과 울음과 탄식으로 여호와의 단을 가리우게 하도다"(말 2:13)라고 지적하셨습니다. 거짓 복음을 전하는 자들은 인간의 생각으로 부풀린 교훈을 가르치는 것 외에, 하나님의 진노를 살 만한 일을 한 가지 더 합니다. 즉, 그들은 "눈물과 울음과 탄식으로 여호와의 단을 가리우게" 합니다.

그들은 율법주의에 묶여서 죄의 짐을 지고 허덕이는 기독죄인(基督罪人)들에게 날마다 눈물로 회개 기도를 드려야 한다고 가르칩니다. 그들은 우리 주님이 우리를 모든 죄에서 온전하게 구원하기 위해 드려 주신 "한 영원한 제사"(히 10:12)를 무시하고 짓밟는 자들입니다.

이 세상 사람들이 기독교를 왜 싫어하는지 아십니까? 교회를 개척하겠다고 예배당 건물을 임대하려고 하면 건물주가 전세도 주려고 하지 않습니다. 왜 그렇겠습니까? 교인들이 새벽부터 모여서 회개 기도를 드린다고 울부짖는 소리가 듣기 싫기 때문입니다.

여호와 하나님의 단(檀)은 감사와 찬양을 드리는 곳입니다. 하나님의 어린양으로 오신 예수님이 우리의 모든 죄를 온전하게 대속해 주신 것을 기념하며 감사로 제사드리는 곳이 **여호와의 단입**니다. 다시 말해서, 우리 죄를 단번에 다 없애 주신 은혜를 날마다 선포하며 찬양하는 곳이 여호와의 단(壇)입니다.

그런데 거짓 선지자들은 **눈물과 울음과 탄식으로 여호와의 단을 가리고** 있습니다. 그들은 예수님께서 베푸신 온전한 구원의 은총을 감사하기는커녕, 주님의 구원의 사역을 짓밟고 무너뜨리는 짓을 하고 있습니다. 거짓 선지자들은 하나님께서 세우신 구원의 단(檀)을 회개 기도로 무너뜨리고, 주님께서 이루신 온전한 구원의 역사를 반쪽짜리 복음과 허황된 교리로 가려서 자기도 천국에 들어가지 못하고 남도 들어가지 못하게 훼방하고 있습니다.

거짓 선지자들과 그들의 노선을 따르는 교회들은 속히 문을 닫아야 합니다. 그렇게 하지 않으면 그들은 하나님께로부터 더 큰 진노를 받게 될 것입니다. 우리가 혼신을 다해서 어떤 영혼에게 복음을 전하고 말씀을 가르쳐서 죄의 사함을 받고 거듭나게 하면, 거짓 선지자들은 그런 영혼에게 영적인 독을 먹여서 다시 죽여 놓습니다.

거짓 목사에게 속아 오다가 겨우 복음을 듣고 죄 사함을 받은 어린 영혼이 그동안 자기가 다녔던 교회의 목사에게, "목사님, 제가 친구를 따라서 어떤 교회에 갔다가 거기서 **물과 피의 복음**을 듣고 죄 사함을 받았습니다. 얼마나 기쁜지 모릅니다" 하고 얘기했습니다.

그러자 그 목사님은, "야! 그런 교회는 이단이야! 뭐 죄 사함 받아서 마음에 죄가 없다고? 자기들은 마음에 죄가 없는 의인이라고 하는 무리가 바로 이단이여! 그런 놈들이 구○파여!"

거짓 선지자들은 그렇게 하나님의 진리의 복음을 훼방해서 사망에서 겨우 피해서 생명을 얻은 어린 영혼들에게 영적인 독을 먹여서 다시 죽게 만듭니다.

그래서 주님은 **"만군의 여호와가 이르노라 너희가 내 단 위에 헛되이 불 사르지 못하게 하기 위하여 너희 중에 성전 문을 닫을 자가 있었으면 좋겠도다 내가 너희를 기뻐하지 아니하며 너희 손으로 드리는 것을 받지도 아니하리라"**(말 1:10)고 말씀하십니다. 그들이 하는 짓을 얼마나 가증하게 여기시면 하나님께서 그렇게 말씀하시겠습니까?

원형의 복음을 전하는 우리는 소위 구○파와는 아무 상관이 없습니다. 사실 그들도 세상 교회들과 별반 다를 것이 없는 이단입니다. 그들은 예수님의 **"그 세례"**(행 10:37)의 복음을 제대로 알거나 믿지도 않습니다. 다만, 예수님께서 흘리신 보혈로 우리의 모든 죄를 없애 주셨다는 결론만을 "확실히 깨닫고 믿으면 죄 사함을 받고 의인이 된다"라고 주장합니다. 그들은 거듭난 믿음의 선배들의 명단이라면서, 성 어거스틴, 마틴 루터, 존 칼뱅, 츠빙글리, 요한 웨슬레…등등을 열거하다가 나중에는 스펄젼이나 무디를 비롯해서 워치만 리까지도 의인들의 리스트에 포함시킵니다.

이런 사람들 중에 누가 과연 **물과 피의 복음**을 믿고 전했습니까? 그들 중에서 누가 예수님께서 받으신 세례가 세상의 모든 죄를 단번에 담당하신 구원의 **"물"**이라는 진리를 가르친 적이 있습니까?

**이단**이란 어떤 자들을 지칭합니까? 성경은 **"이단에 속한 사람을 한두 번 훈계한 후에 멀리 하라 이러한 사람은 네가 아는 바와 같이 부패하여서 스스로 정죄한 자로서 죄를 짓느니라"**(딛 3:10-11)고 말씀합니다.

이단(異端)이란 입술로는 예수님을 믿는다고 하지만 진리의 복음을 알지 못해서 죄 사함을 받지 못한 기독죄인(基督罪人)들을 지칭하는 말입니다. **"예수님을 믿는다면서도 마음에 죄가 있는 자들"**이 바로 이단입니다. 즉, 거듭나지 못한 채 예수님을 믿는 기독죄인(基督罪人)들이 이단에 속한 자들입니다.

그들은 마음의 죄가 항상 자기를 참소하기 때문에, 스스로를 정죄(定罪)합니다. "주여 이 죄인이 여기 왔나이다. 용서하여 주시옵소서." 그들은 아예 "♪죄인 오라 하실 때에 날 부르소서~" 하며 자신들이 죄인인 것이 당연하다는 찬송가를 즐겨 부릅니다.

초림(初臨)의 주님은 죄인을 불러 회개시키고, 그들이 **"물과 피로 임"**(요일 5:6)하신 예수님을 믿어서 의인으로 거듭나게 하려고 이 땅에 오셨습니다. 그러나 다시 오실 예수님, 즉 재림(再臨)의 주님은 거듭난 의인들만 부르러 오십니다. 따라서 거듭난 자라면 "♪의인 오라 하실 때에 날 부르소서~" 하고 찬송을 부르는 것이 합당합니다.

공중에 재림하실 주님께서는 죄 사함 받은 의인들을 부활시켜서 공중으로 들어올리시고, 이 땅에 남은 죄인들에게는 일곱 대접의 진노를 부으실 것입니다. 그 후에, 이 땅을 새롭게 해서 천 년 동안 통치하십니다. 천년 왕국 후에는 죄인들을 부활시켜서 영원히 꺼지지 않는 지옥의 불 못에 던지실 것입니다.

지금 우리나라를 비롯한 선진국의 많은 교회들이 문을 닫고 있습니다. 참으로 잘된 일이라고 생각합니다. 거짓 선지자들의 교회는 빨리 문을 닫아야 합니다. 거짓 선지자들의 사역은 하루빨리 망해야 합니다. 영혼들이 거듭나도록 인도하지도 못하면서 그들의 재산을 수탈하고, 교인들을 그루밍(grooming) 시켜서 자기들에게 맹목적으로 충성하도록 강요하는 거짓 목회자들의 교회는 조속히 문을 닫아야 합니다.

"거짓 선지자들을 경계해야 한다"라는 말씀은 주님의 교훈입니다. 여러분은 **물과 피의 복음**을 믿음으로 마음에 임한 하나님의 의를 지키다가 주님이 오실 때에 영광 가운데 천국 혼인 잔치에 들어가는 성도들이 되시기를 바랍니다.

그러려면 거짓 선지자들을 경계하고 멀리해야 합니다. 그것만이 영원한 생명을 지키는 길입니다. 거듭난 자는 반드시 거짓 목회자와는 단호하게 이별을 하고, 거듭난 하나님의 종들을 좇아서 하나님의 교회 안에서 믿음으로 주님과 동행해야 합니다.

하나님께서 여러분의 마음에 총명을 주셔서 모든 혼돈을 벗어버리고 담대하게 생명과 진리의 길을 따라가게 하시기를 바랍니다.

거짓 선지자들을 삼가라 양의 옷을 입고 너희에게 나아오나 속에는 노략질하는 이리라
마태복음 7:15

# 하나님의 교회 안에 거하라

"하나님의 뜻을 따라 그리스도 예수의 사도로 부르심을 입은 바울과 및 형제 소스데네는

고린도에 있는 하나님의 교회 곧 그리스도 예수 안에서 거룩하여지고 성도라 부르심을 입은 자들과 또 각처에서 우리의 주 곧 저희와 우리의 주 되신 예수 그리스도의 이름을 부르는 모든 자들에게

하나님 우리 아버지와 주 예수 그리스도로 좇아 은혜와 평강이 있기를 원하노라"(고린도전서 1:1-3).

물과 피의 복음을 믿어서 죄 사함을 받고 거듭난 자는 성도들의 모임인 **하나님의 교회** 안에 거해야 합니다.

## 하나님의 교회란 무엇인가?

기독교인들조차 예배당(禮拜堂)과 교회(敎會)를 같은 개념으로 여기고 혼용합니다. 그러나 교회는 건물이 아닙니다. 예배당은 예배를 드리는 건물이고, 교회는 사람들의 모임입니다.

하나님 교회란 **"그리스도 예수 안에서 거룩하여지고 성도라 부르심을 입은 자들의 모임"**입니다. 성도(聖徒)라는 말은 거룩할 성(聖) 자, 무리 도(徒) 자로 구성되어 있습니다. 따라서 하나님의 교회란 진리의 복음을 믿어서 죄 사함을 받고 거룩해진 **"성도들의 모임"**입니다.

그렇다면 마음에 죄가 있는 사람도 성도(聖徒)라고 불릴 수 있습니까? 아닙니다. 예수님을 믿고도 마음에 죄가 있는 기독죄인(基督罪人)들을 성도(聖徒)라는 존귀한 호칭으로 부를 수 없습니다.

"거룩하다"라는 말은 죄가 없다는 뜻입니다. **"너희 죄가 주홍 같을찌라도 눈과 같이 희어질 것이요 진홍 같이 붉을찌라도 양털 같이 되리라"**(사 1:18)는 이사야서의 약속이 이루어진 자들이 의인(義人)이며 성도입니다. **"그러므로 이제 그리스도 예수 안에 있는 자에게는 결코 정죄함이 없나니"**(롬 8:1) 하신 말씀대로 마음의 죄가 깨끗이 씻어져서 죄가 전혀 없는 의인들이 바로 성도(聖徒)이며 하나님의 교회의 구성원들입니다.

여러분은 아직 마음에 죄가 남아 있습니까? 만일 그렇다면 여러분은 성도가 아니요 하나님의 자녀도 아닙니다. **"물과 피로 임하신"**(요일 5:6) 예수님을 믿음으로 마음의 모든 죄가 흰 눈같이 씻어져서 결코 정죄함이 없는 의인으로 거듭난 이들이 있습니다. 그들이 바로 성도(聖徒)입니다.

사람이 죄를 짓지 않고 살아서, 또 어쩌다 죄를 지으면 회개 기도를 드려서 죄를 용서받으면, 죄가 없는 성도가 될 수 있습니까? 아닙니다. 오직 성자(聖子) 하나님께서 육신을 입고 예수라는 이름으로 이 땅에 오셔서, "물과 피의 사역"으로 인류의 모든 죄를 대속(代贖)해 주셨다는 복음의 말씀을 믿는 사람만이 하나님께로부터 죄 사함을 받고 의롭다 하심을 얻습니다.

하나님의 어린양으로 오신 예수님께서는 안수(按手)의 형식으로 받으신 세례(洗禮)로 세상의 모든 죄를 짊어지셨고, 십자가에서 **"다 이루었다"**(요 19:30) 하고 돌아가시기까지 흘리신 피로 우리의 모든 죗값을 지불해 주셨습니다. 이것이 **"물과 피로 임하신 자"**(요일 5:6)인 예수 그리스도의 복음입니다.

우리는 진리의 복음을 믿음으로 성도가 되었고 그리스도 예수 안에 거하게 되었습니다. 하나님의 교회는 어떤 건물이나 특정 교파를 일컫는 말이 아닙니다. 진리의 원형복음(原形福音)을 믿어서 거듭난 의인들이 두세 사람이라도 모여서 한 몸을 이루면, 그것이 하나님의 교회입니다. 따라서 아무리 많은 이들이 모여 있더라도, 마음에 죄가 있는 기독죄인(基督罪人)들의 모임은 하나님의 교회가 아닙니다.

## 거듭나지 못한 이들의 지옥 같은 신앙생활

거듭나지 못한 채로 목회나 신앙생활을 한다는 것은 지옥 같은 일입니다. 거듭나지 못했으면 마음에 죄가 있으니 성령님이 마음에 임하실 수 없습니다. 성령님이 거하시지 않는 신앙생활은 마치 기름이 없는 등에 불을 켜려는 것과 같습니다. 자기의 열심을 다해서 심지만으로 등불을 켜려고 하니, 연기만 많이 나고 불은 금새 꺼집니다.

거듭나지 못하고 신앙생활이나 목회를 하는 것은 마치 바늘에 실을 꿰지 않았거나, 혹은 바늘귀에 실을 꿰기는 했지만 매듭을 짓지 않고 바느질하는 것과 같습니다. 그런 상태로 바느질을 하면 수고한 것이 다 터져 버립니다. 그러나 진리의 복음을 믿어서 거듭난 성도들은 하나님 교회에 연합되어서 믿음으로 살아가는 동안 의의 열매를 풍성히 맺습니다.

거듭나지 못한 기독죄인들은 성화(聖化)의 노선을 신앙의 모토로 삼습니다. 그들은 **"성도에게 단번에 주신 믿음의 도"**(유 1:3)가 무엇인지를 모르기에, "칭의(稱義) 구원-성화(聖化) 구원-영화(榮華) 구원"이라는 단계적(점진적) 구원론의 늪에 빠져서 허우적거리고 있습니다. 그들은 마음에 죄가 있는 영적인 소경들이어서 무엇이 진리인지, 어디가 올바른 길인지를 알지 못합니다. 그런 처지에 그들은 다른 소경들을 인도하는 선생이 되겠다고 만용을 부립니다. 그러나 소경이 소경을 인도하면 둘 다 구덩이에 빠지는 법입니다.

점진적 성화론(Incremental Sanctification)은 거짓자들이 만든 거짓 교리입니다. 자기의 노력으로 성화를 이루려고 하는 자들은 저주 아래 있는 자들입니다. 성화(聖化), 즉 "사람이 거룩해지는 역사"는 예수 그리스도께서 행하신 **"의의 한 행동"**(롬 5:18)을 믿음으로 단번에 얻는 축복입니다.

**"이 뜻을 좇아 예수 그리스도의 몸을 단번에 드리심으로 말미암아 우리가 거룩함을 얻었노라"**(히 10:10).

우리들이 죄를 짓지 않으려고 노력하고, 혹시 죄를 지으면 금식하며 회개 기도를 드리면서, 한 단계 한 단계 계단을 올라가듯이 점진적으로 이루는 것이 성화(聖化)의 과정입니까? 천만의 말씀입니다. 그것은 불가능합니다.

지금은 인터넷 세상입니다. 어떤 분은 미국에서 이 진리의 말씀을 듣고서 저와 교제를 하고 있습니다. 제 3세계의 사역자들 중에도 email이나 여러 가지 SNS의 수단을 통해서 저와 교제하는 이들이 여럿 있습니다. **물과 피의 복음**을 믿음으로 **"죄 사함으로 말미암는 구원"**(눅 1:77)을 받고 거듭난 자는 하나님의 교회를 찾아서 인도를 받고 그 안에 거해야 합니다.

죄 사함을 받은 의인들은 아주 소수(小數)입니다. 거듭나지 못한 기독교인은 절대적으로 많지만 거듭난 성도들, 즉 물과 피의 복음을 믿어서 죄 사함을 받은 의인들은 아주 희귀(稀貴) 합니다.

그러나 주님은 "**적은 무리여 무서워 말라 너희 아버지께서 그 나라를 너희에게 주시기를 기뻐하시느니라**"(눅 12:32)고 말씀하셨습니다. 비록 거듭난 의인들의 수는 적을지라도 두려워하지 말고 하나님의 교회에 머물러 있으라고 주님께서 말씀하셨습니다. 여러분이 이제 진리의 복음을 믿어서 물과 성령으로 거듭났다면, 여러분은 하나님의 교회를 찾아가서 인도를 받고 그 안에 거해야 합니다. 하나님의 교회에 머물기만 하면 모든 문제는 해결됩니다. 하나님께서 친히 당신의 백성을 보살펴 주시기 때문입니다.

물론 하나님의 교회에 연합해서 믿음으로 새로운 신앙생활을 하려면, 많은 어려움이 있을 것입니다. 의인들은 거듭나지 못한 기독죄인(基督罪人)들에게 비난을 받고 배척을 당합니다. 또 자기 생각을 부인하고 교회의 인도에 순종하는 것이 그리 쉽지는 않습니다. 그렇다고 해서 하나님께 등을 돌리고 진리의 복음이 없는 세상의 교회로 다시 돌아가면 정녕 잘못됩니다. 누구든지 거듭난 후에 다시 세상으로 돌아가면 겨우 얻은 영생의 생명을 잃어버린다고 주님께서는 경고하십니다.

하나님 아버지의 독생자이신 예수 그리스도께서 육신을 입고 이 땅에 오셔서, 인류의 대표자인 세례 요한에게 안수의 형식으로 세례를 받으셨습니다. "**그 세례**"(행 10:37)로 이 세상 모든 죄가 예수님께로 단번에 넘어갔습니다. "**그 세례**"로 예수님은 "**세상 죄를 지고 가는 하나님의 어린양**"(요 1:29)이 되셨고 십자가에 못 박혀서, "**다 이루었다**"(요 19:30) 하고 돌아가시기까지 우리의 모든 죄를 대속(代贖) 해 주셨습니다.

여러분이 이 진리의 복음을 믿음으로 죄 사함을 받고 거듭났다면, 여러분은 이제부터 성도들의 모임인 하나님의 교회 안에 머물러야 합니다. 만일 여러분이 진리의 복음을 간직하고 있는 하나님의 교회에 머물러 있지 않고 세상 교회로 내려가면 겨우 얻은 영원한 생명을 잃어버리고 죽는다는 경고의 말씀입니다.

저는 막 거듭난 "영적 어린이"들이 다시 자기들이 속했던 옛 교회로 돌아가서 사단 마귀의 독이 섞인 거짓 목자들의 교훈을 듣고서 결국 진리의 복음을 뱉어 버리고 영적 사망에 이르는 일들을 많이 보았습니다. 이는 그들이 **"애굽 땅으로 결단코 들어가 거하리라 하면 잘못되리라"**라고 하신 하나님의 말씀을 무시했기 때문입니다.

## 교회, "에클레시아"(Ecclesia)

많은 이들이 교회(敎會)와 예배당(禮拜堂)을 같은 뜻으로 혼동해서 쓰고 있습니다. 예배당이란 "예배를 드리는 집," 즉 예배를 드리는 장소나 건물을 뜻합니다. **교회(敎會)**는 예수 그리스도를 믿음으로 **거듭난 성도(聖徒)들의 모임**입니다.

교회라는 말은 헬라(그리스) 어로 **"에클레시아"**(ecclesia)인데 이 말은 "밖으로 불러내다"라는 뜻입니다. 따라서 교회란 "세상에서 불러낸 거룩한 성도의 무리"를 의미합니다. 애굽에서 400년 동안 종살이하던 이스라엘 백성을 구원하시고자, 하나님께서는 모세를 인도자로 세우셔서 이스라엘 백성을 애굽에서 불러내서 광야에 거하게 하셨습니다. 이렇게 애굽 사람들(세상)과 분리되어 따로 거하게 된 이스라엘 백성의 모임이 바로 교회의 모형(模型)입니다.

**"하나님의 교회"**에 대한 성경적 정의는 **"그리스도 예수 안에서**

거룩하여지고 성도라 부르심을 입은 자들"(고전 1:2)의 모임입니다. 따라서 하나님의 은혜로 죄 사함 받고 거룩해진 의인들을 죄로 가득한 세상에서 불러내서 따로 거하게 한 공동체(共同體)가 **하나님의 교회**입니다.

　**교회란 성도(聖徒)의 모임입니다.** 성도(聖徒)란 말은 거룩할 "성"(聖) 자와 무리 "도"(徒) 자로 구성되어 있는 단어로서 "거룩한 무리"란 뜻입니다. 죄 사함 받아서 죄가 없는 성도들의 모임, 즉 거듭난 의인들의 모임이 **하나님 교회**입니다. "**하나님의 교회**"란 진리의 말씀인 물과 피의 복음을 믿어서 죄 사함을 받고 거듭나서 하나님 자녀가 된 의인들의 모임입니다.

　이 세상엔 많은 예배당들이 있습니다. 뾰족탑에 네온 십자가를 밤새도록 밝히는 예배당들이 도시에는 즐비합니다. 그런 곳마다 "OO 교회"라고 현판을 달고 있지만, 그런 곳에 모이는 무리들이 모두 **하나님의 교회**라고 말할 수는 없습니다. 왜냐하면, 그들 중 대부분은 예수님을 믿는다고 하면서도 마음에는 죄 사함을 받지 못한 "**죄도**"(罪徒)들의 모임이기 때문입니다.

　물론 거듭나지 못한 기독죄인(基督罪人)들도 서로를 "성도"라고 부릅니다. 그러나 성도(聖徒)라는 말은 거듭난 자들에게만 붙이는 귀한 호칭(呼稱)입니다. 시장에 가면 상인들이 아무든지 "사장님" 하고 불러 줍니다. "사장님"이란 소리는 부르기도 좋고 듣기도 좋은 호칭이기에, 그렇게 부른다고 아무도 문제를 삼지 않습니다. 그러나 성경책을 끼고 교회에 다닌다고 다 "**성도**"라고 불릴 수 있습니까? 아닙니다. **성도(聖徒)**라는 호칭은 아무에게나 붙일 수 있는 명칭이 아닙니다.

　어떤 사람이 성도입니까? "**예수님이 받으신 세례와 십자가의 피**"

로 우리의 모든 죄를 없애 주신 **진리의 복음**을 믿음으로 죄 사함 받아서 마음에 죄가 전혀 없는 사람만이 성도(聖徒)입니다. 그리고 **성도들의 모임이 "하나님의 교회"**입니다.

만일 어떤 기독교인이 10년이 넘게 교회를 다녔지만 마음에 죄 사함을 받지 못했다고 가정합시다. 그 사람은 **"물과 피의 복음"**이 라는 말조차 들어보지도 못했습니다. 그러니 마음에 죄가 있어서 날마다 자기의 죄를 용서해 달라고 하나님께 회개 기도를 드립니다. 그렇다면 그 교인이 지금까지 다녔던 교회를 하나님의 교회라고 부를 수 있겠습니까? 없습니다.

## 사단의 회(會)

아무리 교인들이 많아도 물과 피의 복음으로 거듭난 성도들의 모임이 아니라면, 그런 모임은 하나님 교회가 아닙니다. 그런 교회의 죄도(罪徒)들은 죄 때문에 괴로워하며 새벽마다 모여서 질질 짜면서 회개 기도를 드립니다. 그들은 죄 사함을 받지 못해서, **"눈물과 울음과 탄식으로 여호와의 제단을 가리게 하는"**(말 2:13) 자들입니다. 그들의 마음에는 구원의 확신이 없기 때문에 조금만 어려움이 오면 그들의 믿음은 모래 위에 지은 집처럼 쉽게 무너지고 맙니다.

성경은 이러한 기독죄인들의 모임들을 **"사단의 회"**(계 2:9, 3:9) 라고 부릅니다. **"보라 사단의 회 곧 자칭 유대인이라 하나 그렇지 않고 거짓말하는 자들"**(계 3:9)이라고 기록된 부분에서, **"사단의 회 (會)"**란 스스로는 하나님을 믿는다고 하지만(자칭 유대인이라 하나) 실제로는 사단의 거짓말을 믿고 좇는 죄도(罪徒)들의 모임을 지칭하는 말입니다.

**하나님** 교회에는 죄 사함을 얻게 하는 진리의 복음이 있기 때문에, 누구든지 그 안에 거하면서 하나님의 말씀을 들으면 죄 사함을 받습니다. 하나님의 교회 안에서 진리의 말씀으로 인도를 받으면 어떠한 죄인이라도 의인(義人)으로 거듭나서 하나님의 자녀가 됩니다.

그러나 **사단의 회**에는 아무리 오래 다녀도 기독죄인의 처지를 결코 벗어날 수 없습니다. 그들은 사단의 종들에게서 귀에 딱지가 앉도록 거짓된 교훈을 들어왔기 때문에, 진리의 말씀을 들려주면 오히려 생소하게 여기며 하나님의 말씀을 대적하고 훼방합니다. "**내가 네 환난과 궁핍을 아노니 실상은 네가 부요한 자니라 자칭 유대인이라 하는 자들의 훼방도 아노니 실상은 유대인이 아니요 사단의 회라**"(계 2:9)고 주님은 말씀하십니다.

유대인은 하나님의 백성을 지칭하는 말입니다. 따라서 "**자칭 유대인이라는 자들**"은 거듭나지도 못했으면서 "나는 예수님을 믿는 하나님의 백성이다"라고 주장하는 기독죄인들(Christian sinners)을 가리킵니다.

대부분의 교회들은 "**십자가의 피만의 복음**"을 전합니다. 그런 교회의 교인들은 자기 마음의 죄가 예수님께 넘어갔다는 말씀의 증거를 모르기 때문에, 그들의 마음에는 죄가 그대로 남아 있을 수밖에 없습니다. 이런 죄인들의 모임은 그 교인의 수가 아무리 많고 그 세력이 아무리 커도 실상은 **사단의 회(會)**입니다.

그들은 참 하나님의 교회, 즉 거듭난 성도들의 모임을 공격하고 훼방합니다. 저도 물과 피의 복음을 믿고 전파하면서 많은 사람들에게 "이단"이라고 공격을 받았고, 지금도 저를 배척하거나 험담하는 사람들이 많습니다. 그런데 온 세상이 사단 마귀의 교훈을 좇기 때문에 **사단의 회**에 속한 교회들은 수적으로 절대다수를 차지하고 있고, 진리의 복음인 **물과 피의 복음**을 믿고 전파하는 무리는 극히 소수입니다.

그러나 모임의 규모가 크든지 작든지 **"물과 피와 성령의 증거가 합하여 하나인 진리의 복음"**(요일 5:6-8)을 믿고 전파하는 교회가 진정 **하나님의 교회**입니다. 주님께서는 하나님의 교회를 보호하시고 격려하십니다. 주님은 **"두세 사람이 내 이름으로 모인 곳에는 나도 그들 중에 있느니라"**(마 18:20)고 말씀하셨습니다. 또 **"적은 무리여 무서워 말라 너희 아버지께서 그 나라를 너희에게 주시기를 기뻐하시느니라"**(눅 12:32)고도 말씀하셨습니다.

성경은 **"물과 피의 복음"**(요일 5:6)이 유일한 진리의 복음이라고 분명히 증거하고 있기 때문에, 우리는 누구 앞에서라도 담대하게 진리의 복음을 증거합니다. 영적 소경인 거짓 목사들이 가끔 우리에게 도전을 합니다. 그들은 영혼들에게 진리의 복음을 전하고 있는 하나님의 교회를 이단이라고 정죄하고 훼방합니다.

예수님께서 **"화 있을찐저 너희 율법사여 너희가 지식의 열쇠를 가져가고 너희도 들어가지 않고 또 들어가고자 하는 자도 막았느니라"**(눅 11:52)고 바리새인들을 책망하신 적이 있습니다. 거짓 선지자들은 자기들만 천국 복음에 순종치 않을 뿐 아니라 다른 영혼이 진리의 복음을 믿어서 영생에 이르려고 할 때에도 결사적으로 훼방을 합니다. 그들은 자기들이 지금 하는 짓들이 하나님의 진노를 자기의 머리에 쌓고 있는 일인지를 전혀 모르는 자들입니다. 그들은 **물과 피의 복음**을 대적하면서, 그렇게 하는 것이 하나님을 섬기는 길이라고 생각합니다.

## "이단"(異端)의 성경적 정의

여러분이 진리의 복음을 만난 후에 거짓 선지자들의 훼방과 공격을 받고 쓰러지지 않으려면 먼저 **이단**(異端, heresy)이 무엇인지를 분명히 알아야 합니다. 이단(異端)이라는 말은 한자(漢字)의 다를 '이'(異) 자 끝 '단'(端) 자로 구성되어 있습니다. 즉, 이단이란 "시작은 같은데 끝이 다르다"라는 의미입니다.

그러니까 이단들도 "주여, 주여" 하는 것이나 "내가 예수님을 구주로 믿습니다" 하고 고백하는 것은 외견상 참된 신앙인들과 똑같습니다. 믿음 생활을 하는 외모는 거듭난 의인들과 외견상 똑같아 보이는데, 그 끝 곧 믿음의 결국은 판이하게 다른 것이 이단입니다. 즉 **예수님을 믿은 결과**가 이단들과 참 신앙인들이 확연하게 다르다는 말씀입니다.

"**이단에 속한 사람을 한두 번 훈계한 후에 멀리하라 이러한 사람은 네가 아는 바와 같이 부패하여서 스스로 정죄한 자로서 죄를 짓느니라**"(딛 3:10-11).

성경 말씀은 **이단에 속한 사람**이 어떤 자들인지를 분명히 정의(定義)하고 있습니다. 정통(正統)의 신앙은 **죄인이 예수님을 믿어서 의인으로 변화되는 믿음**입니다. 누구든지 예수님을 믿기 전에는 죄인일 수밖에 없습니다. 그런 죄인(罪人)이 정통의 교회를 만나서 진리의 복음을 듣게 되면 거듭나서 의인(義人)이 됩니다. 그런데 어떤 죄인이 제법 오랫동안 예수님을 믿었는데도 여전히 죄인이라면 그런 믿음은 헛것이며 이단입니다. 아래 도식을 보면 여러분도 바로 이해가 될 것입니다.

죄인 → 물과 피의 원형복음을 믿음 → 거듭난 의인(신앙인―참

믿음의 사람)

죄인 → 피만으로 된 거짓 복음을 믿음 → 칭의된 죄인(종교인—외식하는 사람)

"이단에 속한 사람은 한두 번 훈계한 후에 멀리하라 이러한 사람은 네가 아는 바와 같이 부패하여서 스스로 정죄한 자로서 죄를 짓느니라"(딛 3:10-11).

주님께서 멀리해야 한다고 경고한 "이단에 속한 사람들"은 두 가지 특징을 나타냅니다.

첫째로, 이단이란 스스로 정죄(定罪) 하는 자입니다. "스스로 정죄한다"라는 말은 예수님을 믿는다 하면서도 "나는 죄인입니다"라고 자인(自認) 한다는 뜻입니다. 이렇게 이단에 속한 자들은 예수님을 믿는다면서도 자기를 죄인이라고 스스로 정죄하는 자들입니다.

반면에 **성령과 물과 피가 합하여 하나**(요일 5:6-8)인 복음을 믿어서 죄 사함을 받은 **의인**들은 결코 "**스스로를 정죄**"하지 않습니다. 오히려 "주님! 저는 근본 지옥에 갈 수밖에 없는 죄 덩어리인데, 주님께서 내 모든 죄를 다 없애 주셔서 이제 저는 죄가 없습니다. 저를 의인으로 거듭나게 하셔서 하나님의 자녀로 삼아 주셔서 감사합니다" 하고 늘 주님의 구원 사역을 감사하고 찬양합니다.

성경은 "**그러므로 이제 그리스도 예수 안에 있는 자에게는 결코 정죄함이 없나니**"(롬 8:1)라고 말씀합니다. 그리스도 예수 안에 있는 자, 즉 진리의 원형복음을 믿음으로 하나님의 구원의 은총 안에 들어간 사람은 분명히 죄가 없다고 성경은 선포합니다.

여러분은 마음에 죄가 있습니까, 없습니까? 여러분이 **물과 피의 복음**을 온전히 믿는다면 여러분의 마음에는 죄가 있을 수 없습니다. 진리의 복음으로 예수님을 만난 사람들은 죄 사함을 받아서 **결코 정죄함이 없습니다**. 거듭난 의인들의 신앙이 정통(正統)입니다. **물과 피의 복음**만이 유일한 **"성경대로"**의 복음(고전 15:1-4)이고 그 원형의 복음을 믿고 좇는 것이 정통의 신앙입니다.

## 죄를 짓는 자들

이단의 둘째 특징은 (스스로 정죄한 자로서) **"죄를 짓는 자들"**이라고 성경은 말씀합니다. 여기서 말씀하는 "죄"란 우리가 연약하고 부족해서 율법을 어기는 죄, 곧 자범죄(自犯罪)를 의미하는 것이 아닙니다. 성경에는 **"사망에 이르는 죄"**에 대해서 말씀하는데, 이단에 속한 자들은 바로 그 **사망에 이르는 죄**를 짓습니다.

사도 요한은 **"누구든지 형제가 사망에 이르지 아니한 죄 범하는 것을 보거든 구하라 그러면 사망에 이르지 아니하는 범죄자들을 위하여 저에게 생명을 주시리라 사망에 이르는 죄가 있으니 이에 대하여 나는 구하라 하지 않노라"**(요일 5:16)고 말씀하셨습니다. 여기서 말씀하는 **"사망에 이르는 죄"**란 예수님이 이 세상의 모든 죄를 다 없애 놓았다는 진리의 복음을 믿지 않는 죄이며, 그 죄가 바로 **성령을 모독하는 죄**(마 12:31, 히 10:29)입니다.

예수님께서는 **"물과 피로 임"**(요일 5:6)하셔서 이 세상의 모든 죄를 완벽하게 없애 놓으셨습니다. 예수님께서는 요단강에서 인류의 대표자인 세례 요한에게 안수의 형식으로 세례를 받으심으로 이 세상의 모든 죄를 당신의 육체에 단번에 넘겨받으셨습니다.

그래서 예수님은 요한에게 당신의 머리에 손을 얹어서 세례를 베풀라고 청하실 때에, **"이제 허락하라 우리가 이와 같이 하여 모**

든 의를 이루는 것이 합당하니라"(마 3:15)고 요한에게 명령하셨습니다. 예수님께서 안수의 형식으로 받으신 세례로 이 세상의 모든 죄가 예수님께로 완벽하게 전가(轉嫁, 옮겨 심음) 되었기 때문에, 이 세상에는 죄가 없어졌고 **"모든 의"**가 이루어졌습니다.

그렇게 받으신 세례로 세상 죄를 담당하신 예수님은 십자가에서 피 흘리시고 **"다 이루었다"**(요 19:30)라고 외치시며 돌아가심으로, 이 세상의 모든 죄를 온전히 대속(代贖)해서 없애 주셨습니다. **"물과 피와 성령으로 임하신"**(요일 5:6-8) 예수님이 모든 인류의 죄를 이미 다 없애 놓았다는 말씀이 **진리의 원형복음**입니다. 이것을 믿지 않는 죄가 가장 큰 죄이고 **지옥에 가야 할 죄**입니다.

모든 죄와 불법(사망에 이르지 않는 죄들)은 주님께서 받으신 세례로 당신의 육체에 모두 담당해서 십자가의 피로 이미 다 없애 주셨기 때문에, 주님께서 이루신 **"하나님의 의"**를 믿는 우리는 우리의 모든 죄를 흰 눈같이 깨끗하게 사함을 받았습니다.

그러나 이단에 속한 자들은 **"물과 피와 성령으로 임하신"**(요일 5:6-8) 성자 예수님이 우리를 모든 죄에서 온전히 구원하셨다는 **진리의 복음을 믿지 않는 죄**로 인해서 죄 사함을 받지 못하고 지옥에 갑니다. 그러므로 물과 피의 원형복음을 믿지 않는 죄가 **바로 사망에 이르는 죄**입니다. 이와 같이 **이단에 속한 사람들은 "사망에 이르는 죄"**를 짓습니다. 진리의 복음을 믿지 않는 죄를 짓는 자들이 이단입니다.

**이단**에 속한 사람들은 늘 스스로를 **정죄**합니다. 예수님을 믿는다고 하면서도, "주여, 나는 죄인입니다. 너도 죄인입니다. 우리 모두는 죄인입니다" 하는 것은 "우리 교회는 죄인들의 모임입니다. 주님께서 이 땅에 오셔서 하신 일은 다 꽝(무효)입니다"라고 고백하는 것과 마찬가지입니다.

예수님께서, "**나더러 주여 주여 하는 자마다 천국에 다 들어갈 것이 아니요 다만 하늘에 계신 내 아버지의 뜻대로 행하는 자라야 들어가리라**"(마 7:21)고 하신 말씀은 무슨 뜻일까요? "예수님을 믿는다"라고 입술로 고백한다고 해서 누구나 다 천국에 들어가는 것은 아닙니다. 소경이 소경을 인도하면 둘 다 구덩이에 빠집니다. 영적으로 눈을 뜬 자라야 영적 소경들을 인도해서 눈을 뜨게 해 줄 수 있습니다.

하나님 아버지의 뜻은 모든 사람이 "**죄 사함으로 말미암는구원**"(눅 1:77)에 이르는 것입니다. 그리고 하나님 아버지는 모든 사람이 "**물과 피로 임하신**" 예수님께서 완성하신 "**모든 의**"를 믿음으로 거듭나기를 원합니다. 거듭나지 못한 자는 결코 천국에 들어가지 못합니다. 그러므로 거듭나지 못한 기독교인들에게 구원의 도를 알려 주어서 죄 사함을 받고 거듭나도록 인도하는 우리가 바로 "**아버지의 뜻대로 행하는 자**"입니다.

우리를 모든 죄에서 구원하러 오신 예수님께서는 인류의 대표자인 세례 요한에게 안수의 형식으로 세례를 받으셔서 우리의 죄와 허물을 온전히 담당하심으로 "**세상 죄를 지고 가는 하나님의 어린양**"(요 1:29)이 되셨습니다. 그리고 3년 후에 예수님은 십자가에 못 박혀서 피를 흘리시고 "**다 이루었다**"(요 19:30) 하고 외치며 돌아가시기까지 우리의 죄를 완벽하게 없애 주셨습니다.

그런데 그 예수님을 구주로 믿는다면서 어떻게 마음에 죄가 있을 수 있습니까? 그렇다면 예수님께서 헛되이 죽으셨다는 말입니까? 예수님이 이 땅에 오셔서 세례를 받으심으로 세상 죄를 온전히 담당하시고 십자가에서 그 모든 죄에 대한 심판을 받아 주셔서

우리를 죄에서 완벽하게 구원하신 주님의 **"의의 한 행동"**(롬 5:18)
이 과연 헛된 사역이었습니까?

## 사망에 이르는 죄

 **물과 피의 복음**을 믿지 않는 죄가 가장 큰 죄이며, 그 죄 때문에 사람이 지옥에 갑니다. 사도 요한은 **"누구든지 형제가 사망에 이르지 아니한 죄 범하는 것을 보거든 구하라 그러면 사망에 이르지 아니하는 범죄자들을 위하여 저에게 생명을 주시리라 사망에 이르는 죄가 있으니 이에 대하여 나는 구하라 하지 않노라 모든 불의가 죄로되 사망에 이르지 아니하는 죄도 있도다"**(요일 5:16-17)라고 말씀하셨습니다.

 사도 요한은 죄를 두 가지 범주로 나눠서 **사망에 이르는 죄**와 **사망에 이르지 아니하는 죄**가 있다고 말씀했는데, 여기에서 "사망"이란 둘째 사망인 지옥을 의미합니다. 즉, 죄에는 지옥에 떨어지게 하는 죄가 있고, 진리의 복음을 믿음으로 해결되었기 때문에 지옥에 가지는 않는 죄가 있습니다.

 **"사망에 이르지 않는 죄"**란 우리가 부족하고 연약해서 짓는 **허물의 죄**들입니다. 다시 말하자면, 율법의 규례들을 어긴 죄가 바로 **"사망에 이르지 않는 죄"**입니다. **"도적질하지 말지니라"** 하셨기에 도적질은 죄입니다. 기독교인들은 우상 숭배를 큰 죄로 여깁니다. 하나님보다 더 사랑하는 것을 마음에 두고 있다면 그것은 우상 숭배의 죄입니다. **"탐심은 우상 숭배니라"**라고 말씀하셨는데, 우리가 탐심을 품습니까, 품지 않습니까? 우리는 탐심을 많이 품습니다.

 **물과 피의 복음**을 믿어서 거듭난 후에도 우리는 여전히 연약해서 자범죄(自犯罪)를 많이 짓습니다. 거듭난 후에도 육신에서는 여전히 음란한 생각도 올라오고, 여러 가지 악한 생각들도 올라옵니다. 거듭난 후에도 우리는 교만, 탐욕, 시기, 질투, 미움이 우리의 마음에서 올라오고 상황에 따라서는 거짓말도 합니다. 우리는 죽을 때까지 율법을 어기는 자범죄를 짓는 자들입니다.

그렇지만 그런 죄들 때문에 우리가 지옥에 가지는 않습니다. 우리의 모든 자범죄는 예수님께서 이미 다 세례로 담당해서 십자가에서 없애 주셨습니다. 이 모든 죄들은 **"물과 피로 임하신"**(요일 5:6) 주님께서 이미 다 갚아서 해결해 놓은 죄들입니다. 그 사실을 믿음으로 우리는 그런 죄들에 더 이상 묶이지 않습니다.

"그러면 너희는 죄를 막 지어도 되겠네!" 하고 거듭난 우리에게 비아냥거리는 이들이 있습니다. 그렇지 않습니다. 물과 피의 복음을 믿음으로 거듭난 의인이 말씀 안에서 자라나면, 비록 연약한 육신에서는 여전히 더러운 소욕들이 일어나지만, 죄 사함을 받은 의인들은 선한 양심을 품고 하나님을 향해서 나아갑니다.

**"물은 예수 그리스도의 부활하심으로 말미암아 이제 너희를 구원하는 표니 곧 세례라 육체의 더러운 것을 제하여 버림이 아니요 오직 선한 양심이 하나님을 향하여 찾아가는 것이라"**(벧전 3:21)는 말씀이 바로 그런 뜻입니다. 죄 사함을 받았다고 우리의 육체가 죄를 짓지 않는 거룩한 존재로 변화되는 것은 아닙니다. 육체의 악하고 연약한 속성은 그대로 남아 있을지라도, 진리의 복음을 믿음으로 죄 사함을 받은 우리는 성령님을 선물로 받고 우리의 선한 양심은 **"먹든지 마시든지 무엇을 하든지 다 하나님의 영광을 위하여"**(고전 10:31) 행하게 됩니다.

그런데 **사망에 이르는 죄**, 곧 사람을 지옥에 떨어지게 하는 죄가 있습니다. 그것은 바로 **진리의 복음을 믿지 않는 죄**입니다. "**사망에 이르는 죄**"란 "**물과 피의 복음**"을 배척하며 훼방하는 죄입니다. 그 죄가 사람을 지옥에 떨어지게 합니다. 이단에 속한 사람들은 바로 이런 죄를 짓기 때문에 죄 사함을 받지 못하고 영원히 꺼지지 않는 지옥 불에 들어가는 것입니다.

## 하나님의 교회에 남아 있으라

이 세상에는 "**그리스도 예수 안에서 거룩하여지고 성도라 부르심을 입은 자들**"의 모임인 **하나님의 교회**(고전 1:2)보다 거듭나는 것이 무엇인지조차도 모르는 "무늬만 교회"들이 절내적으로 많습니다. 다시 말하자면, 오늘날의 기독교는 "**사단의 회**"가 절대다수인 대세를 이루고 있습니다. 그런 "무늬만 교회"들은 숫자도 많고 등록 교인들도 엄청나게 많습니다.

그래서 이제 막 거듭난 어린 의인들은 이단인 기독죄인들의 수적 위세에 눌려서, "진리의 복음을 믿는 우리는 이렇게 극소수인데 저들은 저렇게나 많네!" 하며, "물과 피의 복음이 진정 진리인가?" 하는 의구심에 휩싸이기 쉽습니다.

그러나 지지자의 숫자가 많다고 해서 어떤 거짓 주장이 진리가 됩니까? 아닙니다. 코페르니쿠스나 갈릴레오가 지동설(地動說)을 주장했을 때에 교황을 비롯한 당대의 모든 사람들은 천동설(天動說)을 철석같이 믿고 있었습니다. 절대다수가 천동설을 믿었고 갈릴레오 등의 극소수 과학자들만 지동설을 주장했습니다.

그렇다고 천동설이 진리입니까? 지지자의 숫자가 적다고 진리가 거짓이 되고, 절대다수(絶對多數)의 사람들이 지지한다고 거짓

이 진리가 됩니까? 아닙니다. 진리는 진리이기 때문에 진리입니다. 그리고 하나님의 말씀만이 영원한 진리입니다.

예수님께서 **"물과 피와 성령으로 임하셔서"** 우리의 모든 죄를 온전히 없애 주셨다는 성경대로의 복음이 진리입니까? 아니면 예수님께서 우리의 원죄는 없애 주시고 자범죄(自犯罪)는 없애 주시지 않았기 때문에, 우리는 성화에 힘쓰면서 날마다 회개 기도를 드려야 죄 사함을 받는다는 성화(聖化) 교리나 회개 기도의 교리가 진리입니까?

우리의 모든 죄를 단번에 도말(塗抹)한 **물과 피의 복음**이 진리입니다! 예수님께서는 안수의 형식으로 받으신 세례로 세상 죄를 단번에 담당하셨기 때문에, 세례 받으신 이튿날에, **"보라 세상 죄를 지고 가는 하나님의 어린 양이로다"**(요 1:29)라는 증거를 받으셨습니다.

이 증거의 말씀을 선포한 이가 누구입니까? 바로 그 전날 예수님께 세례를 베푼 세례 요한입니다. 우리는 성경에 기록된 증거의 말씀을 믿음으로 **"물과 피로 임"**(요일 5:6)하신 예수님이 이 세상 모든 죄를 없애 주신 구세주임을 큰 확신으로 믿게 되었습니다.

예수님께서는, **"좁은 문으로 들어가라 멸망으로 인도하는 문은 크고 그 길이 넓어 그리로 들어가는 자가 많고 생명으로 인도하는 문은 좁고 길이 협착하여 찾는 이가 적음이니라"**(마 7:13-14)고 말씀하셨습니다.

**물과 피의 원형복음**을 믿는 사람이 비록 극히 적을지라도 이 복음만이 진리입니다. 진리를 믿고 좇는 길은 참으로 좁고도 험해서 극소수의 사람들만이 믿음으로 그 길을 따라갑니다. 진정으로 천국 영생의 구원을 바라기에, 목숨을 걸고 진리를 찾는 자들만이 어떠한 어려움이 있더라고 이 좁은 길을 따라가서 천국에 들어갑니다. "세상 사람들이 나를 뭐라고 비난할지라도 나는 진리의 말씀을 따라가겠습니다" 하고 마음을 정한 사람들만이 이 생명의 길을 고난 중에도 따라갑니다. 이러한 마음이 참으로 귀한 마음입니다.

그러면 하나님 앞에서 **악한 자**는 누구입니까? 하나님께서 진리의 길을 가르쳐 주시고, "너는 여기 의인들의 무리 안에 남아 있으라"라고 말씀하시는데도 청종하지 않고 끝내 애굽으로 내려가는 자입니다. 하나님께서 생명의 길을 분명히 밝혀 주셨는데도 고집을 부리고 자기의 욕망을 좇아가는 자가 바로 악인(惡人)입니다.

하나님은 거듭난 의인들을 당신의 자녀로 삼습니다. 그리고 그들에게 하나님의 교회 안에 거하면서 정금 같은 믿음을 지켜서 영원한 생명을 누리라고 말씀하십니다. 그런데 "그렇게 하면 다른 이들에게서 이단이라는 비난을 받을 것 같고 여러 가지로 손해를 볼 것도 같으니 나는 그냥 예전의 교회에 다니면서 무리 없이 지내야겠다"라고 생각하면 어떻게 되겠습니까? 그런 사람은 끝내 다시 죄에 묶이고 사단 마귀의 밥이 되어서 지옥의 멸망을 당하게 될 것입니다.

## 쓴 나물을 겸하여 먹으라

"그 밤에 그 고기를 불에 구워 무교병과 쓴 나물과 아울러 먹되"(출 12:8).

이스라엘 백성들이 애굽에서 탈출할 때에, 하나님께서 유월절 규례를 주셨습니다. 그때에 하나님은 어린양을 불에 구워서 남김없이 먹되 무교병(無酵餅)과 쓴 나물을 겸하여 먹으라고 말씀하셨습니다. 이 말씀은 "어린양으로 오신 예수님을 믿어서 온전히 죄 사함을 받은 성도(聖徒)는 하나님의 순수한 말씀만 먹어야 하고 교회와 동행하면서 여러 가지 어려움도 겪을 각오를 해야 한다"라는 뜻입니다.

우리가 진리의 복음을 믿고 따르다 보면, 기독죄인들에게 이단이라고 비난을 받는 일이 많습니다. 우리는 그들이 뒤에서 수군거리는 소리를 듣게 되고, 이전에 친했던 사람들에게서 따돌림과 조롱을 당하기도 합니다. 우리가 믿음의 길을 따라가면 가족들에게서 버림을 받기도 합니다. 어린양의 고기를 먹을 때에 쓴 나물을 같이 먹어야 했듯이, 그럴 때에 우리는 그런 어려움들을 믿음으로 겪어 내야 합니다. 어려움을 겪기 싫어서 하나님의 교회를 떠나면 영원한 사망입니다. 가지가 나무에 붙어 있지 않으면 곧 말라 죽듯이, 그런 어려움을 견디지 못하고 교회를 떠나가면 그 영혼은 곧 죽고 맙니다.

좋은 약은 입에 씁니다. 그러나 약이 써서 싫다는 사람에게 그의 입을 따고 억지로 약을 먹일 수는 없습니다. 사람은 자유 의지를 가진 존재이기 때문에 어떤 길이든 자기가 분별하고 선택해야 합니다. 하나님의 교회 안에 머물러 있으면, **물과 피의 복음**을 믿고 전파하는 하나님의 교회에 내리는 은혜와 축복이 얼마나 큰지를 여러분 스스로 경험할 것입니다.

"존귀에 처하나 그 길을 깨닫지 못하는 자는 **멸망하는 짐승과 같도다**"(시 49:20)라고 하신 하나님의 말씀을 기억하시길 바랍니다. 저는 이 설교들을 통해서 주님의 자녀가 되고 천국의 영생을 누릴 수 있는 존귀한 길을 여러분들에게 분명히 전했습니다. 그리고 그 길은 여러분 앞에 활짝 열려 있습니다. 그러나 만일 여러분이 영원한 생명과 존귀를 얻는 그 길을 알면서도 가지 않고 돌이켜 애굽으로 내려가면, 여러분은 정녕 잘못됩니다. 그런 사람은 도살장으로 끌려가서 외마디 비명을 지르고 **멸망하는 짐승**과 같다고 주님께서 경고하십니다.

물과 피의 원형복음을 믿어 죄 사함을 받은 **성도**(聖徒)는 당연히 하나님의 교회 안에 거해야 합니다. 여러분이 진리의 복음을 믿어서 거듭났다면, 이제부터 여러분은 하나님의 교회 안에 거하면서 **"하늘의 이슬과 땅의 기름짐"**(창 27:28)의 축복을 넘치게 받는 하나님의 존귀한 자녀들로 살아가야 마땅합니다.

저는 이 책의 독자들이 하나님의 말씀이 자기에게 좋든지 좋지 않든지 청종(聽從)하기를 바랍니다. 그래서 여러분 모두가 하나님께서 기뻐하시는 믿음의 사람들이 되기를 진심으로 바랍니다.

할렐루야! 아멘!

## 그리스도의 비밀

2019년 5월 7일 초판 인쇄
2022년 8월 10일 재판 인쇄

Copyright © 2022 by Uijedang Press
All rights reserved. No part of this publication may be reproduced, distributed, or transmitted in any form or by any means, without the prior written permission of the publisher.

발행처　도서출판 의제당
주소　제주특별자치도 제주시 계명길 10 (외도일동) 2층

홈페이지　www.born-again.co.kr
　　　　　의제당.kr
블로그　pilgrim1952.blog.me
문의　uijedang@naver.com
전화　(064)742-8591

**Author**　Samuel J. Kim
**Editor**　Tim J. Kim
**Cover Art / Illustrator**　Leah J. Kim
　　　　　　　　　　　　　Eunyoung Choi

ISBN 979-11-87235-43-9　03230
가격 10,000 원

# [도서출판 의제당 출간서적]

## 창세기 복음 강해설교집
창세기에서 예수님을 만나다
1,2,3,4,5,6,7

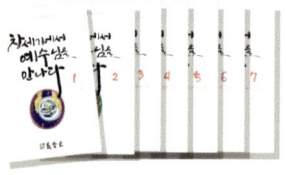

## 히브리서 강해설교집
복음의 원형과 영원한 속죄 1,2

## 요한서신서 강해설교집
1. 빛과 어두움 그리고 진리의 사랑
2. 물과 피 그리고 복음의 원형

## 로마서 강해설교집
1. 의인입니까 / 2. 의인입니다

## 마태복음 강해설교집
모든의를 이루신 예수 그리스도 1,2,3,4

## 요한복음 강해설교집
거듭남의 복음 (1), (2)

## 말라기서 강해설교집
레위와 세운 나의 언약

## 그리스도의 비밀
(한글판/영문판)

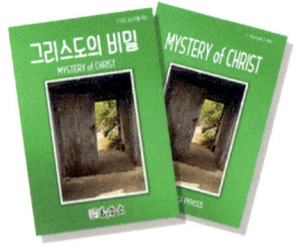

## 고린도전후서 강해설교집
반면교사 고린도교회

## 인봉된 말씀

## 신앙담론집
종교인과 신앙인

## 창세기시리즈 1권 영어번역본

## 50일동안 성경 통독하고 거듭나기